집사 핸드북

The Deacons Handbook: A Manual of Stewardship

집사 핸드북

지은이　　제랄드 벌고프, 레스터 데 코스터
옮긴이　　황영철
펴낸이　　김종진
편집　　　김예담
디자인　　이재현
초판 발행 2020. 10. 13.
등록번호 제2018-000357호
등록된 곳 서울특별시 강남구 선릉로107길 15, 202호
발행처　　개혁된실천사
전화번호 02)6052-9696
이메일　　mail@dailylearning.co.kr
웹사이트 www.dailylearning.co.kr

책값은 뒤표지에 있습니다.
ISBN 979-11-89697-12-9　03230

개혁된
실천
시리즈

모든 성도가 알아야 할 집사 직분

THE DEACONS HANDBOOK

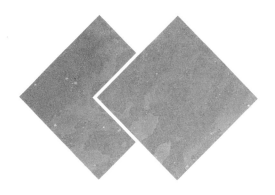

집사 핸드북

제랄드 벌고프, 레스터 데 코스터 지음

황영철 옮김

개혁된실천사

목차

Part 6 청사진과 계획

"허리에 띠를 띠고 등불을 켜고 서 있으라

너희는 마치 그 주인이 혼인 집에서 돌아와 문을 두드리면

곧 열어 주려고 기다리는 사람과 같이 되라

주인이 와서 깨어 있는 것을 보면 그 종들은 복이 있으리로다

내가 진실로 너희에게 이르노니 주인이 띠를 띠고

그 종들을 자리에 앉히고 나아와 수종들리라

주인이 혹 이경에나 혹 삼경에 이르러서도

종들이 그같이 하고 있는 것을 보면 그 종들은 복이 있으리로다

베드로가 여짜오되 주께서 이 비유를

우리에게 하심이니이까 모든 사람에게 하심이니이까

주께서 이르시되 지혜 있고 진실한 청지기가 되어

주인에게 그 집 종들을 맡아 때를 따라 양식을 나누어 줄 자가 누구냐

주인이 이를 때에 그 종이 그렇게 하는 것을 보면

그 종은 복이 있으리로다"

(눅 12:35-38, 41-43).

서문

"각각 은사를 받은 대로 하나님의 여러 가지 은혜를 맡은 선한 청지기 같이 서로 봉사하라 만일 누가 말하려면 하나님의 말씀을 하는 것 같이 하고 누가 봉사하려면 하나님이 공급하시는 힘으로 하는 것 같이 하라 이는 범사에 예수 그리스도로 말미암아 하나님이 영광을 받으시게 하려 함이니 그에게 영광과 권능이 세세에 무궁하도록 있느니라 아멘"(벧전 4:10-11).

생명, 시간, 재능 그리고 우리 각자가 소유하고 있는 모든 것은 하나님의 선물이다.

삶은 이런 모든 선물에 대한 정당한 청지기 노릇을 수행하기 위한 것이다.

올바른 청지기직을 위한 교과서는 성경이고, 성경 속의 교훈을 가르쳐주는 곳은 교회이다. 또한 교회 내에서 선한 청지기직을 수행하는 사람은 집사이다.

본서는 집사로 하여금 교회 내에서 봉사의 직분을 잘 감당할 수 있도록 도와주기 위한 노력이다.

우리는 집사들의 전체 무리를 "집사"(diaconate)라는 말로 표시하고, 집사가 행하는 일을 "봉사"(diakonia)라는 말로 표시하기로 한다. 사도 바울은 "맡은 자들에게 구할 것은 충성이니라"(고전 4:2)고 말했다. 이 책의 목적은 집사들이 그들의 중요한 직분에 있어서 매우 신실하게 봉사하도록 도전을 주는 것이다.

주님께서 그분의 영을 통하여 이 목적에 복 주시기를!

들어가는 글

"무화과나무의 비유를 배우라"(마 24:32).

무화과나무의 비유는 집사 직분과 관련있는 비유이다. 이 비유는 합당하게 수행되는 집사직에 관해 상기시켜준다.

마태가 기록한 이야기는 다음과 같다.

"이른 아침에 성으로 들어오실 때에 시장하신지라 길가에서 한 무화과나무를 보시고 그리로 가사 잎사귀밖에 아무 것도 찾지 못하시고…"(마 21:18-19).

나무는 자기 자신을 위하여 잎사귀를 낸다.

그러나 나무가 열매를 맺는 것은 타인을 위한 것이다.

봉사는 서로 연결된 이 두 가지 진리, 즉 자신을 위한 잎사귀와 타인을 위한 열매에 달려 있다.

시설, 도구, 그리고 일꾼들이 잘 갖춰진 회중은 잎이 무성한 나무이다. 이 회중이 집사를 통하여 그 안에 있는 궁핍하고 가난한 자들을 얼마나 잘 돌보는지가 이 나무가 맺는 열매를 평가하는 가장 핵심적인 척도이다.

베다니에서 예루살렘으로 돌아오실 때 주님은 시장하셨다. 그래서 주님은 잡수실 것을 얻기 위하여 잎이 무성한 나무를 살펴보셨다. 이와 같이 오늘날에도 그분은 열매를 얻기 위하여 교회를 살피신다.

오늘날 주님께서는 열매를 얻기 위하여 어떤 식으로 자신의 몸인 교회를 살펴보시는가? 그분은 회중의 안팎에 있는 궁핍한 자들의 눈을 통하여 그렇게 하신다. 주님은 이것을 분명하게 말씀하신다.

"내가 주릴 때에…내가 목마를 때에…나그네 되었을 때에…헐벗었을 때에…병들었을 때에…옥에 갇혔을 때에"(마 25:35-36).

모든 것을 소유하고 계시며, 아무런 부족함이 없으신 하나님께서 스스로 사람의 육신을 입고 우리의 이웃으로 나타나셨으므로 우리는 우리의 믿음의 열매로 그분을 섬길 수 있다. 이것은 한 몸으로 존재하는 회중이 집사를 통하여 그분을 섬겨야 함을 의미한다. 나무가 제아무리 잎이 무성할지라도, 주님에게 있어서 그 나무의 가치는 주린 자, 목마른 자, 나그네, 헐벗은 자, 병든 자, 불의의 희생자, 그리고 버려진 자를 위하여 교회가 맺은 열매에 의하여 측정된다. 그리고 그런 열매는 축복을 받는다.

"내 아버지께 복 받을 자들이여 나아와 창세로부터 너희를 위하여 예비된 나라를 상속받으라"(마 25:34).

활발하게 사역하는 집사직은 주님의 몸(교회)에 두 가지 축복을 가져다준다. 첫째, 궁핍한 자들이 도움을 받으며, 둘째, 그 몸이 하늘에 축복을 쌓게 된다.

그러나 열매 맺기를 게을리하는 회중은 심판을 받는다.

"또 왼편에 있는 자들에게 이르시되 저주를 받은 자들아 나를 떠나 마귀와 그 사자들을 위하여 예비된 영원한 불에 들어가라 내가 주릴 때에 너희가 먹을 것을 주지 아니하였고 목마를 때에 마시게 하지 아니하였고 나그네 되었을 때에 영접하지 아니하였고 헐벗었을 때에 옷 입히지 아니하였고 병들었을 때와 옥에 갇혔을 때에 돌보지 아니하였느니라"(마 25:41-43).

이것은 바로 열매 없는 무화과나무의 운명과 똑같은 것이다.

"나무에게 이르시되 이제부터 영원토록 네가 열매를 맺지 못하리라 하시니"(마 21:19).

그 나무는 열매를 맺지 않았기 때문에 자기 잎사귀의 권리를 주장할 수 없었다. 또한 마가는, 예수님과 제자들이 다음 날 그 저주 받은 무화과나무 옆을 지날 때 "그들이 아침에 지나갈 때에 무화과나무가 뿌리째 마른 것을 보았다"(막 11:20)고 기록하고 있다. 마태는 저주가 떨어진 즉시 나무가 마르기 시작했다고 보고하고 있다(마 21:19). 무성한 잎사귀가 선한 행실의 열매를 대신하지는 못한다.

이 비유에서 큰 도전과 막중한 짐이 집사에게 주어지고 있다. 열매를 맺히게 하는 동인으로서 집사들은 즐겨 내라는(고후 9:7) 성경의 요구에 회중이 순종하도록 자극해야 할 의무를 지니고 있다. 또한 성실한 집사는 회중 안에서 잎사귀의 무성함과 열매의 분배 사이에 온당한 비율이 유지될 때까지는 쉬지 못한다.

여기서 한 가지 더 생각할 것이 있다. 마가는 주님께서 잎이 무성한 나무에서 열매를 찾으시던 때가 실은, "무화과의 때"가 아니었다고 기록한 사실이다(막 11:13).

이것은 우리에게 무엇을 의미하는가?

주석가들은 무화과나무는 잎이 완전히 무성해지기 전에 열매를 맺는다고 설명한다. 즉 잎이 있다는 것은 열매가 있다는 것을 의미한다. 만일 잎이 있는데 열매가 없다면 그 잎은 가짜이다. 이것은 교회에 있어서도 마찬가지이다. 만약 교회에 웅장한 건물과 우아한 예배 의식이 있다면, 회중은 그와 동일하게 풍성한 열매를 수확해서, 주님께서 궁핍한 사람들 속에서 그 열매를 기다리실 때에, 주님 앞에 열매를 내어놓아야 하는 것이다.

그러나 여기서 마가는 하나의 원예술 이상의 그 무엇을 가르치려 하고 있다.

주님께서는 열매가 맺힐 계절이 아닌 때에도 열매를 기대하신다는 사실이다. 그렇다면 그분은 초자연적인 것을 기대하시는 것이다! 이것은 나무가 맺을 수 있는 자연적인 능력을 초월하는 열매이다!

그분의 몸인 교회에 대해서도 역시 그러하다.

자기를 섬기는 것은 우리에게 자연스러운 것이다. 자기의 건물과 설비를 자랑하는 내향성의 교회(혹은 자기에게는 좋은 설비가 없음을 도리어 자랑하는 내향성의 교회에 있어서도 죄는 마찬가지이다)는 어떻게 하는 것이 주님을 가장 잘 섬기는 것인지를 스스로 결정해야 한다. 잎사귀는 무성하다.

자연적으로는 불가능한 것이더라도 교회의 머리 되시는 주님의 능력과 그분의 영의 임재를 통하여 초자연적으로 가능해진다.

잎사귀를 맺던 것이 열매를 맺는 것으로 바뀌는 이유는 주님의 영이 오셔서 그 몸의 마음과 생각과 양심에 주님의 말씀을 적용시키시기 때문이다. 신자들로부터 열매를 얻는 일의 어려움 때문에 당황하는 집사들은 말씀을 강력하게 전하는 설교를 듣기 위하여 계속 설교단 앞으로 나아가야 하며, 성령께 더욱 복종하기 위하여 더욱 많이 기도해야 한다. 그 후에 바로 이 초자연적인 힘에 의하여 자기 속에 있는 그런 사랑의 열매를 끌어내고 분배할 것을 모색해야 한다.

얼마나 도전적인 일인가!

얼마나 보람 있는 일인가!

집사 직분의 수행에 대해 공부할 수 있도록 당신을 초대하는 바이다.

Part 1

청지기직

1장
청지기직의 기본 원리

청지기직은 그리스도인의 삶의 가장 큰 도전이다. 성경은 청지기직을 그리스도인의 행위의 열쇠로 제시한다.

Ⅰ. 청지기직

청지기란 누구인가?

청지기란 무엇인가?

엘리에셀은 방대한 아브라함의 가족의 청지기였다. 이 말은 아브라함의 모든 소유를 엘리에셀이 책임지고 있었다는 것이다(창 24:1).

요셉은 보디발의 집의 청지기였는데, 보디발은 바로의 신하로서 "자기의 소유를 다 그(요셉)의 손에 위탁했다"(창 39:4).

청지기는 자기의 소유는 하나도 없지만 모든 것을 주관한다. 주인은 그에게 자기의 모든 소유를 주관할 것을 위임한다. 모든 것이란 주인의 모든 물질적인 재물을 포함한다. 성경의 첫 번째 책에 언급된 이 높고도 막중한 직분이 예수님의 비유 속에도 나타난다.

"어떤 부자에게 청지기가 있는데"(눅 16:1).

"저물매 포도원 주인이 청지기에게 이르되"(마 20:8).

바울은 자기 자신의 소명에 대하여 "맡은 자들에게 구할 것은 충성이니라"(고전 4:2)고 말했다.

또한 베드로도 청지기직의 개념을 그리스도인의 삶에 적용시키면서 이렇게 말한다.

"각각 은사를 받은 대로 하나님의 여러 가지 은혜를 맡은 선한 청지기 같이 서로 봉사하라 만일 누가 말하려면 하나님의 말씀을 하는 것 같이 하고 누가 봉사하려면 하나님이 공급하시는 힘으로 하는 것 같이 하라 이는 범사에 예수 그리스도로 말미암아 하나님이 영광을 받으시게 하려 함이니 그에게 영광과 권능이 세세에 무궁하도록 있느니라 아멘"(벧전 4:10-11).

달란트의 비유(마 25:14-30)와 므나의 비유(눅 19:11-27)는, 청지기는 자기가 맡아서 관리하던 모든 것에 대한 결산을 요구받게 됨을 보여준다.

하나님은 사람을 그분이 만드신 이 세상의 청지기로 삼으셨다. 시편 저자는 사람이 무엇이냐고 묻고 나서 이렇게 대답한다.

"그를 하나님보다 조금 못하게 하시고 영화와 존귀로 관을 씌우셨나이다 주의 손으로 만드신 것을 다스리게 하시고 만물을 그의 발 아래 두셨으니"(시 8:5-6).

하나님께서는 이 세상이라는 그분의 가산을 인간의 관리하에 두셨다. 모든 청지기와 마찬가지로 인간은 소유주가 아니다. 그는 관리자이다. 우리 각자는 70년 동안(혹은 사람에 따라서 다소간의 차이는 있다) 하나님의 섭리에 의하여 우리에게 맡겨진 달란트들과 므나들을 관리하는 청지기이다.

그리고 마지막에는 결산의 때가 온다.

"오랜 후에 그 종들의 주인이 돌아와 그들과 결산할새"(마 25:19).

"귀인이 왕위를 받아가지고 돌아와서 은화를 준 종들이 각각 어떻게 장사하였는지를 알고자 하여 그들을 부르니"(눅 19:15).

각자 자신의 청지기직을 어떻게 수행했는가에 따라 둘 중 하나의 판단을 받을 것이다. "잘하였다 착한 종이여" 혹은 "그리고 내가 왕 됨을 원하지 아니하던 저 원수들을 이리로 끌어다가 내 앞에서 죽이라 하였느니라"(눅 19:17, 27).

청지기의 우수성은 그가 주인의 뜻에 얼마나 잘 순종하였는가에 의하여 결정된다. 주인의 법에 복종하지 않는 청지기는 주인의 권위를 거부하는 것이며, 다른 주인을 섬기는 것이다.

우리의 청지기직은 하나의 시험이다. 우리는 하나님을 섬기는가 아니면 돈을 섬기는가? 주님을 섬기는가 아니면 마귀를 섬기는가?

반복해서 말하지만, 청지기직은 그리스도인의 삶, 그리고 죽음과 심판의 열쇠이다.

II. 청지기직의 기본 원리

성경에 나타난 청지기직의 기본 원리들을 간단하게 기술하면 다음과 같다.

① 만물은 하나님에 의해서 창조되고 유지된다.

"태초에 하나님이 천지를 창조하시니라"(창 1:1).

"땅과 거기에 충만한 것과 세계와 그 가운데 사는 자들은 다 여호와의 것이로다"(시 24:1).

모세는 이렇게 말한다.

"하늘과 모든 하늘의 하늘과 땅과 그 위의 만물은 본래 네 하나님 여호와께 속한 것이로되"(신 10:14).

인간을 포함한 만물이 하나님의 것이다. 바로 이것이 청지기직의 가장 기본 원리이다. 집사는 이 사실을 결코 잊어서는 안된다.

② 하나님께서는 인간에게 생명을 주시고 그를 유지시키신다.

"여호와 하나님이 땅의 흙으로 사람을 지으시고 생기를 그 코에 불어넣으시니 사람이 생령이 되니라"(창 2:7).

"모든 생물의 생명과 모든 사람의 육신의 목숨이 다 그의 손에 있느니라"(욥 12:10).

하나님은 우리에게 생명과 시간을 주시고, 우리가 살 수 있는 세상을 주셨다. 그리고 아직까지도 모든 것은 그분에게서 나온다. 집사들이여, 이것을 기억하라!

③ 하나님이 주신 생명이 다하는 때는 하나님이 결정하신다.

"주께서 사람을 티끌로 돌아가게 하시고 말씀하시기를 너희 인생들은 돌아가라 하셨사오니"(시 90:3).

또한 하나님께서는 탄생으로부터 죽음까지의 모든 순간 인간의 생명을 유지시켜주신다.

"나의 앞날이 주의 손에 있사오니"(시 31:15).

④ 하나님은 각 사람이 그들의 생존 기간 동안에 받을 재물의 분배를 결정하신다.

"여호와는 가난하게도 하시고 부하게도 하시며 낮추기도 하시고 높이기도 하시는도다"(삼상 2:7).

각자가 관리해야 할 것, 각자에게 달란트나 므나로 주어지는 것들은 모두 온전히 하나님께로부터 나온 것이다. 집사들이 이 확실한 진리를 자기 자신에게 가르치기가 쉽지 않을 것이다. 그들은 이 진리를 다른 사람들에게 가르치기도 결코 쉽지 않음을 발견할 것이다. 모든 사람은 자기가 소유한 모든 것은 자신의 이마의 땀방울이나 자신의 약삭빠른 재주에 의하여 얻어진 것이라고 믿고 있다. 그러나 성경은 그렇게 가르치지 않는다.

"그러나 네가 마음에 이르기를 내 능력과 내 손의 힘으로 내가 이 재물을 얻었다 말할 것이라"(신 8:17).

이 세상에 자기가 자기를 만든 사람은 아무도 없다. 사람은 하나님의 피조물이다. 우리가 소유한 모든 것은 하나님의 선물이다.

"여호와께서 주시는 복은 사람을 부하게 하고"(잠 10:22).

무엇보다도 먼저 청지기는 자기가 관리하는 재물이 누구의 것인지를 알아야 하며, 자기의 손에 있는 모든 것은 주인으로부터 왔다는 것을 인식하여야 한다. 이스라엘이 그러했듯이 이 사실을 알지 못하면 우상 숭배를 하게 된다.

"곡식과 새 포도주와 기름은 내가 그에게 준 것이요 그들이 바알을 위하여 쓴 은과 금도 내가 그에게 더하여 준 것이거늘 그가 알지 못하도다"(호 2:8).

사물이 우연히 생겨난다고 보는 것은 이교도적인 생각이다. 우리의 소유가 스스로의 노력에서 비롯한다고 생각하는 것은 자기 우상 숭배(self-idolatry)를 하는 것이다. 우리가 가진 모든 것은 하나님의 선물이라고 생각하는 것이 기독교적이다. 또한 이 생각은 청지기직에 대한 올바른 이해의 기초이다. 만약 우리 자신이 우리의 관리하에 맡겨진 것의 궁극적 주인이라고 생각한다면 우리는 더 이상 청지기가 아니라 주인이다.

⑤ 하나님은 만물의 창조자이고 소유자이며 주인이기 때문에, 그분의 재물과 세상을 관리할 청지기직에 요구되는 사항들을 홀로 제정하신다. 하나님께서는 자신의 신실한 청지기가 될 사람들과 언약을 맺으셨다.

"너희는 내 목소리를 순종하고 나의 모든 명령을 따라 행하라 그리하면 너희는 내 백성이 되겠고 나는 너희의 하나님이 되리라"(렘 11:4).

⑥ 청지기직에 대하여 계시하는 율법이 십계명 속에서 표현되었다. 십계명의 의미가 선지자들에 의하여 설명되고, 예수 그리스도에 의하여 반복되며, 사도들에 의하여 적용된다. 성경 전체가 바로 이

언약의 책이다.

"나의 모든 명령을 따라 행하라 그리하면 너희는 내 백성이 되겠고 나는 너희의 하나님이 되리라"(렘 11:4).

우리 주님은 율법과 선지자들을 다음과 같은 한 문장으로 요약하신다.

"그러므로 무엇이든지 남에게 대접을 받고자 하는 대로 너희도 남을 대접하라 이것이 율법이요 선지자니라"(마 7:12).

⑦ 모든 청지기에게는 두 가지 길이 열려 있다.

"좁은 문으로 들어가라 멸망으로 인도하는 문은 크고 그 길이 넓어 그리로 들어가는 자가 많고 생명으로 인도하는 문은 좁고 길이 협착하여 찾는 자가 적음이라"(마 7:13-14).

⑧ 마지막으로 이 두 가지 길은 모두 심판에 이른다.

"또 내가 보니 죽은 자들이 큰 자나 작은 자나 그 보좌 앞에 서 있는데 책들이 펴 있고 또 다른 책이 펴졌으니 곧 생명책이라 죽은 자들이 자기 행위를 따라 책들에 기록된 대로 심판을 받으니"(계 20:12).

성경은 창조의 날로 시작해서 심판의 날로 끝을 맺는다. 그리고 그 둘 사이에, 모든 사람에게 청지기의 기간이 주어진다. 하나님께서는 이 기간 동안에 우리가 그의 은사들을 그의 명령대로 사용하는 책임을 지게 하셨다.

이런 것들이 청지기직의 기본 원리이다. 이것들은 청지기직이 왜 그리스도인의 삶의 열쇠인지를 설명해준다.

III. 요약

이제 청지기직의 기본 원리들을 간단하게 요약해보자.

① 하나님은 만물을 창조하시고 유지하시며, 따라서 만물을 소유하고 계시는데, 그중에는 인간도 포함되어 있다. 이것은 처음에만 그러할 뿐 아니라 항상 그러하다. 이 세상에 태어나는 모든 아이는 하나님으로부터 생명을 받는다.

② 하나님은 그분의 광활하고 아름답고 매력적인 세상 속에 우리를 살게 하시며, 또한 그분이 유지하고 계신 모든 것을 사용하며 즐길 수 있게 허락하신다.

③ 그러나 하나님은 자기의 뜻이 우리의 뜻을 지배하며, 자기의 소원이 우리의 소원을 주관할 것을 의도하신다. 그분은 영감된 성경 속에 자기의 뜻을 계시하신다. 우리는 하나님의 세상에서 살고 있으므로 그분의 법은 우리 발에 등이 되고 우리 길에 빛이 된다(시 119:105).

④ 그러므로 결국 우리의 인생이란, 하나님의 소유를 신실한 청지기로서 관리하느냐 혹은 반항적인 청지기로서 관리하느냐 둘 중 하나이다.

⑤ 그분의 말씀 속에 계시된 하나님의 뜻에 대한 우리의 순종 혹은 불순종이 천국 혹은 지옥을 가르는 최후의 심판의 기준이 된다.

Ⅳ. 창조와 관련된 도전

청지기직의 기본적인 교리들에 반대하는 주장들이 있다. 우리는 여기서 그중의 몇 가지를 논의하고자 한다.

① 우선 진화론을 들 수 있다. 현재 진화론은 처음보다 훨씬 미약한 확신 속에서 주장되고 있긴 하지만 여전히 세상의 주류 학문의 위치를 점하고 있다. 집사는 끝없는 논쟁에 말려들지 않으면서 성경을 믿는 신앙 위에서 지혜롭게 행할 수 있다. 하나님은 창조주이시다. 인간도 역시 그분의 피조물인데, 이것은 처음 사람만이 그런 것이 아니라, 세상에 태어나는 모든 사람이 그러하다. 창조의 과정이 긴 세월에 걸쳐서 진행되었다는 해석을 성경의 기사가 용인하든 용인하지 않든 간에, 문제의 핵심은 존재하는 모든 것이 하나님에 의하여 만들어졌다는 것과, 하나님은 자기의 형상대로 인간을 만드셨는데, 완전하게 창조된 인간이 불순종을 선택해서 죄에 빠졌다는 것이다. 이 모든 것은 계시이고, 그 밖의 모든 것은 사변이다. 변하기 쉬운 "과학"의 아지랑이 속에서 창세기의 진리와 명확성을 상실하는 것보다는 이 점에 있어서 하나님의 말씀을 취하는 것이 훨씬 정당한 일이다.

② 또한 지구를 거대한 우주 속에 버려진 하나의 작은 먼지로 격하시키는 세속적인 사상에 현혹되지 말라. 하나님께서 말씀하심으로 우주가 존재하게 되었다는 창세기의 가르침을 기억하라. 무한하고도 위엄 있는 하나님께서 말씀하실 때는 그대로 되는 것이다. 수

많은 별이 가득한 하늘의 영광이 우리의 이해할 수 있는 범위를 넘어 광대하게 뻗어 있다는 것은 별로 이상한 일이 아니다. 하나님께서 말씀하실 때 은하계와 우주가 생기고 여러 가지 신비가 발생한다는 사실이 당신에게는 놀라운가? 인간의 기쁨을 위하여 특별히 만들어진 별들과 인간을 비교하면서 인간을 하찮게 보는 짓은 믿음이 없는 자들에게 맡겨 버리라. 피조된 모든 것들 중에서 오직 인간만이 하나님의 형상대로 지어졌다는 것을 상기하라.

"이는 하나님이 자기 형상대로 사람을 지으셨음이니라"(창 9:6).

또한 별들에 대하여 하나님은 이렇게 말씀하신다.

"너희는 눈을 높이 들어 누가 이 모든 것을 창조하였나 보라 주께서는 수효대로 만상을 이끌어 내시고 그들의 모든 이름을 부르시나니 그의 권세가 크고 그의 능력이 강하므로 하나도 빠짐이 없느니라"(사 40:26).

또한 선지자는 계속해서, 우리를 비하하기는커녕 하늘의 기이함이 창조주에 대한 우리의 확신을 더욱 강하게 하여야 한다고 말한다. 왜냐하면 그분은 "영원하신 하나님 여호와, 땅 끝까지 창조하신 이는 피곤하지 않으시며 곤비하지 않으시며…피곤한 자에게는 능력을 주시며 무능한 자에게는 힘을 더하시는"(사 40:28-29) 분이기 때문이다. 끝없이 펼쳐진 공간, 약동하는 힘, 번쩍이는 불꽃, 절대적인 신비, 이 모든 것은 우리를 더욱 하찮은 존재로 만들기 위한 것이 아니라, 우리가 누구의 형상을 닮았으며, 누구의 힘을 의지할 수 있는지를 우리에게 상기시켜주기 위한 것이다.

③ 하나님께서는 그분의 우주를 만드시면서 또한 그 안에 행동

양식을 정해주셨다. 우리는 그런 양식을 "자연의 법칙"이라고 부른다. 그러나 이 자연의 법칙이 당신으로 하여금 자연 속에서 발견되는 하나님의 생생한 임재를 체험하지 못하게 하는 일이 없도록 하라. 우리 주님께서는 "내 아버지께서 이제까지 일하"신다고(요 5:17) 말씀하신다. 우리는 이 일을 "자연의 법칙"이라고 부른다. 날씨를 정하는 것은 기상 상태가 아니라 하나님이시다. 하나님은 잎을 내시고, 해를 깨우시며, 폭풍을 타신다.

"눈을 명하여 땅에 내리라 하시며 적은 비와 큰 비도 내리게 명하시느니라…하나님의 입김이 얼음을 얼게 하고 물의 너비를 줄어들게 하느니라 또한 그는 구름에 습기를 실으시고 그의 번개로 구름을 흩어지게 하시느니라 그는 감싸고 도시며 그들의 할 일을 조종하시느니라 그는 땅과 육지 표면에 있는 모든 자들에게 명령하시느니라"(욥 37:6, 10-12).

우리가 대개 당연한 것으로 여기거나 자연의 운동으로 설명해 버리고 마는 모든 것 속에서 하나님의 내재적인 활동이 이루어지고 있다는 생생한 지식은 청지기직의 교리를 우리에게 강하게 부각시킨다.

Ⅴ. 생명과 관련된 도전

① 어떤 사람도 자기의 탄생을 결정하지 않았다. 그 결정은 태어나기 전에 이미 이루어진다. 우리가 생명을 요구한 것이 아니라 하나님께서 그것을 우리에게 주신 것이다. 질병에 대항하여 생명을 연장하기 위하여 의학은 "자연의 법칙"에 관하여 알려진 모든 것을

다 동원하지만, 우리의 날들을 계수하시는 분은 하나님이시다.

"그의 날을 정하셨고 그의 달 수도 주께 있으므로 그의 규례를 정하여 넘어가지 못하게 하셨사온즉"(욥 14:5).

청지기직을 시험하는 시간은 우리가 측량하지 못하며 또한 늘리지도 못한다.

"너희 중에 누가 염려함으로 그 삶의 길이를(한글 개역개정판에는 '그 키를'로 되어 있음—역자주) 한 자라도 더할 수 있겠느냐"(마 6:27).

청지기직과 대립 관계에 있는 재물의 축적은 미래에 대한 염려에서 유래하는데, 우리 주님은 바로 이 염려를 제거하신다. 왜냐하면 우리의 내일은 하나님의 손 안에 있기 때문이다.

② 우리가 태어나는 시간과 장소, 우리의 가족, 종족, 외모, 이 모든 것은 하나님의 계획에 의해서 결정된다. 어떤 사람은 부유한 집에서 출생하고, 어떤 사람은 궁핍한 집에서 태어난다. '어디서 어떻게 생명이 주어지는가' 하는 것은 하나님께서 결정하실 일이며, 우리는 그것을 운명으로 받아들이는 것이다. 부자에 대한 질투나 가난한 자에 대한 멸시는 모두 우리의 운명에 대한 바른 태도가 아니다. 왜냐하면 우리가 태어난 곳은 우리가 결정한 것이 아니며, 질투나 멸시는 결국 우리를 지으신 분에게로 향하게 되기 때문이다.

VI. 자유와 관련된 도전

① 하나님께서는 우리를 자유로운 존재로 창조하셨기 때문에 우

리에게 청지기직의 책임을 맡기신다. 그러나 자유는 "자연의 법칙"과 조화를 이룰 수 없다. 우리는 별이나 원자들과는 다르게, "법칙"이라고 부를 수 있을 만한 하나님의 활동에 의하여 획일적으로 지배되지 않는다. 하나님은 자기의 형상을 가지고 있는 자의 자유를 존중하신다. 그분은 인간의 영혼의 영역을 침범하지 않으신다. 귀신들은 할 수만 있으면 인간의 영혼을 억압하지만 하나님은 "문 밖에 서서 두드리신다"(계 3:20). 무한한 섬세성을 가지고 창조주는 그분이 만든 인간의 고결함을 존중한다. 그러나 이것이 설명될 수는 없다. 설명된 자유는 자유가 아니다. 왜냐하면 설명 속에는 원인과 결과가 수반되기 때문이다. 자유에는 원인이 없다. 그것은 하나님의 선물이다.

② 그러나 우리 몸의 원자는 자연의 법칙에 순종한다. 의학은 이에 관한 학문이다. 그런데 육체와 서로 얽혀 있는 자아는 자유롭다. 그리고 바로 이 자유 때문에 자아는 청지기직의 책임을 진다. 이 자유는 설명되지 않고 단지 인정될 뿐이다. 성경의 모든 명령은 자유를 가정하고 있다.

③ 자유의 신비는 "불법의 비밀"(살후 2:7)에 의해서 더욱 복잡해진다. 하나님의 선한 피조물 속에 죄가 어떻게 들어왔는지 창세기에서 이야기된다(3장). 그러나 죄에 대한 설명은 없다. 그것은 "불법의 비밀"이다. 그러나 죄인인 인간은 그의 자유의 한 측면을 상실하였다. 아담의 배반 이래로 인간은 더 이상 자기 자신의 선택을 통하여 청지기직의 법에 복종할 수 없게 되었다.

"의인은 없나니 하나도 없으며 깨닫는 자도 없고 하나님을 찾는 자도 없고 다 치우쳐 함께 무익하게 되고 선을 행하는 자는 없나니 하나도 없도다"(롬 3:10-12).

④ 그런데 이제 타락한 인간이 할 수 없는 그 일, 즉 하나님의 재산을 올바르게 사용하는 일을 예수 그리스도께서 우리를 위하여 가능하게 하셨다. 또한 그분이 우리의 죄를 위하여 죽으심으로써 우리가 그분 안에서 새 생명을 얻게 하셨고(롬 6:4), 청지기직 속에서 선한 일을 행할 수 있게 하셨다.

"우리는 그가 만드신 바라 그리스도 예수 안에서 선한 일을 위하여 지으심을 받은 자니 이 일은 하나님이 전에 예비하사 우리로 그 가운데서 행하게 하려 하심이니라"(엡 2:10).

하나님의 법에 따라서 자유롭게 청지기직을 수행하는 것은 그리스도 예수 안에서만 가능하다. 이것은 우리의 행위가 우리를 구원한다는 말이 아니라(롬 3:28), 우리가 선한 일, 즉 청지기직을 위하여 구원받았다는 말이다.

VII. 문제 : 말씀을 붙잡음

① 이 법은 어떻게 선포될 것인가? 사람들은 어떻게 청지기직의 요구를 들을 것인가?

그것은 교회를 통하여 선포된다. 우리가 저술한 또 다른 책인《장로 핸드북》에서 설명하였듯이, 하나님께서는 교회에게 청지기직을 교육할 책임을 맡기셨다.

"그러므로 너희는 가서 모든 민족을 제자로 삼아 아버지와 아들과 성령의 이름으로 세례를 베풀고 내가 너희에게 분부한 모든 것을 가르쳐 지키게 하라"(마 28:19-20).

보통 지상명령이라 불리는 이 구절로부터 도출되는 다음의 사실들을 주목하라.

- 이 명령은 신약 교회의 설립자들인 사도들에게 주어졌다.

- 모든 족속을 제자로 삼는 일이 그들을 통하여 교회에게 요구되었다. 제자란 곧 선생의 가르침을 따르는 사람이다. 신자들은 그리스도의 제자로서 세례를 통하여 교회로 들어와야 한다.

- 교회는 주님께서 명령하신 모든 것을 가르치도록, 즉 주께서 율법과 선지자를 적용하고 해석하신 것(청지기직의 으뜸 원리)을 행하도록 제자들을 가르치라는 명령을 받았다.

- 그러므로 교회의 일차적인 사명은 새 생명을 일으키는 말씀을 선포하는 것과 청지기의 삶을 규정하는 말씀을 가르치는 일이다.

집사의 사역은 바로 교회가 언제 어디서나 순종적일 때, 가장 성공적으로 이루어질 것이다.

Ⅷ. 문제 : 삶의 의미는 무엇인가

생명의 수여자에게서 삶의 목적을 찾지 않는 사람들에게 삶의 의미는 끝없는 사색과 혼란의 주제이다. 하나님의 말씀이 아닌 다른 말들에서 삶의 빛을 찾는 사람들은 셀 수 없이 많은 책, 글, 강연, 연구 모임, 주술적 종교, 교사, 그리고 선생들을 발견할 수 있는데, 이들은 모두 소리 높여 사람들을 혼란시키고 있다. 그러나 오직 하나님만이 그가 왜 우리에게 생명을 주셨고, 생명을 사용할 수 있는 시간을 주셨고, 모든 은사와 그것들을 바르게 사용할 수 있는 재능을 주셨는지를 알고 계신다. 또한 하나님은 성경 속에서 그리고 교회를 통해서, 삶의 의미가 무엇인지를 말씀하신다.

생명과 시간은 하나님의 으뜸되는 선물이다. 산다는 것은 시간을 소유한다는 것이고, 시간을 소유한다는 것은 산다는 것이다. 우리가 생명을 가지고 행한 것을 시간이 간직한다. 사라져 버리는 일은 없다. 과거는 과거로 남는 것이다.

우리가 하고 있는 일은 시간이라는 틀(mold) 속에 부어진다. 바로 이것이 삶이다.

우리가 하는 일이 하나님을 섬기는가 아니면 돈을 섬기는가, 주님의 말씀을 섬기는가 아니면 귀신의 거짓말을 섬기는가, 이것이야말로 시간이 제시하는 가장 중요한 선택의 기회이다.

"너희가 섬길 자를 오늘 택하라"(수 24:15).

시간은 항상 명부에 오늘을 기록한다. 오늘은 항상 기회이고, 의무이며, 선택을 위한 것이다.

"오직 오늘이라 일컫는 동안에 매일 피차 권면하여 너희 중에 누구든지 죄의 유혹으로 완고하게 되지 않도록 하라"(히 3:13).

예수님은 이렇게 말씀하셨다.

"때가 아직 낮이매 나를 보내신 이의 일을 우리가 하여야 하리라 밤이 오리니 그 때는 아무도 일할 수 없느니라"(요 9:4).

산다는 것은 선택에 직면한다는 것이다. 선택은 행위로 드러난다. 시간 안에서 행위는 확정되고 장래의 심판과 관련하여 구원 신앙의 유무는 드러난다.

생명이란 하나님께서 주신 시간의 은사를 그 주신 분에게 복종하면서 사용할 수 있도록 하나님께서 주신 능력이다. 신앙이란 자신의 이익이나 불신앙의 말을 따라가지 않고 주님의 말씀에 순종하도록 하나님께서 주신 능력이다.

"오늘 선택하라." 왜냐하면 밤이 올 때까지는 항상 "오늘"이기 때문이다.

IX. 문제 : 심판

만약 구원이 하나님의 자유로운 선물인 믿음에 의한 것이라면 왜 최후의 심판이 있는가?

"하나님은 모든 행위와 모든 은밀한 일을 선악 간에 심판하시리라"(전 12:14).

"죽은 자들이 자기 행위를 따라 책들에 기록된 대로 심판을 받으니"(계 20:12).

"하나님께서 각 사람에게 그 행한 대로 보응하시되"(롬 2:6).

만약 구원이 행위에 의한 것이 아니라 믿음에 의한 것이라면 어떻게 이런 일이 있을 수 있는가?

"너희는 그 은혜에 의하여 믿음으로 말미암아 구원을 받았으니 이것은 너희에게서 난 것이 아니요 하나님의 선물이라 행위에서 난 것이 아니니 이는 누구든지 자랑하지 못하게 함이라"(엡 2:8-9).

모든 신자는 그들의 마음 깊은 곳에서, 자신들이 하늘에 기어오를 수 없는 것처럼 천국을 공로로 얻어낼 수 없음을 알고 있다. 구원이 선행의 대가라는 관념을 성경이 부정한다고 해서 우리가 놀랄 것은 아무것도 없다.

만약 그렇다면 신자는 도대체 무엇을 위하여 심판을 받는가? 우리의 행위에 대한 심판이 우리를 기다린다는 것은 부정할 수 없는 일이다. 위에서 이미 인용된 구절과 같이 심판을 확증하는 본문은 얼마든지 열거할 수 있다.

이 문제에 대한 한 가지 해답이 예수님의 기적들에 의하여 제시되었다. 예수님은 맹인을 보게 하시고, 귀머거리를 듣게 하셨으며, 불구자를 걷게 하셨다. 심지어 그분은 죽은 자까지도 다시 살리셨다.

왜 이런 모든 일을 하셨을까? 때로는 주님을 믿으라는 부르심의 타당성을 입증하시기 위한 것이었지만(요 20:30-31), 또 다른 이유가 있는데 그것은 이런 불구가 된 장기들을 회복시켜서 다시 사용할 수 있게 하기 위함이었다. 심지어 죽었다가 다시 살아난 자도 역시 생명의 선물을 다시 사용할 수가 있었다.

과거에 정상적인 삶을 가로막았던 것이 제거되었다. 병든 자, 불구자, 그리고 악령에 사로잡혔던 자들이 주님의 말씀에 의하여 자유를 얻었다.

이와 같이 신자들도 오늘날 믿음을 통하여, 그 동일한 말씀에 의하여 순종의 새 생명을 가로막고 있는 것들로부터 자유를 얻을 수 있다.

주님의 기적에 관한 다음의 사실들을 주목하라.

① 기적은 그 자체가 목적이 아니다. 기적을 베푸신 후에는 종종 주님의 가라는 충고가 뒤따른다. 가서 행하라. 약점은 사라지고 생명이 회복되었다. 그렇다면 이제 어떻게 해야 하는가? 그 새로운 자유는 어떻게 사용되어져야 하는가? 바로 이것이 지금의 문제이다!

② 주님의 병 고침은 자주 믿음에 대한 응답으로 이루어졌다.

"네 믿음이 너를 구원하였다"(마 9:22).

"예수께서 이르시되 할 수 있거든이 무슨 말이냐 믿는 자에게는 능히 하지 못할 일이 없느니라 하시니"(막 9:23).

믿음은 일반적으로 기적이 역사하는 통로이다. 기적은 믿음을 통해서 온다. 예수님이 세상에 계실 때와 똑같이 오늘날도 그러하다.

③ 믿음은 회복의 방편이다. 믿음은 새 생명을 받아들인다. 믿음은 그리스도 예수 안에 있는 자유 안으로 들어간다. 그리고 믿음을 통하여 주어진 새 생명은 선행 속에서 자신의 존재를 드러낸다.

"행함으로 믿음이 온전하게 되었느니라"(약 2:22).

병 고침의 목적은 새롭게 된 그 몸을 순종의 도구로 사용하는 것이다.

믿음을 통한 생명의 기적적인 회복과 믿음에 의한 자유의 기적적인 회복이 여러 신자들 속에서 계속되고 있다. 죄 가운데 죽었던 자들이 말씀에 의하여 생명을 얻고 순종의 새로움으로 일으킴을 받는다. 창조 속에서 하나님을 보지 못하며 가난한 자들 속에서 그리스도를 섬기는 것을 이해하지 못하던 맹인과 같던 눈이 뜨인다. 하나님의 말씀과 눌린 자의 부르짖음에 대하여 귀머거리였던 귀가 이제는 듣고 반응을 일으킨다. 방종에 의하여 불구가 되었던 사지가 이제는 이웃에게 봉사하기 위하여 펴진다. 이러한 모든 것은 참된 구원의 신앙이 분명히 있다는 표시이다. 그러나 만약 죽은 믿음이라면 그 어느 것도 나타나지 않는다.

"이와 같이 행함이 없는 믿음은 그 자체가 죽은 것이라"(약 2:17).

행위에 초점이 맞춰진 최후의 심판은 믿음이 있는가 없는가에 따라서 결정된다. 우리는 "죽은 자들이 자기 행위를 따라 심판을 받"는다는 말씀에서 알 수 있듯이 우리의 행위에 의하여 드러나는 믿음에 의하여 구원을 받는다. 또한 우리는 우리의 행위에 의하여 드러나는 불신앙에 의하여 버림을 받는다.

이것은 바로 "너희는 그 은혜에 의하여 믿음으로 말미암아 구원받"았기 때문이다.

집사들은 성경의 이러한 가르침을 바르게 깨닫고, 사람들이 자기의 믿음을 드러내도록 자극하는 일에 더욱 갱신된 노력을 하여 모든 사람을 선행의 길로 이끌어야 한다.

2장
자신을 위하여 간직할 수 있는 것은 무엇인가

나는 나의 재물과 시간과 이익과 재능 중의 얼마만큼을 가난한 자들에게 빚지고 있는가?

혹은 하나님께서 나에게 주신 것들 중에서 얼마만큼을 자신을 위하여 쓸 수 있을까?

이런 질문들에 대하여 집사는 어떻게 대답하는가?

첫째는 성경에서 그 대답을 찾는 것이고 둘째는 성경의 대답을 자기 자신에게 적용시키는 것이다.

I. 성경

이런 질문들에 대하여 성경은 단 한 푼도 자기를 위하여 사용해서는 안 된다고 대답했다. 성경은 양심을 통하여 작용한다(15장 참조). 그리고 이 양심을 민감하게 만들기 위하여 성경은 투자자의 지침을 제시하고 있다. 이 투자자의 지침을 회중에게 적용시키기 위한 노력이 강단에서도 자주 시도되어야 하겠지만, 세심한 집사는 이 지침을 자기 자신과 다른 사람에게 적용시키기 위한 노력을 잊지 않을 것이다.

그렇다. 투자자의 지침이다!

투자자의 지침이란 바로 이것이다. 당신이 천국에 투자하고자 하는 모든 재물, 시간, 재능, 노력을 가난한 자에게 주라. 당신이 무덤 저편에서 거두기 원하는 것은 무엇이든지 빈곤한 자에게 주라. 당신의 눈꺼풀이 마지막으로 감긴 이후에 그 어떤 형태로도 다시 보고 싶지 않은 것은 무엇이든지 당신이 간직하라.

성경은 투자자의 교본 역할을 함으로써 양심을 도와준다. 신중한 투자자는 조심하기 마련이다. 이미 그렇게 행하고 있는 집사는 다른 사람들도 그렇게 할 수 있도록 그들을 도와야 한다.

부자 청년에게 하신 말씀을 통하여 주님께서 가르쳐주신 것이 바로 이것이다.

"가서 네게 있는 것을 다 팔아 가난한 자들에게 주라 그리하면 하늘에서 보화가 네게 있으리라"(막 10:21).

이 말씀을 통하여 주님은 다음과 같은 잠언의 영감된 교훈을 확증하셨다.

"가난한 자를 불쌍히 여기는 것은 여호와께 꾸어 드리는 것이니 그의 선행을 그에게 갚아 주시리라"(잠 19:17).

바울은 천국에 투자하는 것을, 영원 속에서 열매를 맺는 씨를 뿌리는 일에 비교하였다.

"이것이 곧 적게 심는 자는 적게 거두고 많이 심는 자는 많이 거둔다 하는 말이로다"(고후 9:6).

인색하게 심는 자에게는 빈곤한 추수가 보장될 뿐이다.

집사는 씨를 뿌리는 일과 거두는 일에 대한 이 말씀을 심각하게 생각해야 한다. 이 말씀은 하나님께서 하시는 말씀이다. 성령께서 사도에게 영감을 주셔서 매우 분명하게 말씀하신다.

"스스로 속이지 말라 하나님은 업신여김을 받지 아니하시나니 사람이 무엇으로 심든지 그대로 거두리라"(갈 6:7).

가난한 자에게 주는 일을 통하여 주님께 꾸어 드리는 것은 가장 안전한 투자이다. 그러한 투자는 죽음까지도 통과한다. 더욱이 그것은 가장 확실한 최고의 주식이다. 예수님께서는 "주라 그리하면 너희에게 줄 것이니 곧 후히 되어 누르고 흔들어 넘치도록 하여 너희에게 안겨 주리라 너희가 헤아리는 그 헤아림으로 너희도 헤아림을 도로 받을 것이니라"(눅 6:38)고 말씀하신다. 또한 "또 이르시되 너희가 무엇을 듣는가 스스로 삼가라 너희의 헤아리는 그 헤아림으로 너희가 헤아림을 받을 것이며 더 받으리니"(막 4:24)라고 말씀하신다.

바울이 다음과 같은 말로 우리의 양심을 형성시켜주는 것도 이런 이유에서이다.

"주는 것이 받는 것보다 복이 있다"(행 20:35).

그는 이 말을 예수님의 말씀이라고 하였다.

집사들은 바로 이런 빛에 비추어서, 성경에 나타난 부자에 대한 경고를 이해해야 한다(더 자세한 내용은 16장 참조). 양심은 부와 부를 향한 추구를 주의 깊은 눈으로 보아야 한다. 주님께서는 개인적인 이익에만 마음을 쏟는 사람을 "어리석은 자"라고 부르시면서, 생생하게 경고하기 위해 한 비유를 말씀하신다. 한 부자가 자기의 소유를 쌓아 놓기에 부족한 창고를 헐고 더 큰 창고를 지으면서 자기의 영혼에게 이렇게 말한다.

"영혼아 여러 해 쓸 물건을 많이 쌓아 두었으니 평안히 쉬고 먹고 마시고 즐거워하자."

그러나 하나님은 죽음이라는 현실을 이 근시안적인 투자자 앞에 두신다.

"어리석은 자여 오늘 밤에 네 영혼을 도로 찾으리니 그러면 네 준비한 것이 누구의 것이 되겠느냐."

이 어리석은 자는 열매 맺는 투자를 하지 못할 것이다. 모든 것을 자기 자신만을 위하여 간직했기 때문에, 그가 죽을 때 그의 부는 다른 사람의 손으로 넘어가 버린다.

"자기를 위하여 재물을 쌓아 두고 하나님께 대하여 부요하지 못한 자가 이와 같으니라"(눅 12:16-21).

이제 우리는 사람이 어떻게 "하나님께 대하여 부요할" 수 있는지를 알았다. 그것은 바로 가난한 자들에게 주는 것이다.

예수님은 "재물이 있는 자는 하나님의 나라에 들어가기가 심히 어렵도다"(막 10:23)라고 말씀하신다. 이 말은 곧 부자는 하나님의 명령에 복종하기가 어렵다는 것이다. 왜냐하면 그 나라의 왕에게 복종하면서 그 나라의 법에 순종하는 자들만이 그 왕국의 시민이기 때문이다. 주께서는 심지어 이렇게까지 말씀하셨다.

"낙타가 바늘귀로 나가는 것이 부자가 하나님의 나라에 들어가는 것보다 쉬우니라"(막 10:25).

야고보는 이렇게 기록하고 있다.

"들으라 부한 자들아 너희에게 임할 고생으로 말미암아 울고 통곡하라"(약 5:1).

결산의 날이 임하고 있다. 심판의 날 이후를 위해 투자하지 않은 자들은 "울고 통곡하[여야]" 하며 속히 그들의 이기적인 길을 고쳐야 할 것이다.

이런 경고들이 당신의 강단에서 울려 퍼지고 있는가? 심각하게 그리고 자주 울려 퍼지고 있는가?

아니면 어떤 사람들처럼 구원은 오직 은혜로 얻는다는 말만 되풀이하면서, 이 경고의 신랄함을 무디게 만들려고 하는가?

이런 치명적인 실수를 조심하라!

물론 구원은 하나님의 순전한 은혜로 말미암은 선물이다. 그것은 성경 전체의 가르침이다. 그리고 은혜는 값없이 주어지는 것이다. 성경 도처에서 그렇게 선언하고 있다. 그러나 참으로 이러한 값없는 은혜를 단번에 받은 자는 사랑의 행위를 통하여 하늘에 투자하는 사람이 되는 것이다.

"내 형제들아 만일 사람이 믿음이 있노라 하고 행함이 없으면 무슨 유익이 있으리요 그 믿음이 능히 자기를 구원하겠느냐 만일 형제나 자매가 헐벗고 일용할 양식이 없는데 너희 중에 누구든지 그에게 이르되 평안히 가라 덥게 하라 배부르게 하라 하며 그 몸에 쓸 것을 주지 아니하면 무슨 유익이 있으리요 이와 같이 행함이 없는 믿음은 그 자체가 죽은 것이라"(약 2:14-17).

믿음을 통하여 받은 은혜는, 가난한 자에게 베푸는 행위를 통해 하늘에 투자해야 한다는 의무 의식을 지워 버리지 않는다. 오히려 은혜는 자기 이익의 유혹과 이기심의 변명에 대항하여 하늘에 투자하는 것을 가능하게 한다.

그렇다면 이제 나는 하나님께서 나에게 주신 생명, 시간, 사업, 재능 그리고 재물의 모든 선물 중에 무엇을 가난한 자들에게 줄 것인가?

집사의 대답은 분명하고도 담대하여야 한다. 당신이 무덤 저편을 위해 투자하고 싶은 것이라면 무엇이든지 주라. 이 땅에서의 짧은 세월 후에 결코 다시 보기를 원하지 않는 것이라면 가지고 있으라.

이것은 성경의 분명한 가르침이고, 하나님의 투자 지침이다.

II. 실천적인 적용

오직 자기 자신만을 위하여 부를 추구하고 간직하는 일에 대한 성경의 경고를 실제 삶에 적용하려는 집사와 강단의 노력은 반대에 부딪히게 될 것이다. 돈에 대한 사랑과 하나님에 대한 사랑이 만나서 충돌하는 바로 그 지점에서, 집사는 하나님의 지시대로 움직인다. 집사는 그 갈등의 긴장을 느끼기 쉽다.

실제로 성경은 매우 부유한 어떤 사람을 하나님께서 인정하신 사실을 언급하고 있다. 믿는 자들의 조상인 아브라함(롬 4:16)은 부자였다.

"아브람에게 가축과 은과 금이 풍부하였더라"(창 13:2).

또한 아리마대 요셉도 부자였는데, 그의 부가 그로 하여금 이스라엘의 로마 총독이었던 빌라도 앞에 나아갈 수 있게 했다(마 27:57-58).

부자 청년은 "네게 있는 것을 다 팔아 가난한 자들에게 주라"(막 10:21)는 요구를 받았지만, 부자였던 삭개오는 "내 소유의 절반을 가난한 자들에게 주겠사오며"(눅 19:8-10)라는 고백만으로도 축복을 받았다.

이러한 예들과, 이와 유사한 다른 실례들로부터 우리는 어떤 실천적인 가르침을 얻을 수 있겠는가?

우리는 여기서 다음의 교훈들을 제시하고자 한다.

① 이생과 내생에서 하나님의 은혜를 입는 부자는 빈곤한 자에게 너그러운 사람이다. 욥은 부자였으며, 많은 시련 후에 하나님의 최후의 축복을 받았다. 그는 하나님의 긍휼을 입은 성경의 모든 부자들을 대변하여 이렇게 말한다.

"이는 부르짖는 빈민과 도와 줄 자 없는 고아를 내가 건졌음이라 망하게 된 자도 나를 위하여 복을 빌었으며 과부의 마음이 나로 말미암아 기뻐 노래하였느니라 내가 의를 옷으로 삼아 입었으며 나의 정의는 겉옷과 모자 같았느니라 나는 맹인의 눈도 되고 다리 저는 사람의 발도 되고 빈궁한 자의 아버지도 되며 내가 모르는 사람의 송사를 돌보아 주었으며 불의한 자의 턱뼈를 부수고 노획한 물건을 그 잇새에서 빼내었느니라"(욥 29:12-17).

② 성경에서 하나님의 축복을 받은 부자들은 그들의 부를 두 가지 방법으로 사용했다.

- 그들은 직접 가난한 자를 돌보았다.
- 그들은 하나님께서 주신 부로 인하여 그들에게 맡겨진 힘을 사용해서 불의한 자들의 지배로부터 보호받지 못하는 자들을 구해주었다("불의한 자의 턱뼈를 부수고 노획한 물건을 그 잇새에서 빼내었느니라", 욥 29:17). 그렇게 사용됨으로써, 가난한 자에게 베풀고 남겨진 부는("내 소유의 절반을 가난한 자들에게 주겠사오며", 눅 19:8) 하나님께서 그들에게 그것을 주신 목적을 성취하는 것이다.

③ 하나님께서 주신 선한 선물인 돈 그 자체가 악한 것이 아니라, 돈에 대한 사랑이 악한 것이다. 언로한 바울은 자신의 경험에 의한 결론을 다음과 같은 영감된 말씀으로 디모데에게 요약해주고 있다.

"돈을 사랑함이 일만 악의 뿌리가 되나니 이것을 탐내는 자들은 미혹을 받아 믿음에서 떠나 많은 근심으로써 자기를 찔렀도다"(딤전 6:10).

이렇게 해서 바울은 씨 뿌리는 비유에서 가르쳐주신 우리 주님의 교훈을 반복하고 있다.

"가시떨기에 뿌려졌다는 것은 말씀을 들으나 세상의 염려와 재물의 유혹에 말씀이 막혀 결실하지 못하는 자요"(마 13:22).

하나님에 의하여 "성공한 자들"에게 은혜롭게 주어진 부와 권력이 가난한 자들을 돕고 압제자들로부터 그들을 보호해주는 면에서 열매를 맺지 못할 수도 있다. 왜 열매를 맺지 못하는가? 그 이유는 가난한 자들에게 향해야 할 사랑이 부를 소유하는 것과 부가 가져다주는 것처럼 보이는 향락에로 향하기 때문이다. 그러한 돈에 대한 사랑은 정죄받는다.

④ 아리마대 요셉은 본디오 빌라도로부터 예수님의 시신을 요구할 수 있었다. 빌라도의 문이 자기에게 열린 것은 자기가 부자이기 때문이라는 사실을 그는 분명히 알았다. 모든 사람이 빌라도의 관청에 직접 들어갈 수 있는 것은 아니었다. 부는 문을 연다. 그런데 문제가 되는 것은 이 문이 예수님을 섬기기 위하여 열리는가 아니면 자기를 위하여 열리는가 하는 것이다. 부자들은 참으로 이 대립을 알고 있어야 한다. 예를 들면 다음과 같은 대립이 있다. 지역의 정치 혹은 국가의 정치에 있어서 자신의 영향력이 전체의 선을 위한 것인가 아니면 자기 자신을 위한 것인가? 그가 할 수 있는 영향력 있는 말이 자기의 이익을 위하여 침묵되는가 아니면 정의의 이득을 위하여 지붕 위에서 말해지는가? 하나님은 그분이 원하시는 사람에게 부를 주신다. 부는 가난한 자의 물질적인 필요를 채워줄 수 있을 뿐만 아니라, 또한 힘이기도 하다. 성경은 모든 신자가 자기의 전 재산을 다 주어 버릴 것을 요구하지는 않는다. 왜 그러한가? 왜냐하면 하나님은 의롭고 정당한 자에게 맡겨진 부의 권력을 사용하시기 때문이다. 하나님의 선물인 부가 부과하는 이 최고의 의무

를 부자들의 의식에 각성시켜주는 일은 집사가 섬기는 교회의 과업이다.

⑤ 아직도 잔소리 같은 질문이 남아 있다. 그렇다면 우리는 자신을 위해서는 무엇을 간직하고, 무엇을 써야 하는가? 이것은 결국 각자가 스스로 결정할 일인데, 말씀의 빛과 교회에서 가르쳐지는 양심의 빛에 비추어볼 때 그 대답은 이렇다. 나의 소명을 위하여 나에게 참으로 필요한 것은 무엇이든지 내가 간직하고 사용할 수 있다. 하나님께서는 각 사람에게 이 세상에서 해야 할 사명을 할당해주셨다. 우리는 그 사명을 효과적으로 수행하기 위하여 필요한 선물이라면 무엇이든지 간직해야 하는 것이다. 분명히 가난한 자들에 대한 자선은 그들의 소명을 위하여 요구되는 생활 필수품을 공급하는 하나님의 방법이다. 어느 누구도 다른 사람이 자기 자신을 위해 무엇을 간직해도 좋을지 그를 대신해서 결정해줄 수 없다. 교회는 강단과 집사를 통하여, 이 지극히 중요한 문제에 대하여 말씀으로부터 양심을 개발해줄 수 있고 또한 개발해주어야 한다. 또한 마지막 날에 하나님께서는 그분이 주신 선물이 실제로 얼마나 그분을 섬기는 데에 사용되었는지를 심판하실 것이다.

⑥ 성경이 왜 그렇게도 분명하고 빈번하게 그리고 그렇게도 생생하게 "부의 속임"에 대하여 경고하였는지를 우리는 우리 자신의 경험으로부터 쉽게 이해할 수 있다. 우리는 얼마나 쉽게 우리의 부가 우리 자신의 것이라는 생각에 속아 넘어가는가. 부의 "단 한 푼"이라도 내가 벌었다는 생각, 덜 가지고 있는 사람은 게으르거나 낭비

벽이 있음이 분명하다는 생각, 하나님께서는 우리에게 특별한 축복을 주심으로써 우리의 특별한 덕성을 표시해주신다는 생각 같은 모든 자기기만에 대하여 성경은 경고하고 있다.

⑦ 요컨대 생명, 시간, 재능, 소유, 기능 등과 같은 하나님의 선물들은, 우리의 소명을 위하여 우리를 생존시키는 데 사용되거나, 가난한 자들을 그들의 소명을 위하여 도와주는 데 사용되거나, 우리의 능력과 힘을 최대한으로 발휘해서 사람들 사이에 공의가 시행되도록 노력하는 데 사용될 때, 비로소 하나님의 축복이 되는 것이다. 그러나 이러한 선물들이 우리 자신의 이기적인 뜻만을 위해서 오용된다면 그것들은 저주가 된다.

⑧ "한번 죽는 것은 사람에게 정해진 것이요 그 후에는 심판이 있으리니"(히 9:27).

이 엄숙한 보증을 염두에 두고, 집사는 강단과 힘을 합하여 각 사람이 받은 선물에 부과된 의무를 회중의 각 지체에게 깨우쳐주는 일을 해야 한다. 하나님께서 선지자 에스겔에게 내리신 경고는 이제 교회에 내리고 있으며, 교회의 직원들인 집사에게도 내리고 있다.

"인자야 내가 너를 이스라엘 족속의 파수꾼으로 세웠으니 너는 내 입의 말을 듣고 나를 대신하여 그들을 깨우치라 가령 내가 악인에게 말하기를 너는 꼭 죽으리라 할 때에 네가 깨우치지 아니하거나 말로 악인에게 일러서 그의 악한 길을 떠나 생명을 구원하게 하지 아니하면 그 악인은 그의 죄악 중에서 죽으려니와 내가 그의 피 값을 네 손에서 찾을 것이고 네가 악인을 깨우치되 그가 그의 악한 마음과 악한 행위에서 돌이키지 아니하면 그는 그의 죄악 중에서 죽으려니와 너는 네 생명을 보존하리라 또 의인이 그의 공의에서 돌이켜 악을 행할 때에는 이미 행한 그의 공의는 기억할 바 아니라 내가 그 앞에 거치는 것을 두면 그가 죽을지니 이는 네가 그를 깨우치지 않음이니라 그는 그의 죄 중에서 죽으려니와 그의 피 값은 내가 네 손에서 찾으리라 그러나 네가 그 의인을 깨우쳐 범죄하지 아니하게 함으로 그가 범죄하지 아니하면 정녕 살리니 이는 깨우침을 받음이며 너도 네 영혼을 보존하리라"(겔 3:17-21).

집사의 직분은 진지한 일이다.

당신이 그 일을 잘할 수 있는 자격을 하나님께서 당신에게 주시도록 신속히, 진지하게, 그리고 자주 기도하라.

3장
왜 주는가

'그리스도인은 왜 주어야 하는가?'라는 질문에 대하여 집사는 대답할 말을 준비하고 있어야 한다.

다른 사람들이 이 질문을 제기했을 때를 대비하여 대답을 잘 준비하기 위하여 집사들은 자기들끼리 먼저 이 질문을 생각해보는 것이 좋다.

주고 싶으면 주고, 주기 싫으면 주지 않아도 된다고 가르친 곳은 성경 어디에도 없다. 이 책의 많은 부분은 그리스도인의 주는 의무에 대하여 다루고 있다.

그리스도인이 주어야 하는 이유는 무엇인가?

Ⅰ. 사랑은 주는 것이다

왜냐하면 주는 것은 사랑의 자연스러운 표현이기 때문이다.

"하나님은 사랑이시라"(요일 4:16).

"하나님이 세상을 이처럼 사랑하사 독생자를 주셨으니"(요 3:16).

사랑은 준다. 예수님은 주는 것과 사랑을 같은 것으로 여기셨다.

"사람이 친구를 위하여 자기 목숨을 버리면(주면) 이보다 더 큰 사랑이 없나니"(요 15:13).

사랑은 주는 행위를 강요한다. 사랑 속에는 주는 것이 암시되어 있고, 주는 것 속에도 역시 사랑이 암시되어 있다. 실제로 사랑은 주는 것이다. 그렇기 때문에 주기를 거부하는 것은 사랑이 없음을 보여주는 것이다.

"누가 이 세상의 재물을 가지고 형제의 궁핍함을 보고도 도와 줄 마음을 닫으면 하나님의 사랑이 어찌 그 속에 거하겠느냐"(요일 3:17).

바울은 주고자 하는 마음을 사랑의 증거라고 말한다.

"그러므로 너희는 여러 교회 앞에서 너희의…자랑의 증거를 그들에게 보이라"(고후 8:24).

그는 마게도냐 교회의 자선을 통하여 보여진 사랑을 자랑한 후에 위의 말을 하였다.

"내가 증언하노니 그들이 힘대로 할 뿐 아니라 힘에 지나도록 자원하여"(고후 8:3).

그러므로 주는 행동은 사랑에서부터 흘러나온다. 사랑한다는 것은 주는 것이다. 주지 않는다는 것은 사랑하지 않는다는 것이다.

II. 사랑은 명령이다

"그리스도께서 너희를 사랑하신 것 같이 너희도 사랑 가운데서 행하라 그는 우리를 위하여 자신을 버리사"(엡 5:2).

"우리가 이 계명을 주께 받았나니 하나님을 사랑하는 자는 또한 그 형제를 사랑할지니라"(요일 4:21).

"예수께서 이르시되 네 마음을 다하고 목숨을 다하고 뜻을 다하여 주 너의 하나님을 사랑하라 하셨으니 이것이 크고 첫째 되는 계명이요 둘째도 그와 같으니 네 이웃을 네 자신 같이 사랑하라 하셨으니 이 두 계명이 온 율법과 선지자의 강령이니라"(마 22:37-40).

사랑은 명령이다!

그렇다면 우리는 우리의 사랑을 보이기 위하여 하나님께 무엇을 드려야 할 것인가?

그것은 순종이다.

그렇다면 우리의 사랑을 증거하기 위하여 이웃에게는 무엇을 주어야 할 것인가?

하나님이 우리에게 주신 선물을 아낌없이 나누어 주는 것이다.

III. 사랑은 참된 제자도에 대한 시험이다

"너희가 서로 사랑하면 이로써 모든 사람이 너희가 내 제자인 줄 알리라"(요 13:35).

"내 계명은 곧 내가 너희를 사랑한 것 같이 너희도 서로 사랑하라 하는 이것이니라"(요 15:12).

참된 제자는 서로 사랑한다.

서로 사랑하지 않는 자가 자기를 제자라고 선언하는 것은 거짓이다.

Ⅳ. 사랑은 계명을 지키는 것이다

"너희가 나를 사랑하면 나의 계명을 지키리라"(요 14:15).

"나의 계명을 지키는 자라야 나를 사랑하는 자니"(요 14:21).

"하나님을 사랑하는 것은 이것이니 우리가 그의 계명들을 지키는 것이라"(요일 5:3).

"사람이 나를 사랑하면 내 말을 지키리니"(요 14:23).

여기서 우리가 매우 주의할 것은 이것이다. 성경은 참된 사랑을 따뜻한 감정과 혼동하는 것을 허락하지 않는다. 감정적인 "사랑"은 우리 안에서 배회한다. 하나님께서 사랑이라고 부르시는 것은, 하나님의 명령에 따라 다른 사람을 위해 행하는 행동으로 흘러넘치는 것이다.

감정과 사랑을 혼동하는 것은 결코 작은 실수가 아니다. 이런 혼동은 또한 "믿음을 나누는 것"을 가지고 물건을 나누는 것을 대치해 버리는 일 속에서도 나타난다. 우리는 다른 사람과 믿음을 나누는 일은 기꺼이 하려고 한다. 이것은 돈이 드는 일이 아니기 때문이다. 그러나 사랑이 우리에게 요구하는 것은 우리가 많은 노력을 기울여서 얻은 재물을 나누는 일이다.

Ⅴ. 구원 신앙은 사랑으로 확증된다

"그리스도 예수 안에서는 할례나 무할례나 효력이 없으되 사랑으로 써 역사하는 믿음뿐이니라"(갈 5:6).

"산을 옮길 만한 모든 믿음이 있을지라도 사랑이 없으면 내가 아무 것도 아니요"(고전 13:2).

"영혼 없는 몸이 죽은 것 같이 행함이 없는 믿음은 죽은 것이니라"(약 2:26).

"하나님은 사랑이시라 사랑 안에 거하는 자는 하나님 안에 거하고 하나님도 그의 안에 거하시느니라"(요일 4:16).

"사랑하는 자마다 하나님으로부터 나서 하나님을 알고 사랑하지 아니하는 자는 하나님을 알지 못하나니 이는 하나님은 사랑이심이라"(요일 4:7-8).

참된 신자는 "서로 돌아보아 사랑과 선행을 격려"(히 10:24)해야 한다.

구원의 신앙은 열정적인 사랑 속에서 드러난다. 그리고 그런 사랑은 선행 속에서 드러난다.

VI. 요약

성경의 가르침은 매우 분명하다.

- 사랑은 주는 것이다.

  "하나님이 세상을 이처럼 사랑하사 독생자를 주셨으니"(요 3:16).
  그러한 사랑의 증거로, 하나님이 우리에게 선물을 아낌없이 주
  셨고, 다른 사람들과 그것을 나누게 하셨다. 사랑이 우리에게
  다른 사람에게 주라고 명령하는 그것을 하나님께서 먼저 우리
  에게 주셨다.

- 사랑은 하고 싶으면 하고, 하기 싫으면 안 해도 되는 것이 아
  니다. 즉, 사랑은 명령이다.

- 그러므로 사랑을 주는 것은 참된 제자도에 대한 시금석이다.

- 그러나 사랑은 따뜻한 감정이나 불타는 격정과 동일하지 않다.
  사랑은 다른 사람과 자기의 것을 나누라는 명령에 대한 순종이
  다.

- 구원 신앙의 존재는 사랑, 즉 신자가 다른 사람과 나누어야 할
  것을 아낌없이 나누는 행위에 의하여 증명된다.

4장
왜 돈과 물건을 주는가

집사는 다음의 질문에 직면할 것을 예상해야 한다. 교회를 통하여 주는 것이 왜 물질적인 것이어야 하는가?

영적인 것을 나누는 것이 더욱 "기독교적"이지 않을까? 나의 돈을 주는 것보다 나의 신앙을 나누는 것이 더 좋지 않은가? 도움을 받을 자격이 없거나 돈을 낭비해 버릴 것 같은 가난한 자에게 돈을 주는 것보다는 차라리 "믿음의 사역"을 보조하는 것이 더욱 하나님께 순종하는 것이 아닐까? 또한 사회적 활동가가 되는 것보다는 복음을 전하는 것이 교회의 유일한 의무가 아니겠는가?

비록 이런 질문들이 앞에서 살펴본 바와 같이, 우리가 어렵게 얻은 물건들을 나누기보다는 돈이 안 드는 신앙을 나누는 편을 택하는 선호에 뿌리를 둔 것이 아닌지 의혹을 불러일으키기는 하지만, 이것들은 매우 진지한 질문이다.

이 질문에 대한 대답을 준비하는 집사는, 사마리아와 갈릴리의 접경에서 주님께서 열 명의 나병환자를 고치신 일을 상기시키는 것이 유익할 것이다. 그 열 명은 모두 "소리를 높여 이르되 예수 선생님이여 우리를 불쌍히 여기소서"라고 외쳤다. 그러자 주님께서는 그들을 긍휼히 여기시고 모두를 고쳐주셨다. 그러자 어떻게 되었는가? 그중에서 오직 한 명만이 예수님께 돌아와서 고쳐주신 것을 감사했다. 그 한 명은 사마리아인이었다.

"예수께서 대답하여 이르시되 열 사람이 다 깨끗함을 받지 아니하였느냐 그 아홉은 어디 있느냐 이 이방인 외에는 하나님께 영광을 돌리러 돌아온 자가 없느냐 하시고"(눅 17:17-18).

주님이 기적을 행하시기 전에 이미 오직 한 명의 나병환자만 감사하리라는 사실을 모르셨겠는가? 결코 그렇지 않다. 예수님에 관하여는 이렇게 기록되어 있다.

"또 사람에 대하여 누구의 증언도 받으실 필요가 없었으니 이는 그가 친히 사람의 속에 있는 것을 아셨음이니라"(요 2:25).

예수님은 오직 한 사람만이 감사를 표시하리라는 것을 완전히 아시면서 열 명의 나병환자 모두를 고치신 것이다. 인간에게는 하나님처럼 무한한 자원이 있는 것이 아니므로, 사람은 남에게 무언가를 줄 때에 신중해야 한다. 그러나 우리는 성경이 우리에게 가난한 사람들과 우리의 물건을 나눌 것을 요구하면서 "도움받을 자격이 있는 거지"에 대해서는 아무런 말도 하지 않았음을 결코 잊지 말아야 한다. 도리어 "하늘에 계신 너희 아버지의 아들"이 될 모든 자에게 예수님의 모범을 따를 것을 권고한다.

"이는 하나님이 그 해를 악인과 선인에게 비추시며 비를 의로운 자와 불의한 자에게 내려주심이라"(마 5:45).

그리스도인이 돈과 물건을 주는 것은 이 책 전체에 인용된 성경 본문들이 충분히 보여주듯이 성경이 그렇게 요구하기 때문이다. 바로 그런 물질을 통한 순종을 위하여, 주님께서는 우리가 다른 사람과 나누기를 기대하시면서 우리에게 물질을 주신 것이다.

"신앙을 나누는 것"으로 돈과 물질을 나누는 것을 대체해도 좋다는 허락은 성경 어디에도 없다. 이것이 바로 선지자들의 말의 요점이다.

"내가 기뻐하는 금식은 흉악의 결박을 풀어 주며 멍에의 줄을 끌러 주며 압제 당하는 자를 자유하게 하며 모든 멍에를 꺾는 것이 아니겠느냐 또 주린 자에게 네 양식을 나누어 주며 유리하는 빈민을 집에 들이며 헐벗은 자를 보면 입히며 또 네 골육을 피하여 스스로 숨지 아니하는 것이 아니겠느냐"(사 58:6-7).

또한 선지자의 말이 우리 주님에 의하여 반복된다.

"네게 구하는 자에게 주며 네게 꾸고자 하는 자에게 거절하지 말라"(마 5:42).

마태복음 25장 31-46절에 매우 생생하게 묘사된 최후의 심판 장면에서 사랑의 증거는 가난한 자에게 주는 물질적인 것들, 곧 음식, 물, 따뜻함, 옷, 부드러운 보살핌의 손길로 드러나야 한다는 것을 확실하게 보여준다.

참된 사랑은 필요한 자에게 필요한 것을 준다. 그 필요가 물질인 경우에는 물질을 준다. 그 필요가 공의인 곳에서는, 그 공의를 이루기 위한 싸움이 선물로 주어져야 한다. 그 필요가 시간이나 위로, 재능이나 기술의 사용인 곳에서는 그에 알맞는 선물이 주어져야 한다.

하나님은 믿음을 주신다. 믿음을 받은 사람은 하나님이 주신 물건이나 재능도 아낌없이 베풀 것이다.

5장
왜 교회에게 주고 교회를 통하여 주는가

이 이유를 분명하게 한 마디로 이야기하겠다. 눈이나 귀나 손이 없는 몸은 온전한 몸이 아니다.

집사들은 회중의 보는 눈이요 듣는 귀요 섬기는 손이다. 즉 예수 그리스도의 몸의 참된 현현이 되고자 하는 모든 회중에게 있어 집사는 그러한 존재이다. 집사직은 회중과 그 사회에 이렇게 선언한다. 선한 일을 위하여(엡 2:10) 주님이 구속하신, 눈에 보이고, 구체적이며, 틀림없는 주님의 몸이 여기 있다!

'왜 교회에게 주고 교회를 통하여 주는가?'라는 질문에 대한 답변을 요약하면 이렇다. 즉, 당신이 그 몸의 지체라는 사실과, 당신이 그 몸의 지체임을 스스로 알고 있다는 사실을 드러내 보여주기 위함이다. 따라서 손이 없는 몸이나, 나누어 줄 선물을 가지지 않은 손은 온전한 주님의 몸이라고 할 수 없다.

각각의 지역 회중의 형태로 나타나는 교회는 주 예수 그리스도의 몸으로서, 그리스도께서는 이 몸을 통하여 당신의 지역사회에서 활동하기로 결정하신다. 그리고 집사는 그 몸에 붙어 있으면서 압제의 조짐을 감시하는 눈의 역할, 낙담한 자의 소리 없는 외침에 기울이는 귀의 역할, 그리고 구제를 위하여 뻗는 손의 역할을 하는 것이다.

주님의 몸인 교회는 그분의 말씀을 선포하는 입술의 역할을 하는 교회의 강단 사역을 통하여 그분의 진리를 담대하게 증거한다. 또한 주님의 몸인 교회는 집사 직분을 통하여 볼 수 있는 눈과 들을 수 있는 귀와 섬기는 손을 그 몸에 제공한다. 또한 주님의 몸인 교회는 그분의 뜻에 대한 순종을 감독하도록 장로회를 선임한다.

이 모든 사항은 신약 교회에 자명한 것들이다. 그러나 현 시대는 개인주의적 시대이며 각 사람이 자기의 일을 자기의 방법대로 처리하는 시대이므로 집사들은 '내가 왜 당신들을 통하여 주어야 하는가?'라는 사람들의 질문에 대답할 말을 충분히 준비해 두어야 한다.

이것을 위하여 우리는 다음의 답변들을 제공하고자 한다.

I. 실천적인 견지에 있어서

① 순전히 비즈니스적 견지에서 볼 때, 집사는 회중의 존립과 기능 수행에 요구되는 전반적인 물질적, 경제적 필요를 만족시키기 위한 조직적이며 체계적이며 질서정연한 접근 방법을 회중에게 제공한다.

② 활발하게 사역하는 집사는 반드시 각 멤버의 물질적, 경제적

필요가 조직적으로 발견되고 충족되게 한다. 이것은 다음과 같은 이유 때문에 중요하다.

- 만약 그런 활동이 없으면 멤버의 매우 절실한 필요가 간과되기 쉽다. 특히 "아, 별일 없어요"라고 하는 겉모양에 가리워지기가 쉽다.
- 집사는 돈이든 재능이든 개별적인 멤버가 항상 제공할 수도 없으며 또한 제대로 집중할 수도 없는 자원들을 한데 모으기 때문이다.
- 집사는 각 멤버들이 무관심하기 쉬운 매주일 반복되는 일상적인 봉사들을 기억하고 수행한다.
- 궁핍한 자들의 필요가 공급되고 있는지에 관심을 갖는 멤버 중에는 자기들에게 그런 봉사의 직분이 맡겨진다면 많은 궁핍한 사람들이 간과되거나 그 필요를 공급받지 못하리라고 솔직히 인정하는 사람들이 있다. 활발하게 사역하는 집사의 존재는 그들의 양심의 가책을 덜어준다.
- 각 지체들은 자기들의 기여가 아무리 작을지라도 집사 활동의 전체 프로그램의 일부가 된다는 것을 알게 된다. 따라서 각 사람은 도움을 필요로 하는 모든 사람을 돕는 일에 참여하게 된다. 요컨대, 회중은 집사들을 통하여 실제로 하나의 몸과 같이 행동하기 때문이다.

③ 강단 사역을 통하여 각 지체들에게 한 몸으로서의 회중이 게을리하고 있는 구제 사역에 대해 양심에 선한 부담을 주는 것이 실

제로 쉽지 않다. 전체적인 집사의 봉사가 각 지체들이 개인적으로 섬기는 일을 완전히 대신하지는 않으며, 그것은 도리어 본을 보여주어 본받게 하려는 것이며 또한 전체 회중의 재능들을 한데 모으는 것이다. 선한 일을 하기 원하는 눈과 귀를 가지고 있는 사람들을 위하여 남겨진 온갖 종류의 선행이 있을 것이다.

④ 또한 실천적인 면에서 볼 때, 회중의 섬기는 일에는 기본 경비가 들지 않는다. 집사들뿐 아니라 다른 멤버들도 자기들의 봉사에 대한 대가는 받지 않는다. 무덤 이편에서는 그러하다. 교회 건물은 무료로 사용될 수 있다. 그러므로 각 기부금의 가치 전부가 도움을 받는 사람들에게로 향하게 된다. 이런 일은 교회 외에 다른 자선단체에서는(아무리 좋은 의도를 가진 자선단체라 하더라도) 찾아보기 어려운 일이다.

II. 증언의 견지에 있어서

집사의 봉사는 주님께서 규정해주신 증언의 형태이다.

"이같이 너희 빛이 사람 앞에 비치게 하여 그들로 너희 착한 행실을 보고 하늘에 계신 너희 아버지께 영광을 돌리게 하라"(마 5:16).

바울은 교회에게 "어그러지고 거스르는 세대 가운데서 하나님의 흠 없는 자녀로 세상에서 그들 가운데 빛들로 나타내"라고(빌 2:15) 충고하고 있다. 그리고 베드로는 이렇게 쓰고 있다.

"너희가 이방인 중에서 행실을 선하게 가져 너희를 악행한다고 비방하는 자들로 하여금 너희 선한 일을 보고 오시는 날에 하나님께 영광을 돌리게 하려 함이라"(벧전 2:12).

이런 견지에서 생각해보라.

① 집사의 봉사는 교회를 산 위에다가 두는 것이다. 주님은 "산 위에 있는 동네가 숨겨지지 못할 것이요"라고 선언하셨다. 그렇다면 교회는 어떻게 해야 드러나게 되는가? 우리는 이 점에 관하여 이미 살펴보았다. 즉, 하늘에 계신 하나님 아버지에게 영광을 돌리는 집사의 선행에 의해서이다. 이런 행위들은 그 회중이 한 몸으로서, 다음과 같은 주님의 가르침을 듣고 이해했음을 증거한다.

"나더러 주여 주여 하는 자마다 다 천국에 들어갈 것이 아니요 다만 하늘에 계신 내 아버지의 뜻대로 행하는 자라야 들어가리라"(마 7:21).

② 집사의 봉사는 믿음의 열매를 전시함으로써 세상에 대하여 복음을 증거하는 역할을 감당한다.

"이와 같이 좋은 나무마다 아름다운 열매를 맺고"(마 7:17).

"그들의 열매로 그들을 알지니"(마 7:16).

③ 집사의 봉사는 그 회중 자신에게 그 회중이 주님의 명령을 듣고 이해하고 있고 주님의 따뜻한 사랑 안에 거하고 있음을 증거해준다.

"내가 아버지의 계명을 지켜 그의 사랑 안에 거하는 것 같이 너희도 내 계명을 지키면 내 사랑 안에 거하리라"(요 15:10).

또한 실제로 집사를 통하여 일치된 봉사를 하는 회중은 갈수록 더욱 강한 연합체로 성장할 것이다. 근육은 사용하면 할수록 더욱 강해진다.

④ 집사의 선행은 회중이 여기에 매우 특별하고도 독특한 연합이 있음을 알고 있다는 것을 증거해준다.

⑤ 교회가 보여주는 행위에 의한 증거는 강단에서 전파되는 말씀의 증거와 상호 연관을 이루고 있다. 성경은 그 어느 곳에서도 이 두 가지 증거 중 어느 하나가 다른 하나를 대체할 수 있다고 가르치지 않는다. 말씀은 자기희생이 기독교의 중심이라는 진리를 증거한다. 그리고 각 개인을 통해서뿐 아니라 집사를 통해서 행해지는 행동은 그들이 말씀을 듣고 믿었다는 사실을 증거한다. 이 두 가지 증거는 모두 세상을 향해 주님을 대변한다.

III. 신학적 견지에 있어서

집사를 통하여 주어야 한다는 신학적 견지가 있는데, 그것은 다음과 같다.

① 이 책의 9장에 설명된 바와 같이 집사의 직분은 레위 직분의 신약적 형태이다. 바울은 하나님께서 영감을 주신 집사의 조건들을 조심스럽게 기록하고 있다(딤전 3:8-13). 분리파 교도들은 집사에 대하여 무관심할 수 있을지 모르지만, 집사가 없는 교회는 그 교회의 존재의 본질적인 요소들 중의 하나를 결여하고 있는 것이다.

② 집사는 태동하는 교회에서 실천되었던 소위 "기독교 공산주의"(태동하는 교회의 물건 통용은 강제적 공동 소유가 아니었으므로 실은 공산주의와는

전혀 다른 체계였음—편집주)를 대체한다. 자유주의 신학자들은 종종 이 사실을 간과하고 있다. 초대교회 신자들이 열정을 가지고 "모든 물건을 서로 통용"하였으나 그런 체계는 오래 지속되지 않았다. 초기의 "헬라파" 유대인들(헬라어를 말하는 신자들, 아마 유대인 이민자들)이 "자기의 과부들이 매일의 구제(공동 기금으로부터 나온다)에 빠지므로"(행 6:1) 불평한 것은, 앞에서 보고된 물건의 통용(행 2:44; 4:32)이 오래가지 않았음을 보여준다. 그리고 곧 모든 것을 통용하지 않는 집사 활동이 신약성경에서 교회에게 주어진 규범적인 정형이 되었다. 그리스도의 몸 안팎의 필요를 충족시키는 것은 공산주의가 아니라 집사 제도이다. 부와 재능에 있어서의 불균형에 대한 교회의 영감된 답변은 공산주의자의 강제적인 균등이 아니라 조직적인 집사의 활동(diakonia)임을 집사의 직분이 선언한다. 특히 우리 시대에 있어서 이 사실은 교회가, 특히 집사가 배우고 기억하며 실행해야 할 근본적인 신학적 교훈이다.

③ 집사직은 가톨릭의 종교적 위계질서에 대한 개신교의 대안이다. 집사들을 통하여, 또한 그들의 활동에 의하여 교회의 지체들은 자기가 받은 재능과 물질의 선물을 빈곤한 자들과 더불어 나누는 것이다.

④ 집사를 통하여 기부함으로써 모든 허식을 피할 수 있으며, 따라서 다음과 같은 주님의 명령에 순종하는 것이다.

"그러므로 구제할 때에 외식하는 자가 사람에게서 영광을 받으려고 회당과 거리에서 하는 것 같이 너희 앞에 나팔을 불지 말라 진실로 너희에게 이르노니 그들은 자기 상을 이미 받았느니라 너는 구제할 때에 오른손이 하는 것을 왼손이 모르게 하여 네 구제함을 은밀하게 하라 은밀한 중에 보시는 너의 아버지께서 갚으시리라"(마 6:2-4).

가장 큰 액수의 헌상이 집사를 통하여 가장 작은 액수의 헌상과 바로 융합한다. 이것이 바로 몸의 머리되신 분이 요구하시는 것이다. 하나님께서 아신다. 그것이면 충분하다.

⑤ 마지막 심판날에, 자기들이 궁핍한 자들에게 베푼 봉사의 범위에 대하여 놀라는 사람들은 사실은 그 봉사를 집사를 통하여 행한 사람들일 것이다.

"이에 의인들이 대답하여 이르되 주여 우리가 어느 때에 주께서 주리신 것을 보고 음식을 대접하였으며 목마르신 것을 보고 마시게 하였나이까 어느 때에 나그네 되신 것을 보고 영접하였으며 헐벗으신 것을 보고 옷 입혔나이까 어느 때에 병드신 것이나 옥에 갇히신 것을 보고 가서 뵈었나이까 하리니"(마 25:37-39).

집사에 의하여 교회를 통해 봉사한 사람에게는 큰 놀라움이 기다리고 있다.

⑥ 바울은 하나님께서 일부러 여러 가지 다양한 은사를 각 사람들에게 분배하신 것은 그리스도의 몸의 지체들이(또한 전체 인류의 각 지체들이) 서로의 필요에 의하여 서로에게 가까이 이끌리게 하기 위함이라는 것을 분명하게 가르쳤다(고린도전서 12장 전체). 하나님의 계획에 의한 이 서로 나누는 일은 깨어 있고 활발하게 사역하는 집사에 의하여 교회 내에서, 그리고 교회를 위하여 촉진된다.

Ⅳ. 결론

지금까지 이야기한 모든 것의 의미는 분명하다. 즉, 집사는 교회의 핵심 직분이다. 집사들에게 주고 집사를 통하여 주는 것은 일차적으로 주는 것이며 최우선적으로 주는 것이지 인색하거나 우둔한 자선이 아니다. 주님의 몸의 멤버된 멤버십이 모든 생활에 있어 기본적인 우선권을 갖는 것과 똑같이, 몸의 손을 거쳐서 나누는 일은 회중 안에서 기본적인 우선권을 갖는다. 각 신자들의 제사장적 직분은 그리스도의 제사장적 직분과 마찬가지로, 교회와 교구 안팎의 필요에 대한 자기희생적 헌신 속에서 성취되는 것이다.

6장
얼마나 내야 하는가
(적은 돈에서부터 많은 돈까지)

신자가 하나님께 정확하게 얼마나 많은 빚을 지고 있는지에 대한 말씀은 없는가? 다시 말해, 신자가 하나님을 대표하는 교회에게 얼마나 많은 빚을 지고 있는가?

이것에 대하여 실제로 주님께서 하신 말씀이 있다.

신자는 그가 참된 신자라면 자신의 모든 것이 하나님에게서 받은 것임을 잘 알고 있다.

"세계와 거기에 충만한 것이 내 것임이로다"(시 50:12).

하나님께서는 우리 각 사람이 자기 것이라고 말하는 모든 것이 사실은 하나님의 것이라고 처음부터 선언하셨다.

"내게 주신 모든 은혜를 내가 여호와께 무엇으로 보답할까"(시 116:12)라고 물어볼 때 "주여 모든 것이 당신의 것이로소이다"라는 대답만이 가능하다.

더욱이 하나님께서는 그분에게 순종하는 자녀들이 다른 사람에게 베풀 수 있게 하기 위하여 그들에게 선물을 주신다.

"하나님이 능히 모든 은혜를 너희에게 넘치게 하시나니 이는 너희로 모든 일에 항상 모든 것이 넉넉하여 모든 착한 일을 넘치게 하게 하려 하심이라"(고후 9:8).

우리가 하나님께 "얼마나" 빚지고 있는가에 대하여 이 이상 더 명확할 수는 없지 않겠는가?

신자가 하나님께 진 빚에 대한 가장 오래된 생각은 하나님께서 우리에게 주신 것의 십분의 일을 우리가 빚지고 있다는 생각이었다. 이스라엘 사람들은 그들의 토지와 과수원과 양 떼의 소출의 십분의 일을 레위 족속에게 주어야 했다. 그리고 매 삼 년마다 소출의 십일조(레위 족속에게 주는 십일조와는 다른 별도의 십일조)를 나그네와 가난한 자들에게 주어야 했다(레 27:30-33; 신 12:5-18).

그 외에도 주님은 그분의 백성에게 두 가지 형태의 기본적인 "봉헌물"을 요구하셨다. 바로 속죄 제물과 감사 제물이다. 말라기 선지자는 이스라엘 백성이 십일조와 봉헌물을 소홀히 함으로써 하나님의 것을 도둑질한다고 비난한다.

"사람이 어찌 하나님의 것을 도둑질하겠느냐 그러나 너희는 나의 것을 도둑질하고도 말하기를 우리가 어떻게 주의 것을 도둑질하였나이까 하는도다 이는 곧 십일조와 봉헌물이라 너희 곧 온 나라가 나의 것을 도둑질하였으므로 너희가 저주를 받았느니라 만군의 여호와가 이르노라 너희의 온전한 십일조를 창고에 들여 나의 집에 양식이 있게 하고 그것으로 나를 시험하여 내가 하늘 문을 열고 너희에게 복을 쌓을 곳이 없도록 붓지 아니하나 보라"(말 3:8-10).

구약 교회에 대한 주님의 요구가 신약 교회에 대해서는 줄어들었다는 암시는 성경 어디에도 없다. 또한 우리가 다른 곳에 내는 돈이 교회에 내는 십일조를 "대신할 수 있다"는 가르침도 역시 아무 데에도 없다. 도리어 바울은 훨씬 높은 기준을 특히 재물의 축복을 받은 사람들에게 제시한다.

"매주 첫날에 너희 각 사람이 수입에 따라 모아 두어서"(고전 16:2).

하나님께서 관대하실수록 우리도 더욱 관대해야 한다.

그렇다면 하나님은 우리의 관대함을 기뻐하시는가? 물론이다.

"하나님은 즐겨 내는 자를 사랑하시느니라"(고후 9:7).

그러나 주님과 교회에 대하여 우리가 "얼마나 많이" 빚지고 있는가에 대하여 추가적으로 언급할 것이 한 가지 더 있다.

누가와 마가가 기록한 잘 알려진 이야기 속에 바로 이에 관한 가르침이 포함되어 있다.

"예수께서 헌금함을 대하여 앉으사 무리가 어떻게 헌금함에 돈 넣는가를 보실새 여러 부자는 많이 넣는데 한 가난한 과부는 와서 두 렙돈 곧 한 고드란트를 넣는지라 예수께서 제자들을 불러다가 이르시되 내가 진실로 너희에게 이르노니 이 가난한 과부는 헌금함에 넣는 모든 사람보다 많이 넣었도다 그들은 다 그 풍족한 중에서 넣었거니와 이 과부는 그 가난한 중에서 자기의 모든 소유 곧 생활비 전부를 넣었느니라 하시니라"(막 12:41-44; 눅 21:1-4).

바로 이런 상황에서 제자들(교회의 대표자들)을 불러서 하신 말씀은 우리로 하여금 주님이 말씀하시고자 한 바를 주의 깊게 살펴보게 한다. 그렇다면 주님이 말씀하신 것은 무엇인가?

그것은 바로 하나님께서는 우리가 자신을 위하여 비축해두는 것과 비교해서 우리가 내는 것을 평가하신다는 것이다. 이 과부는 자기의 것을 하나도 남겨두지 않았기 때문에 가장 많이 낸 것이다.

이것은 듣기에 그렇게 기분 좋은 진리는 아니다. 특히 자기는 많은 것을 내기 때문에 매우 관대하다고 생각하면서, 교회와 주님도 자기와 똑같은 판단을 하기를 기대하는 사람들에게는 더욱 그러하다.

그러나 이 점에 대하여 오해가 있어서는 안 되겠다. 주님께서는 즐겨 내는 자를 사랑하신다. 주님께서는 그분이 부요하게 축복해준 그 사람들이 또한 내는 데에 있어서도 부요하기를 기대하신다. 또한 주님은 각 사람이 내는 것을 천국에 쌓아두는 것으로 간주하신다. 이 모든 것은 진리이다. 따라서 후한 사람은 항상 칭찬을 받아 마땅하다.

그러나 내가 교회 내에서의 주님의 사역과 이웃을 위하여 "얼마나 많이" 빚지고 있는가를 논할 때에는, 결국 우리가 참으로 내는 것이 얼마나 되는가에 대한 주님의 상대적인 측정 기준을 생각해야 하는 것이다. 여기에 대한 주님의 가르침은 분명하다. 천국의 눈으로 볼 때에는 상대적으로 자기의 것을 가장 적게 비축하고 있는 사람이 가장 많이 내는 것이고 자기의 것을 가장 많이 비축하고 있는 사람이 가장 적게 내는 것이다.

우선 첫째로 우리가 가진 모든 것은 하나님의 것이라는 사실로부터 생각해 나아가기 시작하면 결국 이러한 결론에 이르게 된다. 우리는 주님께서 다른 사람과 나누어 가지라고 주신 것을 내는 것에 불과하며, 우리가 스스로 비축하고 있는 것은 결국 나누어져야 하는데도 그렇게 되지 않은 주님의 것이다.

킹 제임스 버전 영어 성경에는 가난한 과부의 연보를 "두 푼"(two mites)이라고 말하고 있는데, 이것은 히브리인의 동전들 중에서 가장 작은 단위이다.

몇 푼에서부터 수백만 원에 이르는 돈이 하나님의 눈에는 우리와 다르게 보이며, 또한 그 돈을 내는 사람도 역시 다르게 보이는 것이다. 이것은 우리가 기억해야 할 중요한 사실이다.

또한 성경은 우리가 쉽게 무시하는 경향이 있는 하나의 분계선, 즉 죽음을 매우 심각하게 취급하고 있다는 사실을 기억하라. 돈을 낸다는 일을 놓고 볼 때 죽음은 보상의 분수령이 된다. 어떤 사람이 후하다는 사실이 공개적으로 알려지면, 그에 대한 보상은 이미 무덤 이편에서 완료된 것이다. 무덤의 이편에서 허세 없이 행해진 자선만이 천국에서 보상을 받는다.

"그러므로 구제할 때에 외식하는 자가 사람에게서 영광을 받으려고 회당과 거리에서 하는 것 같이 너희 앞에 나팔을 불지 말라 진실로 너희에게 이르노니 그들은 자기 상을 이미 받았느니라 너는 구제할 때에 오른손이 하는 것을 왼손이 모르게 하여 네 구제함을 은밀하게 하라 은밀한 중에 보시는 너의 아버지께서 갚으시리라"(마 6:2-4).

마지막 심판날에 하나님이 상을 베푸실 것이다.

"보라 주 여호와께서 장차 강한 자로 임하실 것이요 친히 그의 팔로 다스리실 것이라 보라 상급이 그에게 있고 보응이 그의 앞에 있으며"(사 40:10).

바로 이런 이유로 사도는 이렇게 말할 수 있었다.

"우리가 선을 행하되 낙심하지 말지니 포기하지 아니하면 때가 이르매 거두리라"(갈 6:9).

낙심될 때에, 집사들은 자신들이 조용히 행하고 있는 모든 집사로서의 봉사가 오늘 당장에는 어떤 상급을 가져다주지 않지만 하나님은 지치지 않는 눈으로 그것을 보고 계시며, 따라서 미래에 상급을 받으리라는 사실을 상기하고 다시 힘을 내야 할 것이다.

"누구든지 너희가 그리스도에게 속한 자라 하여 물 한 그릇이라도 주면 내가 진실로 너희에게 이르노니 그가 결코 상을 잃지 않으리라"(막 9:41).

상급을 받을 봉사는 아무의 손도 미치지 않는 곳에서 이루어진다. 그러나 좋은 평판이라는 보상을 추구하는 자는 하나님이 아닌 사람에게서 칭찬을 받고자 한다.

이에 대한 주님의 경고는 매우 분명하다.

"사람에게 보이려고 그들 앞에서 너희 의를 행하지 않도록 주의하라 그리하지 아니하면 하늘에 계신 너희 아버지께 상을 받지 못하느니라"(마 6:1).

Part 2

집사직의 배경

7장
교회의 직분들

교회는 주인이신 예수 그리스도의 몸이며, 성령에 의하여 그분과의 생명의 연합을 이루고 있다. 따라서 교회는 머리되신 주 예수 그리스도의 세 가지 직분을 수행한다.

① 그리스도는 선지자, 곧 교사이시다.

"모세가 말하되 주 하나님이 너희를 위하여 너희 형제 가운데서 나 같은 선지자 하나를 세울 것이니 너희가 무엇이든지 그의 모든 말을 들을 것이라"(행 3:22).

② 그리스도는 제사장, 즉 우리를 위해 자신을 제물로 바치신 분이다.

"네가 영원히 멜기세덱의 반차를 따르는 제사장이라"(히 5:6).

③ 그리스도는 왕, 곧 통치자이시다.

"내가 나의 왕을 내 거룩한 산 시온에 세웠다 하시리로다"(시 2:6).

"왕으로 다스리실 것이며 그 나라가 무궁하리라"(눅 1:33).

그리스도의 이런 직분들이 교회와 정확히 어떤 관계가 있는지 모든 신학자가 동의하는 것은 아니지만, 우리는 이러한 직분들의 존재가 참된 교회의 특징이라고 믿는다. 참된 교회 안에서는 다음과 같은 것들이 발견된다.

① 성경에 계시된 하나님의 말씀이 신실하게 전파된다. 이곳에서는 선지자로서의 그리스도의 직분이 기능을 발휘한다.

② 세례와 성찬의 성례가 참되게 시행된다. 이곳에서는 제사장으로서의 그리스도의 직분이 기능을 발휘한다.

③ 회중들이 말씀에 따라서 다스려지며 권징이 합당하게 실시된다. 이곳에서는 왕으로서의 그리스도의 직분이 기능을 발휘한다.

종교 개혁 이래로 일반적으로 이 세 가지가 참된 가시적 교회의 특징으로 고백되고 있다. 지금 이 직분을 수행하고 있는 사람은 다음과 같다.

① 선지자 : 임직된 목사. 때로는 임직된 가르치는 장로.

② 제사장 : 집사들. 집합적으로 집사회라 불림.

③ 왕 : 치리하는 장로직. 때로는 장로(presbyters), 감독(bishops), 평의원(trustees)이라 불림.

어떻게 해서 집사 직분이 그리스도의 제사장 직분을 수행하는 것인지 바로 분명하게 이해되지는 않을 것이다. 우리는 이 관계를 본서의 9장에서 다루었으며 따라서 이 문제에 대해서는 그 설명을 참조할 것을 권하는 바이다.

그러나 여기서 간단히 언급하자면, 그리스도의 제사장직과 집사 직분의 관련성은 기독교의 중심 사상인 희생에 있다.

구약의 레위인들은 이스라엘 사람들에게 희생 제물들을 가져올 것을 요구하고, 그것들을 성전 제단에 놓음으로써, 하나님의 면전으로 가져갔다. 따라서 레위인들은 제사를 시행하는 사역자들이었다.

그런데 예수 그리스도께서는 구약의 제사 의식의 완성으로 자신을 드림으로써 십자가의 제단에서 죄에 대한 완전한 희생 제사를 치르셨다.

그 이후로 성만찬은 자신의 몸을 바치신 그리스도의 희생 제사를 영원히 기억하는 일이 되었다.

이제 신자는 더 이상 희생 제물을 제단으로 가져올 것을 요구받지 않는다. 대신에 그는 주님의 구원의 선물(이것은 성만찬과 정결케 하는 세례식을 통하여 가시적으로 형상화된다)에 대한 응답으로, 자기 자신의 유익을 구하지 않으며 자기 자신을 희생 제물로 바칠 것을 요구받는다.

신자의 자기희생의 열매, 즉 그가 교회에 바치는 것은 이제 더 이상 레위인이나 제사장에 의하여 제단 위에 놓이는 것이 아니다. 도리어 그 열매는 집사에 의하여 하나님께서 감사의 열매를 받고자 기다리시는 곳, 곧 가난하고 궁핍한 사람들에게로 옮겨진다. 따라서 집사는 레위인을 대신하여 섬기는 것이며, 또한 제사의 직분은 이제 집사직에 의하여 수행되는 것이다.

이 사실은 오늘날에도 칼빈이 목회하던 제네바에서와 같이 성찬의 떡과 잔을 집사들이 회중에게 나누어 주는 것도(이것은 제사장 곧 제사의 수종드는 자로서의 집사의 역할의 한 분명한 상징이다) 좋을 것이라는 사실을 보여준다. 집사들은 또한 세례를 위한 세례반을 준비하고 관리하는 일을 할 수도 있을 것이다.

Ⅰ. 세 가지 직분의 관계

이 세 가지 직분은 서로 경쟁하지 않는다. 이것들은 한 몸 안에 있으며 하나의 몸을 섬긴다. 그러나 감독하는 일은 장로회에 속한 것이며, 이 일은 몸의 모든 기능에 미친다. 바울이 마지막 인사 속에서 에베소의 장로들에게 준 교훈은 몸의 모든 기능에 적용된다.

"여러분은 자기를 위하여 또는 온 양 떼를 위하여 삼가라 성령이 그들 가운데 여러분을 감독자로 삼고"(행 20:28).

"감독"과 "장로"라는 말은 교회에서의 치리 장로회의 직분을 가리키는 말로도 사용되며 감독과 책임을 모두 의미한다.

따라서 장로회에 속한 사람들은 가르치는 사역의 신실성과 집사들의 신실성을 감독할 것이 요구된다. 이것은 그들의 소명 안에 포함된다. 그러므로 집사들은 정기적으로 장로회에 자기들의 업무를 보고하고, 교회의 물자와 달란트에 대한 청지기 활동에 대하여 감독을 받는 것이 정당하다.

모든 종류의 모임을 계획할 때 몇 명의 집사들이 한두 명의 장로를 초청함으로써 장로회와의 대화의 통로를 유지할 수도 있다. 혹은 거꾸로 장로회에서 그러한 배려를 시도할 수도 있다. 이때 장로회는 독재적인 권력을 행사하는 자로서가 아니라, 함께 섬기라고 부름받은 그리스도의 몸의 최대의 유익을 함께 추구하는 자로서 이 일을 수행해야 한다.

Ⅱ. 기관들과 직분

지금까지의 토의는 교회 내의 직분에 대해 집사들이 이해해야 하는 기본적인 요소들을 다루었다. 그러나 그 직분 자체에 대한 분석적인 설명을 요구하는 사람들을 위하여 우리는 다음과 같이 이야기하고자 한다.

① "직분"의 특성은 기관들의 특성을 통해 가장 잘 이해할 수 있다. 그렇다면 기관이란 무엇인가?

② 행동은 고정된 틀이나 패턴이 될 때에 "기관화"된다. 매일 행하는 일(work)의 패턴은 그것이 가정이든 학교이든 직장이든 상점이든 농장이든, 우리가 수행하는 업무(job)에 의하여 결정된다. 하나의 기관이 형성되는 것은 그 기관에 속한 모든 사람의 행동을 통합해서 어떤 목표를 이루기 위함이다. 예를 들어 공장은 특정한 생산물을 만들기 위하여 모든 고용인의 일을 집결시킨다. 사무실은 특정한 목표를 달성하기 위하여 각 사원들의 기여를 집결시킨다. 가정은 남편과 아내와 자녀들을 통합시켜서 가정생활을 이룬다. 요컨대 우리는 두 가지 관점에서 기관을 바라볼 수 있다. 기관은 협동된 연합적 노력이 있고, 그 기관 안의 모든 사람의 행위에 부과되는 독특한 행동 패턴이 있다.

이 두 가지 경우에 있어서 "기관"의 의미는, 주어진 목표를 향한 일정 패턴을 갖는 행동이다.

③ 기관 안에서, 직분이란 전체의 일을 돕는 실무적인 기능이라 할 수 있다. 참된 직분이란 곧 그 기관이 추구하는 바를 달성하기 위한 필수적인 기능이다. 그러므로 직분은 특별한 기능과 특별한 책임을 수반한다.

④ 신약성경에서 직분의 개념은 "봉사"(service)라는 말로 번역될 수 있는 헬라어 디아코니아(*diakonia*)로 표현될 수 있다. 특히 교회에 관해서는 더욱 그러하다. 그러나 "봉사"라는 말이 합당한 기능대로 직분을 수행한다는 의미로(장로는 다스리는 직분을 잘 수행하는 것이 "봉사"가 된다) 이해되지 않고 다른 뜻으로 이해된다면, 이 말은 특히 치리 장로의 직분에 관하여 오해를 야기시킬 수 있다.

⑤ 또한 모든 신자가 교회에서 직분을 맡고 있다는 주장이 특별히 마르틴 루터를 추종하는 신자들 속에서 제기되고 있다. 그들은 다음과 같은 베드로의 말을 참조한다.

"그러나 너희는 택하신 족속이요 왕 같은 제사장들이요"(벧전 2:9).

베드로는 여기서 모세가 이스라엘 민족을 이끌고 애굽을 나와서 광야를 지날 때에 하나님이 모세에게 하신 말씀을 인용하고 있는 것이다.

"너희가 내게 대하여 제사장 나라가 되며 거룩한 백성이 되리라"(출 19:6).

만약 이 구절을 모든 신자는 제사장으로서 다른 사람을 섬기면서 자신을 희생해야 한다는 말로 이해한다면 문제가 없다. 그러나 만약 이 구절을 민주주의 국가의 정치권력이 국민에게서 나오듯 교회의 권위가 신자들에게서 나온다는 의미로 받아들인다면 혼란이 야기된다. 교회 안의 직분의 권위는 신자로부터 시작해서 위로 올라가는 것이 아니라 하나님의 말씀에 의하여 머리로부터 밑으로 위임되는 것이다. 바로 이런 이유 때문에 교회에 합당한 직분들은 바로 주께서 그 직분을 수행할 사람의 자격을 규정해주신 성경에 명시된 직분들뿐인 것이다.

⑥ 교회와 더불어 항상 존속해 왔던 이단들의 가장 놀라운 특징들 중의 하나가 바로 직분에 대한 잘못된 개념이다. 분파심이 강한 사람들의 마음은 오늘날 교회의 직분을 가볍게 여긴다. 그러나 교회의 직분들이 그리스도의 직분들을 드러낸다는 사실을 알고 있는 참된 지체들은 직분에 임명되고 직분을 수행하는 책임을 매우 진지하게 여긴다.

8장
그리스도의 몸 안에서의 집사

"너희는 그리스도의 몸이요 지체의 각 부분이라"(고전 12:27).

성경은 교회를 그리스도의 몸이라고 말한다. 이 말은 되는 대로 말한 것이 아니다.

교회를 "몸"이라고 부름으로써 하나님의 말씀은 우리에게 어떤 것을 가르치고자 한다.

성경의 비유들은 조심스럽게 선택된 것들이다. 우리는 교회가 몸이라는 말을 평범하게 여길 수도 있지만, 거기에 함축된 교훈은 결코 평범한 것이 아니다. 또한 성경의 어떤 다른 가르침보다도 이 말이 교회 안에서의 "집사"의 의미를 가장 분명하게 밝혀준다. 그 이유는 다음과 같다.

① 예수님의 승천(행 1:9-11) 이후에 예수님은 몸된 교회를 통해 인류 가운데 계신다. 그분은 오직 그분의 성령을 통해서만 우리 가운데 거하시기로 결정하실 수도 있었다. 또한 오직 그분의 말씀 속에

서만 우리 가운데 거하시기로 결정하실 수도 있었다. 그러나 그중의 어느 것도 주님의 성육신적 임재를 우리 가운데 가능하게 할 수 없다. 그래서 그분은 몸된 교회의 형태로, 그분의 성육신적 임재를 이 땅에 구현하시기로— 그분의 육체적 재림 때까지(행 1:11)—결정하신다. 이 사실은 그리스도의 세 가지 직분으로 특징지어지는 참된 교회를 매우 영광스럽게 만든다. 이 사실은 또한 교회에게 주님의 몸으로 유지되기 위한 노력을 감당할 무거운 책임을 요구한다. 각각의 지역 교회는 가시적인 예수 그리스도의 몸으로 불린다.

② 교회가 자신을 그리스도의 몸이라고 선언하는 것은 쉬운 일이다. 그런 말은 마음에 쉽게 떠오르며 입에서도 쉽게 나온다. 우리는 언제 어디서나 교회가 그리스도의 몸이라는 말을 할 수 있다. 그러나 정기적으로 모이는 교회가 실제로 교회의 구주이자 주님이신 예수 그리스도의 살아 있는 몸이라는 증거를 어디에서 발견할 수 있겠는가? 그 증거는 만약 그리스도께서 지금 당신의 사회 속에서 육체를 가지고 살고 계신다면 행할 그런 행동을 교회가 실제로 행하는 모든 시간과 장소에서 발견되는 것이다. 또한 그때에 "몸"이라는 비유는 실제로 교훈적인 역할을 하게 된다. 한 가지 분명한 것은 몸은 말을 할 수 있다는 것이다. 교회는 그 사역자의 입술을 통하여 이 기능을 수행한다.

③ 그러나 몸은 입술뿐만 아니라 다른 기관들을 통해서도 기능을 발휘한다. 몸은 눈, 귀, 손, 발 등을 가지고 있다. 몸으로서의 교회는 집사직을 통하여 이런 기능을 발휘한다. 능동적인 집사 활동은 그

회중이 예수 그리스도의 몸 된다는 것의 의미를 알고 있다는 사실을 드러낸다. 교회는 자신의 입술로서 임직된 사역자를 가지고 있으며, 자신의 봉사 기관으로서 집사를 가지고 있다. 또한 이 몸은 감독 기관 곧 장로회를 가지고 있다. 집사의 행위는 목사의 말을 확인해준다.

"나더러 주여 주여 하는 자마다 다 천국에 들어갈 것이 아니요 다만 하늘에 계신 내 아버지의 뜻대로 행하는 자라야 들어가리라"(마 7:21).

이 말은 각각의 그리스도인들에게 적용되며, 또한 몸으로서의 교회에게도 적용된다. 몸은 헌신적이며 능동적인 집사들을 통하여 하나님 아버지의 뜻을 행한다.

④ 예수님의 기적들은 인체의 기관들에 많은 초점을 맞추고 있다. 그분은 맹인의 눈을 뜨게 했고 귀머거리를 듣게 했으며 앉은뱅이를 걷게 했고 벙어리를 말하게 했으며 마른 손을 온전하게 만들어주셨다.

왜 그렇게 하셨는가? 여기에서 우리가 앞서 말한 것을 다시 강조한다.

우리 주님께서 인체의 이런 불구들을 치료해주신 것이 단지 자비를 베풀기 위한 것이었겠는가? 아니다. 그것보다 훨씬 큰 이유가 있다. 주님은 그분을 믿는 사람은 누구든지 유용하고 순종하는 지체로 만들 수 있고 만들고자 하신다는 사실을 교회에게 가르치고 계셨던 것이다. 예수님의 기적은 그분에 대한 교회의 믿음에 비례해서 그분이 자신의 교회를 살아 있고 능동적인 몸으로 만들 수 있는 능력을 가지고 계심을 보여준다.

예수 그리스도의 기적을 행하는 능력은 치유받은 여러 지체들, 즉 눈, 귀, 손, 발 등의 사용을 통하여 교회 안에서 드러난다.

⑤ 치유받은 회중이 그 손과 발을 사용하는 데 필요한 직분이 집사직이다. 회중은 집사들을 통하여 그 몸 안팎의 사람들의 필요를 볼 수 있게 된다. 눈에 뜨이는 것을 볼 뿐 아니라 겉으로 뚜렷하게 드러나지 않는 필요들을 열심히 찾게 된다.

회중은 집사들을 통하여 몸 안팎의 눌린 자와 궁핍한 자의 부르짖음을 듣는다. 그런데 이 부르짖음은 치유받지 못한 귀로는 들을 수 없다.

회중은 집사들을 통하여 이제는 절지 않게 된 다리를 신속하게 움직이며 더 이상 탐욕으로 으르렁거리지 않고 손을 펴서 도움을 베푼다.

집사는 그 회중이 그리스도의 기적적인 치유의 능력을 받아서 그분에게 순종하는 봉사하는 몸이 되었다는 증거이다. 집사는 바로 여기에 그리스도의 몸이 존재한다는 가시적 증거이다. 왜냐하면 살아서 움직이는 눈, 귀, 손, 발은 살아 있는 유기체에게서만 발견되는 특징이기 때문이다.

게다가 집사들 자신이 또한 그 회중이 그리스도의 살아 있는 몸이라는 사실을 증거한다. 왜냐하면 사람의 필요를 주목하는 눈과 귀는 분명히 그리스도의 눈과 귀이기 때문이다. 또한 사람의 필요를 돕기 위하여 열심히 움직이는 손과 발은 분명히 그리스도의 손과 발이다.

성경에 나타난 "몸"의 비유는 교회가 어떠해야 하는가를 우리에게 가르쳐준다. 예수님의 비유는 예수님이 그분의 몸을 준비시켜서 자신의 뜻을 행하게 하신다는 것을 우리에게 가르쳐준다. 또한 예수님이 그분의 몸인 교회의 머리라는 사실은 몸된 교회가 항상 듣고 주의하며 순종해야 할 말씀이 누구의 말씀인지를 우리에게 가르쳐준다.

9장
역사 속에서의 집사

희생 제사는 기독교의 핵심이다. 성경은 희생 제사를 두 가지 상징과 연관짓는다. 구약의 제단(altar)과 신약의 주의 만찬이 그것이다. 그러나 제단은 또한 하나님의 식탁이었기 때문에 이 두 가지 상징은 본질적으로 하나이다.

신약의 집사가 구약의 레위 족속과 관련을 갖게 되는 것은 성찬의 상징을 통해서이다. 레위 족속과 집사는 모두 제사를 수행하는 자이다. 이 장에서 우리는 이 관계를 분명하게 하고자 한다.

자신의 직분의 오래되고 중요한 배경을 인식할 수 있게 된 집사는 자신의 소명의 중요성에 대한 깊은 존경심을 갖게 될 것이다. 당신의 직분은 바로 어제 생긴 것이 아니다. 또한 그것은 인간이 만든 것도, 교회가 만든 것도 아니다. 당신의 직분은 이스라엘이 처음 생길 때부터 교회를 위한 하나님의 프로그램 속에 들어 있었다. 집사의 직분을 결코 사소한 소명이라고 생각하지 말라. 집사의 직분을

"더 중요한" 일을 위한 연습장으로 생각하지 말라. 집사를 단지 교회의 초신자들을 위한 것이라고 생각하지 말라.

집사직의 역사는 다음과 같이 시작된다.

I. 희생 제사

희생 제사란 무엇인가?

한 어린이가 어머니에게 불순종한다. 그러고는 나가서 야생꽃을 따다가 어머니에게 가져다드린다. 왜 그렇게 할까? 그렇게 함으로써 부분적으로는 어머니의 노를 진정시키고 자기에게 가해질 벌을 경감시키려는 것이다. 그러나 더욱 근본적인 이유는 자기와 어머니를 분리시켜 놓고 자기의 양심에 고통을 준 그 잘못을 지워줄 "제물"을 드림으로써 자기 어머니와 다시 "올바른" 관계를 유지하고자하기 때문이다. 희생 제사도 이것과 비슷하다. 희생 제사는 불순종의 영향을 상쇄시키며 모든 상태를 다시 "올바르게" 회복시키기 위해 높은 권위자에게 드리는 "제물"이다.

희생 제사는 기독교의 역사와 다른 종교들의 역사 속에서 아주 옛날까지 거슬러 올라간다. 여기서 우리는 기독교의 희생 제사만을 다루려고 하는데, 기독교에 있어서 희생 제사는 근본적인 중요성을 가지며, 레위기에 처음 등장할 때부터 집사직의 배경을 형성한다. 이제 그 역사를 추적해보자.

우리는 하나님께서 인간을 그분의 형상대로 선하게 창조하셨다는 것(창 1:26-27)과, 또한 인간이 그분의 법을 어김으로써 자신과 자신의 후손을 하나님으로부터 분리시켰다는 사실(창 3:1-20)을 알고 있다.

불순종한 아이가 그의 어머니로부터 멀어지듯이 하나님으로부터 멀어진 인간은 일찍부터 제사에 의지하게 되었다. 아담과 하와의 최초의 아들들이었던 가인과 아벨은 하나님께 그들의 제물을 드렸다(창 4:3-4). 홍수를 피한 후에 노아도 하나님께 제사를 드렸다(창 18:20). 아브라함(처음의 이름은 아브람이었다)은 자기의 후손을 위하여 하나님께서 가나안 땅을 약속하신 것을 기념하여 제단을 쌓았다(창 15:7).

여호와께서 이스라엘을 애굽의 속박에서 해방시키실 때 그분은 여러 가지 율법들을 제정하셨는데, 율법은 희생 제사를 예배의 중심으로 삼는다. 또한 하나님은 야곱의 셋째 아들인 레위의 후손, 즉 레위인들이 제단에서 섬기며 후에 그 제단 주위에 건축될 성전에서 섬길 것을 요구하셨다. 레위 족속은 가나안에서 땅을 유업으로 받지 않았다. 하나님과 그분의 백성에 대한 레위 족속의 봉사는 매우 특별한 것이었기 때문에 그들은 다른 족속들이 여호와께 바치는 헌물에 의존하여 살았다.

"그러므로 레위는 그의 형제 중에 분깃이 없으며 기업이 없고 네 하나님 여호와께서 그에게 말씀하심 같이 여호와가 그의 기업이시니라"(신 10:9).

레위인들이 수행한 봉사는 무엇인가?

두 가지 봉사가 있다. 첫째, 모세의 형인 아론과 그의 모든 후손은 제사장으로서 제단에서 섬기면서 사람들이 여호와께로 가지고 오는 헌물을 제물로 바쳤다. 둘째, 레위의 다른 모든 후손은 레위인이라고 불리며, 그들의 봉사는 제사를 위한 사람들의 헌물을 준비하는 것과 성전과 관련된 모든 일을 돌보는 것이다. 그러므로 우리는 "제사장들과 레위인들"이 성전의 직분을 맡는다는 사실을 어디서나 읽을 수 있다.

이스라엘의 제사 제도에 관한 더욱 상세한 설명을 얻고자 하는 사람은 성경 사전을 참고할 수가 있다. 여기서 우리가 주로 관심을 갖는 것은 성전 제사에는 기본적으로 두 가지 종류가 있다는 사실이다. 죄 용서를 위한 제사와, 죄 용서를 비롯한 하나님의 많은 축복들에 대한 감사의 표시로 드리는 제사가 그것이다.

II. 희생 제사의 의미

하나님께서 이스라엘에게 주신 제사 제도의 의미는 무엇이었는가? 또한 이것이 집사의 직분과 어떻게 관계되는가?

제사장들은 사람들의 희생 제물을 성막의 제단 위에 바쳤다. 그렇게 함으로써 그들은 갈보리의 제단에 자신을 바치신 그리스도의 희생 제사를 예표했다. 히브리서가 분명히 밝혀주듯이 십자가상에서 당하신 예수님의 죽음 속에서 성전 제사는 그 절정에 이른다. 제사장들과 레위인들의 일이 성취된 것이다. 그리하여 구약 교회의 제단은 신약 교회의 성만찬의 식탁(table)으로 변했다.

이제 제사 제도는 그 의미를 발견했으며 제단의 상징은 식탁의 상징으로 대치되었다. 그러나 본질적으로 이 두 가지는 모두 같은 것 즉 희생 제사를 암시하는 것이다.

Ⅲ. 집사의 등장

신약 교회에서 집사가 처음 등장한 것이 공궤를 위한 것(waiting on table)이었다는 사실은 충격적이다. 다음은 우리가 잘 알고 있는 이야기이다.

"그 때에 제자가 더 많아졌는데 헬라파 유대인들이 자기의 과부들이 매일의 구제에 빠지므로 히브리파 사람을 원망하니 열두 사도가 모든 제자를 불러 이르되 우리가 하나님의 말씀을 제쳐 놓고 접대를 일삼는 것(serve tables)이 마땅하지 아니하니 형제들아 너희 가운데서 성령과 지혜가 충만하여 칭찬 받는 사람 일곱을 택하라 우리가 이 일을 그들에게 맡기고 우리는 오로지 기도하는 일과 말씀 사역에 힘쓰리라 하니"(행 6:1-4).

집사의 직분이 곧 다른 형태의 자선 행위에까지 확대되기는 했지만, 처음에 집사직이 생긴 것이 접대하는 일(table service)과 관련되어 있다는 것이 단지 하나의 우연에 불과한가?

결코 그렇지 않다. 교회의 역사에 있어서 어떤 일도 단순한 우연은 없다.

세 가지 식탁이 모두 동일한 것을 가리키고 있다. 구약에서 "제단"이라고 불린 식탁, 성찬의 식탁, 집사들이 시중을 든 식탁이 그

것이다. 이 세 가지 식탁은 모두 기독교의 중심인 제사에 관련되어 있다.

이 사실은 구약 교회를 좀 더 살펴보면 분명해진다.

Ⅳ. 레위 족속으로부터 집사로

구약의 제물은 동물, 새, 곡식의 첫 열매 등으로 구성된다. 이것들은 물건들이었다. 물론 이 물건들은 그것을 바치는 사람들이 자기 자신을 위하여 사용할 수도 있는 것이었다. 그러므로 제사는 자기희생을 포함하고 있다. 제물을 바치는 사람은 자기 자신이 사용할 수도 있는 것을 하나님께 바치는 것이다. 당신이 자신을 위하여 사용할 수도 있는 것을 하나님께 바치는 것, 이것이 제사의 첫 단계이다.

그러나 이것은 단지 첫 단계에 불과하다. 하나님께서 실제로 보시는 것은 바치는 사람의 마음이다. 속죄제가 대표하고 있는 그 마음이 참으로 회개하는 마음이며 참으로 자기의 길을 돌이키기로 작정하는 마음인가? 참된 속죄제가 요구하는 것이 바로 이것이다. 제사는 내적인 상태를 드러내는 외적인 상징이다. 따라서 그 마음이 진실되지 않으면 그 제물은 하나님께서 받으실 만한 것이 못 된다. 하나님께서는 선지자들을 통하여 여러 번 이 사실을 밝히셨다.

"여호와께서 번제와 다른 제사를 그의 목소리를 청종하는 것을 좋아하심 같이 좋아하시겠나이까 순종이 제사보다 낫고 듣는 것이 숫양의 기름보다 나으니"(삼상 15:22).

위의 말씀은 하나님께서 선지자 사무엘을 통하여 이스라엘의 첫 번째 왕인 사울에게 하신 말씀이다.

제물과 속마음이 일치되지 않는 사람들에 대하여 여호와께서는 이렇게 선언하신다.

"헛된 제물을 다시 가져오지 말라 분향은 내가 가증히 여기는 바요…너희가 손을 펼 때에 내가 내 눈을 너희에게서 가리고 너희가 많이 기도할지라도 내가 듣지 아니하리니 이는 너희의 손에 피가 가득함이라"(사 1:13, 15).

그렇다면 어떻게 하여야 하나님이 받으시는 제물이 되는가?

주님의 대답은 이러하다.

"너희는 스스로 씻으며 스스로 깨끗하게 하여 내 목전에서 너희 악한 행실을 버리며 행악을 그치고 선행을 배우며 정의를 구하며 학대받는 자를 도와 주며 고아를 위하여 신원하며 과부를 위하여 변호하라"(사 1:16-17).

또한 이런 말씀도 있다.

"내가 기뻐하는 금식은 흉악의 결박을 풀어 주며 멍에의 줄을 끌러 주며 압제 당하는 자를 자유하게 하며 모든 멍에를 꺾는 것이 아니겠느냐 또 주린 자에게 네 양식을 나누어 주며 유리하는 빈민을 집에 들이며 헐벗은 자를 보면 입히며 또 네 골육을 피하여 스스로 숨지 아니하는 것이 아니겠느냐"(사 58:6-7).

성전 제사는 다른 사람을 위한 자발적인 자기희생의 표시가 되어야 한다. 만약 그렇지 않다면 그 성전 제사는 받아들여지지 않는다.

신자는 무엇보다도 하나님을 가장 사랑하여야 하며(신 6:5), 이웃을 자기의 몸과 같이 사랑함으로써(레 19:18) 하나님에 대한 사랑을 증명한다. 이것이 바로 제사 제도의 의미이다.

그러나 신자는 자기의 유익을 부정하고 자기를 희생할 수 있는 능력을 어디서 발견할 것인가? "너희는 스스로 씻으며 스스로 깨끗하게 하라"는 명령에 신자는 어떻게 복종할 수 있는가? 제사드리는 자에게 기대되는 것이 바로 이것이 아닌가? 그렇다면 어떻게 해야만 깨끗하게 된 손을 가지고 제사에 임할 수 있겠는가?

여기서 우리는 구약의 제사에는 두 가지 종류가 있었다는 사실을 상기해야 한다. 즉, 죄 용서를 위한 제사와 감사의 제사가 그것이다. 죄 용서의 제사는 감사의 제사를 위하여 손을 깨끗하게 해준다. 죄에서 깨끗함을 받은 다음, 하나님께 순종할 수 있게 된 마음에서 우러나오지 않는 한, 감사의 제사는 하나님께 상달될 수 없다. 더욱이 감사의 제사는 하나님이 요구하신 순종의 삶을 살고자 하는 의지를 표시할 때에만 하나님께 받아들여진다. 우리가 이미 살펴보았듯이 이것이 바로 선지자들이 부과한 의무이다. 완전한 삶이 요구되는 것이 아니다. 만약 그러하다면 죄 용서를 위한 제사는 더 이상 필요하지 않을 것이기 때문이다. 도리어 참으로 중요한 것은 하나님의 율법에 복종함으로써 완전에 이르고자 노력하는 삶이다.

그러나 구약 시대의 성막에서 죄 용서를 위한 제사는 참된 속죄의 제사, 즉 갈보리 제단 위에서 그리스도께서 자신을 바치신 제사를 상징한 것에 불과하다. 바로 그 참된 제사가 이루어졌을 때, 성만찬이 제단을 대신했으며 구약의 레위 족속의 지위는 끝이 났다. 제단을 섬기는 일이 끝난 것이다. 그리고 나서 이 일은 다른 식탁을 섬기는 일, 즉 집사의 사역으로 다시 나타났다.

이제 신약 시대의 회중은 주께서 명령하신 대로 주의 만찬(Lord's table)이라는 새로운 "제단" 주위에 모인다(마 26:26-28; 고전 11:23-26). 거기에서 신자는 다시 한 번 죄와 이기심으로부터의 해방을 확인한다. 그리고 다시 한 번 물질과 시간과 재능을 주님께 바치는 행위를 통하여 자기 자신을 드리는 제사를 행하도록 자극받는다.

그리고 이제 주의 만찬의 의식이 끝났을 때 교회는 자기의 것을 어떤 방법을 통하여 주님께 드려야 할 것인가?

그 식탁에서 섬기기로 임명된 자들, 즉 집사를 통하여 드려야 한다. 구약의 제단이 신약의 식탁이 된 것처럼 구약의 제단을 섬기는 직분 그리고 그 직분을 맡은 레위인은 신약의 식탁을 섬기는 직분 그리고 그 직분을 맡은 집사가 된 것이다.

구약의 신자가 자기의 것들을 제단 위에 놓듯이 신약의 신자는 자기의 것을 식탁 위에 놓는다. 그리고 이렇게 하는 것은 그 놓인 것들이 집사를 통하여 궁핍한 자들에게 분배되게 하기 위함이다. 그러므로 이 직분은 이스라엘의 시작과 함께 처음 시작되던 그날부터 주님께서 영광 가운데 재림하시는 그날까지 계속된다.

그러면 여기에 더해서 생각할 수 있는 것은 무엇인가?

하나님이 이스라엘에게 요구하신 봉사는, 이웃을 위한 자기희생을 나타내는 성전 제사 속에서 상징되었다. 이 제사를 수행하는 것이 레위인들이었다.

새로운 이스라엘, 즉 신약 교회에게 하나님이 요구하시는 봉사는 무엇인가? 하나님은 이웃 사람들에 대한 봉사 안에서 그분이 예배받으시기를 원하신다. 이 제사를 수행하는 것은 집사이다.

그래서 히브리서의 저자는 구약의 봉사로부터 신약의 복음으로의 변천을 제일 먼저 설명하고, 그러고 나서 이것을 신자의 반응에 연관시킨다.

"오직 선을 행함과 서로 나누어 주기를 잊지 말라 하나님은 이같은 제사를 기뻐하시느니라"(히 13:16).

성경(신약과 구약 모두)에서 모든 신자가 "제사장"으로 묘사되는 이유가 이제 분명해진다.

하나님은 모세를 통하여 이스라엘에게 이렇게 말씀하신다.

"너희가 내게 대하여 제사장 나라가 되며 거룩한 백성이 되리라"(출 19:6).

베드로는 이렇게 기록했다.

"사람에게는 버린 바가 되었으나 하나님께는 택하심을 입은 보배로운 산 돌이신 예수께 나아가 너희도 산 돌 같이 신령한 집으로 세워지고 예수 그리스도로 말미암아 하나님이 기쁘게 받으실 신령한 제사를 드릴 거룩한 제사장이 될지니라"(벧전 2:4-5).

또한 요한은 요한계시록에서 이렇게 기록하고 있다.

"우리를 사랑하사 그의 피로 우리 죄에서 우리를 해방하시고 그의 아버지 하나님을 위하여 우리를 나라와 제사장으로 삼으신 그에게 영광과 능력이 세세토록 있기를 원하노라 아멘"(계 1:5-6).

제사장은 제사를 관할한다.

제사장으로서의 신자는 자신의 이기심을 매일 희생하는 일을 수행하며 그런 자기희생의 열매를 하나님께 드린다.

"그러므로 형제들아 내가 하나님의 모든 자비하심으로 너희를 권하노니 너희 몸을 하나님이 기뻐하시는 거룩한 산 제물로 드리라 이는 너희가 드릴 영적 예배니라"(롬 12:1).

이러한 희생의 범위는 하나님의 명령에 순종해서 자신을 부인하는 가장 작은 일로부터 재물과 재능과 시간과 노력을 다른 사람들과 나누는 것을 포함하고, 더 나아가서 자신의 생명 자체를 희생하는 데까지 이른다.

"사람이 친구를 위하여 자기 목숨을 버리면 이보다 더 큰 사랑이 없나니"(요 15:13).

그러한 자기희생을 돕기 위하여 처음부터 임명된 직분은 무엇인가?

그 직분은 처음에는 레위인들이 수행하다가 이제는 집사가 수행하는 바로 그것이다.

당신의 직분은 바로 하나님이 교회에 주신 것으로서, 모든 신자와 제사장의 순종적인 자기희생의 열매를 하나님께서 지금 봉사를 기다리고 계시는 식탁, 즉 가난한 자, 궁핍한 자, 약한 자, 눌린 자의 식탁으로 가지고 가는 것이다.

본서는 이러한 봉사에 관하여 당신을 도우려고 쓰여진 것이다.

V. 종교 개혁 이전

집사는 신약 교회 속에서 레위 족속의 후예로 확고하게 자리잡았다.

그런데 불행하게도 신약의 여러 직분들 위에 다른 구조를 부여하려는 경향이 곧 생겨난다. 하나의 역행적 현상에 의하여 교회의 설교 사역이 다시 한 번 아론 계열의 제사장직을 차지하려고 시도했다. 미사(mass)라는 희생 제사가 점점 말씀 설교를 대신하게 되었다. 성직자는 점점 제사장 계급이 되었다. 강단은 쇠퇴하는 반면에 제단이 교회에서 중심적인 위치를 차지하게 되었다. 집사들을 통한 신자의 자기희생이, 성직자들이 교회 제단에서 행하는 주님의 살과 피의 반복되는 "제사"보다 덜 강조되었다.

이렇게 해서 집사의 직분은 빼앗겼고 집사는 종교 개혁 때까지 모든 일(이 일들 중에서 몇 가지만이 오순절 이후에 집사들에게 맡겨진 기능이다)에 대한 심부름꾼이 된다.

이러한 변화가 교회에 완전히 자리 잡은 4세기경 이후에, 집사의 임무에는 다음과 같은 것들이 있었다.

① 집사는 제단의 봉사, 특히 미사에 사용된 기구들을 돌보는 일에 있어서 감독들과 성직자들을 보조했다.

② 헌물들이 처음에 집사에게 주어지면 집사는 그것들을 다시 성직자들에게 돌리고 그후에 성직자들이 그것을 제단에서 하나님께 봉헌했다. 집사는 어떤 헌물이 바쳐질 때에 그것을 낸 사람의 이름을 크게 부르기도 했다.

③ 집사들은 가끔 공예배 때 신약성경의 "교훈"(lesson)을 읽는 일을 맡기도 했다.

④ 예배 시에 장로들(목사들)이 없는 경우에는 교부들의 글 중에서 선택된 설교를 읽는 일이 집사에게 허용되었다.

⑤ 집사들은 가끔 공예배의 몇 가지 요소가 사람들에게 할당될 때 그 일을 사람들에게 맡기는 일을 하기도 했다. 집사들은 나이 혹은 병 때문에 공예배에 참석하지 못하는 사람들에게 그 일들을 가져가기도 했다.

⑥ 감독의 특별한 허락하에 집사는 세례를 집행했다.

⑦ 인쇄된 주보가 없었으므로 교회는 가끔 예배의 순서를 알리는 일을 집사에게 맡기기도 했다. 예를 들면 그들은 기도할 때가 언제이며, 그 기도가 무엇이고 누구에게 드려진다는 것, 혹은 무릎을 꿇어야 할 때 등을 알려주었다.

⑧ 감독의 특별한 허락하에 집사는 직접 설교를 작성하여 전할 수도 있었다.

⑨ 집사들은 때에 따라서 잘못을 범한 멤버가 회중에게 돌아오는 것을 안수를 통하여 받아들이는 일에 위임되기도 했다.

⑩ 집사들은 종종 그들의 감독을 대신하여 회의에 파견되기도 하였지만, 투표를 하거나 지위를 가질 수는 없었다.

⑪ 예배 시에는 아무도 말하거나 졸거나 웃을 수 없었기 때문에, 집사들은 가끔 이러한 규칙에 따라 질서를 유지하는 일을 맡았다.

⑫ 집사는 감독을 대신하여 구호금이나 물건을 분배하는 일을 수

행할 수 있었다.

⑬ 집사는 감독의 눈과 귀로서 교회 구성원들의 행동을 주시하며 그것을 보고하였다.

⑭ 감독이 그의 자리에 앉으면 집사는 그의 명령을 행하기 위해 그의 좌우편에 서 있을 때도 있었다.

⑮ 25세가 될 때까지는 집사 직분을 맡을 수 없었으며 신약성경의 전통을 지킨다는 명목으로 어떤 회중들은 집사의 수를 일곱 명으로 제한했다.

⑯ 집사장 직분이 생겨났으며 그 기능은 다음과 같았다.

- 집사들 또는 감독이 선출한 집사장은 집사들의 리더가 됨.
- 회중 속에서 감독의 대리자로 활동함.
- 자선을 베푸는 일과 궁핍한 자에게 물건을 나누어 주는 일에 있어서 감독에게 조언과 도움을 줌.
- 감독이 없을 때에 설교를 함.
- 하위의 직분자들, 즉 부집사(subdeacon), 낭독자(reader), 노래하는 사람(singer), 여집사(deaconess)의 서품을 보조함.
- 필요한 경우에 다른 집사들이나 하위의 직분자를 꾸짖음.

종교 개혁 때까지 집사의 직분은 이런 일들을 감당하는 것이었으며, 그중의 몇 가지는 지금까지도 로마 가톨릭교회에서 발견된다.

오늘날의 집사는 4세기부터 종교 개혁 때까지의 역사 속에서는 그 직분의 성격과 임무에 대하여 거의 배울 것이 없음이 분명하다. 단지 배울 것이 있다면 말씀을 전하는 설교자가 제사장적 특권 계급으로 변질되면 집사의 직분이 약화된다는 사실이 있을 뿐이다.

VI. 종교 개혁 이후

종교 개혁자들에게 있어서 종교 개혁은 회복을 의미했다. 그들의 의도는 신약성경의 모델, 특히 성경이 지정한 직분들로 교회를 회복시키는 것이었다.

마르틴 루터는 얼마 동안, 교회의 구조를 규정함에 있어서 성경의 역할에 관하여 칼빈과 의견을 달리했다. 그 기간 동안에 루터는 교회가 원하는 대로 직분을 규정하고 사람을 임명할 권리를 갖는다는 견해에 있어서 분리파 신도들과 의견을 같이했다. 이와는 대조적으로 칼빈은 하나님이 명시적으로 계시하신 직분들만 교회 안에 허용된다고 주장했다. 마침내는 루터도 그러한 견해를 지지하게 되었다.

칼빈이 목회하던 제네바의 개혁파 교회는 집사의 직분을 신약성경에 규정된 역할로 회복시켰으며, 그리하여 이 교회가 확립한 정형을 개혁교회, 장로교회, 회중교회가 추종했으며, 다른 교파에서도 조금 변형된 형태로 나타나고 있다. 본서에 나타나는 집사 직분의 개념은 제네바의 개혁파 장로교회의 전통을 반영한다. 그러므로 여기서 이 개념의 역사를 더 설명할 필요는 없다.

제네바 교회는 집사 활동을 기능에 따라 구분했으며 여집사 제도를 명시적으로 널리 사용하였다(14장 참조).

제네바의 집사들은 두 가지 기능을 수행하였다.

① 돈, 물건, 재능을 찾아내어 받는 일과 그것을 궁핍한 자들에게 분배하는 일을 했다. 이 일을 맡은 집사들은 "수집자"라고 불렸다. 칼빈은 집사직을 통한 자기희생적인 실제적 사랑의 증거를 매우 강조했기 때문에, "수집자"란 명칭이 교회를 통하여 가난하고 궁핍한 자들에게 행해야 할 의무를 교회의 구성원들에게 계속해서 부과하는 자들을 가리켰을 수도 있다. 제네바 교회의 예배 시에는 헌금 바구니가 돌지 않았다. 헌금은 교회 현관에 설치된 헌금함에 넣거나, 수집자들의 직접 방문과 호소에 따라 그들에게 주어지기도 했다. 교회의 각 멤버들의 자선 행위를 자세하게 기록하였던 것으로 보인다. 수집자들이 이 자선을 격려할 책임을 진 것은 의심의 여지가 없다. 심지어 우리는 특별히 양심적인 한 수집자가 인색한 멤버에게 함께 세금 신고서를 열람해볼 것을 제안하는 장면을 상상할 수도 있다(제네바 교회의 당회는 극단적으로 의심스러운 보고가 들어올 때에는 이런 제안을 승인한 듯하다).

② 제네바 회중의 집사들에게 위임된 두 번째 기능은 "호스피탈리어"(hospitallier)라는 말로 표시된다. 이 말은 제네바의 중심적인 자선 기관이 "호스피탈"(hospital)로 불린 사실과 관계가 있다. 병자들이 그곳에 수용되어서 치료를 받았으며, 그 외에도 바로 그 건물이 노인의 집으로, 박해를 피해 그곳을 찾아온 집 없는 피난민들의 피난처로, 또한 따뜻하게 쉴 곳이 필요한 사람이 잠깐 쉴 수 있는 숙소로 사용되었다. 이 자선 시설은 제네바의 집사들이 운영하였다.

또한 병든 자와 노인과 궁핍한 자에 대한 인격적인 배려도 역시 마찬가지였다. 이 광범위한 활동을 도맡은 모든 집사(그리고 여집사)는 "호스피탈리어"라고 불렸다. 자선 기관의 운영자들은 전임 사역을 하는 집사들이었다. 적어도 그들 중 몇몇의 남자와 여자들(여집사들)은 구제 사역에 종사하고 있었던 듯하다.

종교 개혁 시대에 강단은 다시 한 번 자신을 희생하게 하는 성령의 검을 휘둘렀다. 신자들은 다시 한 번 사랑의 자기희생을 도전받았다. 그리고 다시 한 번 그 희생의 열매들이 교회의 집사에 의하여 수집되어서 분배되었다. 그리하여 제네바는 개신 교회 안에서 집사의 봉사를 위한 모델(이 모델은 물론 신약성경의 교회를 따른 것이다)이 되었다. 또한 유사한 모델이 현재의 로마 가톨릭교회를 통하여 점점 확산되는 것으로 보인다.

Part 3

집사 : 가장 잘 드러나는 위치

10장
오늘날의 집사

집사의 직분이 유지되고 있는 곳에서 이 직분의 기능은 교파들과 교회들마다 상이하다.

예를 들면 다음과 같다.

① 로마 가톨릭과 성공회에서

집사는 일반적으로 사제를 보조하는 성직자의 일원으로 여겨진다. 여기서 그는 구체적인 권한의 위임을 통하여, 특히 사제의 부재 중에, 어떤 예배 의식을 진행하는 기능을 수행할 수도 있다. 비록 이 직분이 사제 서품의 꿈을 갖지 않는 평신도들로 채워지지만, 실제에 있어서 집사의 직분은 신학교와 사제직 사이의 상태라고 말할 수 있다.

성공회 기도서는 집사의 직분을 다음과 같이 정의한다. "감독의 바로 아래에서 특별한 봉사의 사역을 하도록 부름받았다. 그들은 모든 사람을 섬기되 특히 가난한 자, 약한 자, 병들고 외로운 자를 섬기며, 성경을 공부하며, 말과 행동으로 그리스도를 알리며, 세상의 결핍과 관심과 소망을 조사한 후 그것을 교회에 알리며, 감독의 지도를 받으며, 자기 자신의 영광이 아닌 그리스도의 영광을 구해야 한다."

② 동방 정교회에서

집사는 성직자의 일원으로 간주되지 않는다. 그의 역할은 기도문을 읽는 것으로 제한되어 있다.

③ 루터교회에서

종교 개혁 이래로 루터교회의 여러 분파에서는 집사의 직분을 규정하기 위하여 여러 가지 노력을 기울여 왔다. 근대 복지 국가의 태동은 루터파의 집사직을 전반적으로 무기력하게 만든 듯하며, 그들은 회중을 위한 영적인 관심뿐 아니라 물질적인 관심도 장로회에 맡기고 있다.

④ 개혁 교단 및 장로교 교단들에서

집사의 직분이 일반적으로 유지되긴 하지만, 자기희생의 특별한 동인으로서의 기능은 점점 사라지고 있다. 회중을 위한 재정 관리로 일차적인 강조점이 옮겨졌으며, 집사는 교회의 "사업 책임자" 혹은 "관리 위원"이 되고 있다.

⑤ 다른 개신교 교회들에서

개신교 교회들 간에도 광범위한 차이가 존재한다. 한편으로는 회중의 치리 기구로서의 집사회로부터 다른 한편으로는 교회를 위한 "관리 위원" 혹은 "재산 관리자"로 재정의된 집사회까지 여러 가지 형태가 있다. 이제는 복지 국가가 모든 사람의 물질적 필요를 공급해준다는 가정하에 어떤 교회에서는 집사직을 아예 없애 버렸다.

집사직은 참된 교회의 표지들 중 하나를 반영하며, 또한 예수 그리스도의 직분들 중 하나를 반영한다는 것이 이 책의 주장이다. 그러므로 이 직분을 회복하고 활용하는 것은 교회의 건강을 위해 크나큰 중요성을 갖는다.

11장
성경이 말하는 집사 직분자의 모습

Ⅰ. 사도행전에서

"너희 가운데서 성령과 지혜가 충만하여 칭찬 받는 사람 일곱을 택하라"(행 6:3).

집사직을 맡기 위해 필요한 자격이 사도행전에서 처음 규정되었다.

예루살렘 교회에서는 "어떤 과부들이 매일의 구제에 빠지므로"(행 6:1) 불평이 있었다. 이것은 분명히 "모든 물건을 서로 통용"(행 2:44; 4:32)하는 체계가 이미 종료했음을 표시한다.

사도들은 "하나님의 말씀 선포"에 풀타임으로 종사한다(행 6:2). 그래서 그들은 세 가지 특징적인 자격을 구비한 일곱 사람을 "택할" 것을 교회에게 지시하였다. 그러므로 이 세 가지 성격이 집사 직분의 최초의 프로필이 되며, 이 높은 소명을 위하여 오늘날 선택되는 사람들의 프로필의 일부도 되는 것이다.

① 좋은 평판

이 직분을 맡을 사람은 그의 평판에 흠이 없어야 한다. 게다가 그는 정직, 고결, 이기심 없음, 성실 등으로 칭찬 받는 사람이어야 한다. 이것들이 그의 "좋은 평판"의 내용이다.

여기서 강조되어야 할 것은 "평판"이란 다른 사람들이 생각하는 내용을 말하는 것이지, 집사 후보 자신이 스스로에 대하여 갖는 인상이 아니라는 사실이다. 우리는 모두 자신의 개인적 결점들을 잘 알고 있다. 어떤 사람이 스스로가 생각하는 것보다 훌륭한 평판을 받고 있을수록, 그 사람 자신은 본인이 그것에 합당하지 않다고 생각하는 경우가 가끔 있다. 완전한 것을 요구하는 것이 아니다. 도리어 여기서 요구되는 것은 그를 알고 있는 사람들이 그에 대하여 갖는 인상이 어떤 것이어야 하는가이다. 당신이 그 일에 적격인지의 여부를 그들로 하여금 판단하게 하라. 그들은 "좋은 평판"을 받고 있는 사람을 택하도록 요구받고 있는 것이다.

② 성령의 충만함

이 자격도 역시 후보자가 자신에 대하여 갖고 있는 생각과는 무관하다. 자기는 성령과 밀접한 관계를 맺고 있다고 생각하는 사람들 중의 어떤 사람들이 다른 사람의 눈에는 큰 망상에 빠져 있는 것으로 비칠 때가 있다. 성령이 계시다는 사실은 성령의 일을 그가 행함으로써 알려지는 것이다. 그리고 사도 바울은 이 성령의 일들을 다음과 같이 묘사하였다.

"오직 성령의 열매는 사랑과 희락과 화평과 오래 참음과 자비와 양선과 충성과 온유와 절제니"(갈 5:22-23).

베드로는 산헤드린 앞에서 증언하면서 이 일을 이렇게 설명한다.

"하나님이 자기에게 순종하는 사람들에게 주신 성령도 그러하니라 하더라"(행 5:32).

집사 직분으로 지명받은 사람은 자신이 참으로 하나님의 뜻을 행하기를 열망하고 있는지 자기 스스로 확신해야 한다. 하나님은 이러한 열망에 대한 응답으로 당신에게 성령의 은사를 주시고, 다른 사람들은 당신 속에서 그 은사를 보는 것이다.

③ 지혜

지혜는 단순한 지식 이상의 것이다. 지혜는 단순히 가르쳐 전수하는 것이 아니며 직접 어디서 얻을 수도 없는 것이다. 지혜는 순종하는 삶의 열매이며 하나님의 뜻을 성실히 찾는 자에게 하나님이 주시는 선물이다. 다시 한 번 이야기하지만, 당신이 지혜를 가졌는지의 여부는 다른 사람이 판단해야 하는 것이다. 이 지혜는 자기 자신에 의해서보다는 다른 사람에 의해서 더욱 잘 관찰된다. 가장 지혜로운 사람이 자기 자신을 어리석다고 생각하는 경우가 많은 것이 사실이다. 야고보는 지혜를 이렇게 묘사했다.

"너희 중에 지혜와 총명이 있는 자가 누구냐 그는 선행으로 말미암아 지혜의 온유함으로 그 행함을 보일지니라…오직 위로부터 난 지혜는 첫째 성결하고 다음에 화평하고 관용하고 양순하며 긍휼과 선한 열매가 가득하고 편견과 거짓이 없나니"(약 3:13, 17).

II. 다른 특징

바울은 디모데에게 보낸 첫 번째 서신 속에서 집사에 대한 성경의 요구 조건들을 다음과 같이 더 밝혀 놓고 있다.

"이와 같이 집사들도 정중하고 일구이언을 하지 아니하고 술에 인박히지 아니하고 더러운 이를 탐하지 아니하고 깨끗한 양심에 믿음의 비밀을 가진 자라야 할지니 이에 이 사람들을 먼저 시험하여 보고 그 후에 책망할 것이 없으면 집사의 직분을 맡게 할 것이요 여자들도 이와 같이 정숙하고 모함하지 아니하며 절제하며 모든 일에 충성된 자라야 할지니라 집사들은 한 아내의 남편이 되어 자녀와 자기 집을 잘 다스리는 자일지니"(딤전 3:8-12).

① 정중하고

집사가 자기의 소명을 대할 때에 최대의 정중한 태도를 취하는 것 외에 무슨 길이 있겠는가? 그의 과업의 중요성은 그에게 최선의 성실함을 요구한다. 자기 일에 대한 정중한 자세는 집사로 하여금 자기와 관계를 맺고 있는 사람들에게 확신을 심어줄 수 있게 한다.

② 일구이언을 하지 아니하고

"사랑 안에서 참된 것을 말하는 것"(엡 4:15)은 모든 그리스도인의 의무이며 특히 바울이 집사에게 강조한 의무이다. 말이나 행동에 있어서의 속임수는 그가 봉사하고 지도하려는 사람들과 그를 즉시 갈라놓을 것이다. 집사가 사람들과 접촉하는 상황 중에서 어떤 것들은 그 성격상 매우 미묘할 때가 있다. 예를 들면 매우 빈궁한 처지에 있으면서도 좀처럼 그 사실을 인정하지 않는 사람들과의 관계, 혹은 교회가 기대하는 것 이하의 자선을 행하는 사람들과의 관계가 그것이다. 이 두 가지 경우에 있어서 진실한 태도가 반드시 필요하며 이것은 성공적인 집사직 수행에 필수적이다.

③ 더러운 이를 탐하지 아니하고

탐욕스러움이나 인색함으로 유명한 사람이 어떻게 다른 사람에게 관대한 일을 청할 수 있겠는가? 교회의 은행 계좌 잔고를 늘리는 데에 관심이 있는 집사가 어떻게 기쁨으로 가난한 자를 돕는 일을 통하여 주님의 일을 할 수 있겠는가?

④ 깨끗한 양심에 믿음의 비밀을 가진

성경에서 사용된 "비밀"이라는 말은 우리가 결코 감지하거나 이해하지 못할 불가사의를 가리키지 않는다. 도리어 성경은 "비밀"이라는 말로써, 설명은 못하더라도 믿음의 삶을 통해 빛을 비추는 진리를 표시한다. 바울은 이렇게 말한다.

"만일 우리의 복음이 가리었으면 망하는 자들에게 가리어진 것이라 그 중에 이 세상의 신이 믿지 아니하는 자들의 마음을 혼미하게 하여 그리스도의 영광의 복음의 광채가 비치지 못하게 함이니 그리스도는 하나님의 형상이니라"(고후 4:3-4).

여기서 집사에게 요구되는 것은 그가 양심의 괴로움만을 가져오는 어리석은 논쟁으로 자기의 신앙을 모호하게 만드는 일이 없어야 한다는 것이다. 도리어 그는 "항상 배우나 끝내 진리의 지식에 이를 수 없는"(딤후 3:7) 사람들의 생각을 피하고 주님을 섬기는 일에 임해야 한다.

⑤ 이 사람들을 먼저 시험하여 보고

여기에는 두 가지 기준이 포함되어 있다.

첫째, 최근에 개종한 사람은 집사의 직분에 지명되어서는 안 된다. 회중으로 하여금 먼저 그의 됨됨이를 평가해볼 수 있는 기회를 주어야 한다.

둘째, 수습 프로그램을 신중히 고려해야 한다. 이를 통해 새로 선임된 집사가 직분을 맡기 전에 일종의 수습 기간을 가질 수 있다. 그러한 "실무에 종사하는" 수습 기간은 6개월 가량 지속될 수 있으며, 이 기간은 집사의 임기에 포함시키지 말아야 한다. 이 일의 목적은 그를 탈락시키기 위함이 아니라, 가능한 최선의 봉사를 할 수 있도록 선출된 사람을 단련시키기 위한 것이다.

⑥ 여자들도 이와 같이 정숙하고

사도는 여기서 여집사를 가리키는 것처럼 보인다. 우리는 14장에서 이 직분을 다룰 것이다. 그러나 이 말씀은 집사의 부인을 가리킨다고 보는 것이 더 좋을 듯하다. 비밀로 유지해야 하는 일을 제외하고는 집사가 자기의 일을 아내와 더불어 상의하는 것이 매우 바람직하다. 아내는 실제로 여러 가지 방법으로 그를 도울 수 있다. 그러나 그런 협동관계는 아내의 정숙함을 요구하며, 그녀가 밖에서 자신의 입을 단속해야 함을 요구한다. 아내도 역시 남편과 마찬가지로 "모든 일에 충성[되어야]" 한다. 그러한 집사 아내들을 가진 회중은 복이 있다.

⑦ 한 아내의 남편이 되어

의심할 여지없이 이 말은, 바울이 선교 활동을 하며 세운 회중들 중 일부에 퍼져 있던 일부다처제를 염두에 두고 한 말이다. 일부다처제가 만연한 문화 속에 새로운 교회가 세워질 때에는 이 요구가 여전히 중요하다. 물론 이 말이 독신이나 홀아비에 대한 지명을 반대하는 이유로 사용되어서는 안 된다.

⑧ 자기 집을 잘 다스리는 자일지니

이 점에 관해 집사로 지명된 사람보다 자신의 부족함을 더 예민하게 의식하는 사람은 아무도 없다. 여기서도 다시 한 번 그는 자신이 가정을 잘 다스린다고 생각하는지 다른 사람들이 판단하도록 해야 한다.

III. 요약

집사 후보자는 이런 자격들에 대하여 더욱 깊이 의식할수록, 바울과 같이 "누가 이 일을 감당하리요"(고후 2:16)라고 탄식할 것이다. 이것은 누구도 아닌 자신이 감당해야 하는 것이다. 그러나 집사는 자기 자신의 자격에 의하여 서는 것이 아니며, 또한 자기 자신의 힘으로 봉사하는 것이 아니다. 여기서 그는 다시 사도와 더불어 다음과 같이 자문자답하게 된다.

"내게 능력 주시는 자 안에서 내가 모든 것을 할 수 있느니라"(빌 4:13).

만약 이 직분에 지명되어서 선출되었다면 그는 은혜로 이 고귀한 도전과 기회에 참여하겠다는 결심과 함께 이 직분을 받기로 작정해야 할 것이다. 심지어 바울조차도 순종을 위한 노력을 계속했다는 사실을 기억하라.

"내가 이미 얻었다 함도 아니요 온전히 이루었다 함도 아니라 오직 내가 그리스도 예수께 잡힌 바 된 그것을 잡으려고 달려가노라…오직 한 일 즉 뒤에 있는 것은 잊어버리고 앞에 있는 것을 잡으려고 푯대를 향하여 그리스도 예수 안에서 하나님이 위에서 부르신 부름의 상을 위하여 달려가노라"(빌 3:12-14).

또한 집사로 부르심을 입은 사람들에게 이제 사도는 이렇게 부언하고 있다(이것은 물론 모든 그리스도인들에게 하는 말이기도 하다).

"그러므로 누구든지 우리 온전히 이룬 자들은 이렇게 생각할지니"(빌 3:15).

온전히 이룬 자가 받는 첫 번째 도전은 직분을 받는 것이다. 그후에 필요한 것은 주님의 능력 안에서 그 일을 잘 수행하는 것이다.

12장
믿음과 행위

당신은 집사로서 믿음과 선행의 관계에 대해 일정한 수준의 이해를 갖고 있을 것이며, 당신의 회중도 마찬가지다. 이해도의 수준은 다음과 같이 분류된다.

I. 첫 번째 단계 : 당신은 구원 받았는가

이 단계에서 모든 강조점은 믿음에 의한 구원에 있다. 구원과 봉사 사이의 필연적인 관계는 전혀 인식되지 않는다.

성경은 이러한 단계를 이렇게 말한다.

"너희는 그 은혜에 의하여 믿음으로 말미암아 구원을 받았으니 이것은 너희에게서 난 것이 아니요 하나님의 선물이라 행위에서 난 것이 아니니 이는 누구든지 자랑하지 못하게 함이라"(엡 2:8-9).

이 단계에서, 구원의 확신만 홀로 존재한다. 만약 신자가 이때에 궁핍한 자에게 자선을 베푸는 것에 관하여 생각한다면 그것은 그저 구원에 첨가된 어떤 것으로 생각될 따름이다. 이때에 신자의 관심은 가난한 자를 돕기 위하여 집사직을 떠받치고 나가겠다는 생각보다는 믿음을 서로 나누며 믿음의 목적을 위하여 회중을 도와주겠다는 생각에 훨씬 많이 집중된다. 회중의 헌금은 전도 사업을 위한 것으로 여겨진다. 자선 행위는 주로 성령의 감동을 받은 각 신자의 책임으로 생각되어진다. 신학적으로는 율법에 대립되는 은혜가 강조되며 구약과 대조를 이루는 신약이 강조된다. 선행에 관하여 말하면 그것은 곧 "사회 복음"으로 해석되거나 혹은 그 사람 자신의 노력으로 천국을 얻으려는 헛된 노력으로 해석되기가 쉽다.

회중의 의식이 이러한 수준에 머물러 있을 때에는 집사의 직분은 반드시 필요하지 않은 선택사항이 되거나 혹은 관리적인 기능으로만 제한될 수도 있다.

II. 두 번째 단계 : 자발적인 감사

신자는 분명히 은혜에 의하여 구원을 얻는다. 성경은 이 근본적인 진리를 여러 번 반복하고 있다.

"모든 사람이 죄를 범하였으매 하나님의 영광에 이르지 못하더니 그리스도 예수 안에 있는 속량으로 말미암아 하나님의 은혜로 값 없이 의롭다 하심을 얻은 자 되었느니라"(롬 3:23-24).

"동이 서에서 먼 것 같이 우리의 죄과를 우리에게서 멀리 옮기셨으며"(시 103:12).

값 없이 받은 구원을 생각할 때에 신자는 속에서 감사가 넘쳐서 주체할 수 없게 된다. 그뿐 아니라 그들은 그 감사가 입술의 고백으로만 그쳐서는 안 된다고 느끼게 된다. 선지자 이사야가 "입으로는 나를 가까이 하며 입술로는 나를 공경하나 그들의 마음은 내게서 멀리 떠난"(사 29:13) 사람들을 정죄하지 않았던가? 게다가 주님 자신도 심판을 강조하셨다(마 15:8-9). 물질을 냄으로써 감사를 표현하려는 회중의 노력의 많은 부분이 세계 선교, 즉 회중 자신들에 대한 선교와 라디오나 텔레비전을 통한 선교를 보조하는 데에 사용된다.

그러나 이런 감사의 표현은 또한 자선의 형태도 취해야 한다. 집사는 회중의 팔로서 주로 그 회중에 소속된 사람들의 필요를 채워주기 위하여 노력해야 할 것이다.

여기서 집사 직분은 더 이상 선택사항이 아닌 바람직한 것으로 여겨지게 된다.

III. 세 번째 단계 : 의무적인 감사

에베소서를 읽다보면 위의 첫 번째 단계에서 인용한 구절 바로 다음 절에서 바울은 신자에 대해 이렇게 말하고 있다.

"우리는 그가 만드신 바라 그리스도 예수 안에서 선한 일을 위하여 지으심을 받은 자니 이 일은 하나님이 전에 예비하사 우리로 그 가운데서 행하게 하려 하심이니라"(엡 2:10).

우리가 선행에 의하여 구원을 받은 것이 아님은 분명한 사실이다. 그러나 우리는 선행을 위하여 구원을 받은 것이다. 이 점에 대해서는 의심의 여지가 없다. 이 구절 및 이와 유사한 성경의 가르침의 의미를 생각해볼 때 집사와 회중은 두 가지 새로운 의식을 갖게 된다.

① 구원은 개인적인 것이면서도 공동체적인 것이다. 믿음은 신자들을 예수 그리스도와 연합시키면서 동시에 그분의 몸인 교회에 연합시킨다. 각 사람은 전체 회중의 살아 있는 한 개체이다. 바울은 고린도전서 12장에서 교회의 멤버십이 무엇을 의미하는지에 대하여 분명하게 기술하고 있다. 집사들은 이 강력한 메시지에 관하여 혼자서 자주 묵상하고 함께 모여 토의해야 하며 이 메시지가 회중에게 설교되도록 독려해야만 한다. 이를테면 바울이 말하기를, 하나님께서는 교회 멤버 각자에게 여러 가지 서로 다른 은사를 주심으로써 서로가 봉사하고 의존하도록 하여 그리스도의 지체가 서로 가까워지게 하셨다.

"오직 여러 지체가 서로 같이 돌보게 하셨느니라 만일 한 지체가 고통을 받으면 모든 지체가 함께 고통을 받고 한 지체가 영광을 얻으면 모든 지체가 함께 즐거워하느니라"(고전 12:25-26).

또한 이렇게도 말한다.

"은사는 여러 가지나 성령은 같고 직분은 여러 가지나 주는 같으며 또 사역은 여러 가지나 모든 것을 모든 사람 가운데서 이루시는 하나님은 같으니"(고전 12:4-6).

집사는 어떤 사람도 간과하지 않고 전체를 위하여 일하도록 회중에 의하여 선택되고 지지를 받는다.

② 회중과 집사들은 모두 서로에 대한 상호 관심 속에서 교회의 지체들이 세상에 대하여 강력한 증거를 제시할 수 있다는 사실을 의식하게 된다.

"너희가 이방인 중에서 행실을 선하게 가져 너희를 악행한다고 비방하는 자들로 하여금 너희 선한 일을 보고 오시는 날에 하나님께 영광을 돌리게 하려 함이라"(벧전 2:12).

즉, 회중은 이렇게 서로 염려해주는 가운데 자기들이 언덕 위에 세워졌다는 사실을 발견하고 이 사실을 상기하며 즐거워하는 것이다.

"이같이 너희 빛이 사람 앞에 비치게 하여 그들로 너희 착한 행실을 보고 하늘에 계신 너희 아버지께 영광을 돌리게 하라"(마 5:16).

세 번째 단계에서는 집사 직분이 필수적인 것으로 인식된다. 집사는 그 몸의 자원을 가지고 몸의 필요를 섬기는 일을 창조적으로 수행해야 한다.

Ⅳ. 네 번째 단계 : 믿음은 선행이다

주께서는 "누가 내 어머니이며 동생들이냐"고 물으시면서, 스스로 대답하시기를 "누구든지 하나님의 뜻대로 행하는 자가 내 형제요 자매요 어머니이니라"고 말씀하셨다(막 3:33, 35).

네 번째 단계에서는 집사와 회중이 믿음과 행위는 하나로 합쳐지는 것이라는 사실을 알게 된다. 우리는 이제 더 이상 하나님의 뜻(율법)에 순종하여 믿음으로 선을 행하는 것으로부터 믿음에 의한 구원을 분리시켜서 생각할 수 없다. 구원에 대한 감사 속에서 선을 행하고자 하는 갈망은 단순히 중생의 증거일 뿐 아니라 바로 그 갈망 자체가 그리스도 예수 안에 있는 거듭남의 본질적인 측면인 것이다. 선을 행하는 것은 구원을 얻는 것의 다른 측면이다. 왜냐하면 우리가 구원을 얻는 것은 선을 행하기 위한 것이기 때문이다. 혹은 차라리 우리는 선행 속에 나타나는 순종을 통하여 구원에 들어간다고 말하는 편이 더 나을지도 모르겠다. 이것은 성경 전체를 통하여 볼 때 분명하다.

① 예수님을 구주로 믿는 것은 그리스도를 주로 삼아 순종하는 것이다.

"우리가 그의 계명을 지키면 이로써 우리가 그를 아는 줄로 알 것이요"(요일 2:3).

"너희가 나를 사랑하면 나의 계명을 지키리라"(요 14:15).

"나더러 주여 주여 하는 자마다 다 천국에 들어갈 것이 아니요 다만 하늘에 계신 내 아버지의 뜻대로 행하는 자라야 들어가리라"(마 7:21).

믿는 자는 순종하고 순종하는 자는 믿는 것이다.

② 구원에 이를 만큼 지혜롭다는 것은 반석이신 그리스도 위에 집을 짓는다는 의미이다. 그런데 그러한 건물은 반석이신 그리스도께서 명령하신 선행으로 이루어진다.

"그러므로 누구든지 나의 이 말을 듣고 행하는 자는 그 집을 반석 위에 지은 지혜로운 사람 같으리니 비가 내리고 창수가 나고 바람이 불어 그 집에 부딪치되 무너지지 아니하나니 이는 주추를 반석 위에 놓은 까닭이요"(마 7:24-25).

"너희는 말씀을 행하는 자가 되고 듣기만 하여 자신을 속이는 자가 되지 말라…자유롭게 하는 온전한 율법을 들여다보고 있는 자는 듣고 잊어버리는 자가 아니요 실천하는 자니 이 사람은 그 행하는 일에 복을 받으리라"(약 1:22, 25).

③ 하나님을 안다는 것은 공의를 행한다는 것이다.

"네 아버지가 먹거나 마시지 아니하였으며 정의와 공의를 행하지 아니하였느냐 그 때에 그가 형통하였었느니라 그는 가난한 자와 궁핍한 자를 변호하고 형통하였나니 이것이 나를 앎이 아니냐 여호와의 말씀이니라"(렘 22:15-16).

"내가 기뻐하는 금식은 흉악의 결박을 풀어 주며 멍에의 줄을 끌러 주며 압제 당하는 자를 자유하게 하며 모든 멍에를 꺾는 것이 아니겠느냐 또 주린 자에게 네 양식을 나누어 주며 유리하는 빈민을 집에 들이며 헐벗은 자를 보면 입히며 또 네 골육을 피하여 스스로 숨지 아니하는 것이 아니겠느냐 그리하면 네 빛이 새벽 같이 비칠 것이며"(사 58:6-8).

또한 선지자는 이렇게 선언한다.

"내 거룩한 산 모든 곳에서 해 됨도 없고 상함도 없을 것이니."

왜 그런가?

"이는 물이 바다를 덮음 같이 여호와를 아는 지식이 세상에 충만할 것임이니라"(사 11:9).

하나님을 아는 지식은 그 자체가 선을 행하는 것, 즉 그의 뜻을 행하는 것이다.

④ 신자에게는 사랑이 요구된다.

"피차 사랑의 빚 외에는 아무에게든지 아무 빚도 지지 말라 남을 사랑하는 자는 율법을 다 이루었느니라"(롬 13:8).

"온 율법은 네 이웃 사랑하기를 네 자신 같이 하라 하신 한 말씀에서 이루어졌나니"(갈 5:14).

또한 주님께서도 이렇게 말씀하신다.

"너희가 서로 사랑하면 이로써 모든 사람이 너희가 내 제자인 줄 알리라"(요 13:35).

이 단계에서 집사는 그의 활동으로 회중의 영적인 온도를 나타내는 존재로 인식된다. 교회와 세상에 대한 사랑의 따뜻함을 집사가 증거하는 것은 마치 날씨의 따뜻함을 온도계가 증거하는 것과 매우 유사하다.

여기에서 집사 직분은 필수불가결한 것으로 인식된다.

V. 네 번째 단계에 이르려면

분명히 네 번째 단계는 집사 자신과 집사가 섬기는 사람들이 함께 도달해야 할 바로 그 목표이다. 이 단계를 추구하여 도달하는 것이

가능하겠는가? 만약 가능하다면 당신은 어떻게 거기에 도달하겠는가?

사랑의 생활은 우리가 자연적으로 할 수 있는 것이 아니라는 지식부터 시작해야 한다. 본성적으로 우리는 이기심에 의하여 지배받고 있다. 그런데 주님은 우리에게 자기희생의 생활을 요구하신다. 이러한 이기심의 의지를 자기희생의 의지로 점점 바꾸어 나가는 것이 그리스도인 삶의 전진의 내용이다. 교회 자체의 목적은 회중에 속한 각 멤버 사이의 사랑을 증진시키는 것이다. 이런 목표를 향한 회중의 연합된 행진은 위에서 이야기한 집사의 온도계에 의하여 측정될 것이다.

그러면 이제 교회는 어떻게 네 번째 단계를 향해 나아갈 수 있겠는가?

① 말씀 선포를 통하여 나아간다.

"그러므로 믿음은 들음에서 나며 들음은 그리스도의 말씀으로 말미암았느니라"(롬 10:17).

끊임없이 반복되는 말씀 설교 속에서 믿음은 점점 성장하여 사랑의 생활에 도달한다.

"모든 성경은 하나님의 감동으로 된 것으로 교훈과 책망과 바르게 함과 의로 교육하기에 유익하니 이는 하나님의 사람으로 온전하게 하며 모든 선한 일을 행할 능력을 갖추게 하려 함이라"(딤후 3:16-17).

설교가 항상 열쇠가 된다. 회중이 그의 선행의 증거에 의하여 언덕 위에 올라가려면, 분명히 하나님의 말씀이 가장 효과적으로 선포되어야 한다.

② 믿음의 은사를 개발시키기를 진심으로 원하는 사람은 믿음의 일을 행하는 것을 성실하게 추구할 것이다. 참된 믿음이 신자로 하여금 하게 하는 일이 무엇인지를 성경은 분명하게 밝히고 있다.

"오직 성령의 열매는 사랑과 희락과 화평과 오래 참음과 자비와 양선과 충성과 온유와 절제니"(갈 5:22-23).

"사랑은 오래 참고 사랑은 온유하며 시기하지 아니하며 사랑은 자랑하지 아니하며 교만하지 아니하며 무례히 행하지 아니하며 자기의 유익을 구하지 아니하며 성내지 아니하며 악한 것을 생각하지 아니하며 불의를 기뻐하지 아니하며 진리와 함께 기뻐하고 모든 것을 참으며 모든 것을 믿으며 모든 것을 바라며 모든 것을 견디느니라"(고전 13:4-7).

이런 사랑의 삶을 살려는 노력은 그 마음으로 하여금 더욱 큰 믿음을 소유하게 한다.

구약의 선지자들과 그리스도께서는 완악한 마음이 말씀에 대해 닫혀 버린 귀를 가져온다는 사실을 반복해서 강조하고 있다. 또한 그 마음은 궁핍한 자를 도와주며 사람들 사이에서 선을 행하기를 계속 거부함에 따라 더욱 완악해진다. 성령과 말씀에 대하여 마음을 열고자 하는 모든 사람은 말씀이 참되게 선포되는 곳에 출석하여, 믿음의 행위를 통하여 믿음의 열매를 맺을 수 있는 마음의 토양을 준비할 수 있다.

VI. 요약

집사의 봉사는 그리스도인과 교회가 영광을 향하여 나아가는 동안에 우연히 혹은 자의적으로 뻗치는 도움의 손길이 아니다. 집사의 봉사는 바로 영광을 향하여 나아가는 길이며, 회중이 천성을 향하여 가고 있다는 사실이 확실할수록 그들의 행위는 더욱 확실하게 하나님의 사랑을 증거할 것이다.

13장
집사와 하나님의 나라

광범위한 집사의 봉사를 통하여 믿음과 감사의 삶을 살고자 노력하는 회중은 하나님의 나라의 견지에서 자신을 바라보게 된다.

성경이 그렇게도 자주 말하는 하나님의 나라가 참으로 무엇인가에 대해서는 많은 학문적 논쟁이 계속되고 있다. 어떤 사람은 그것을 교회와 동일시하고, 어떤 사람은 그것을 하나님께서 모든 것의 모든 것이 되시는 마지막 때(고전 15:28)와 동일시한다.

우리는 하나님의 뜻이 사람들 사이에서 행해지는 곳이라면 언제 어디에나 하나님의 나라가 있다고 생각한다. 그래서 그 나라는 주님의 기도 속에서 이렇게 나타난다. "나라가 임하시오며 뜻이…이루어지이다."

과부와 고아와 고통당하는 자에 대한 하나님의 관심은 그분의 나라가 모든 곳에까지 확장되기를 원하시는 하나님의 열망을 나타낸다. 그 나라가 있는 곳에는 자비와 공의가 있다. 자비가 다스리며 공의가 통치하는 곳에서는 약한 자에 대한 압제가 있을 수 없다.

교회는 그 나라가 지금 여기에 도래하도록 기도하라는 가르침을 받고 있다. "나라가 임하시오며"(마 6:10). 주님은 "먼저 그의 나라와 그의 의를 구하라"(마 6:33)고 명령하신다. 이것은 교회로 하여금 주린 자를 먹이고 벗은 자를 입히며 눌린 자를 구해주는 것 이상으로 나아갈 것을 요구한다. 교회는 자기가 속한 공동체 안에서 하나님 나라의 확장을 능동적으로 추구하여야 한다. 즉, 그 영향권 안에 있는 모든 사람의 삶에 하나님의 뜻으로 영향을 미쳐야 한다.

가난한 사람들의 존재는 하나님 나라의 확장의 필요성을 가리킨다. 가난은 더욱 깊은 문제의 징후이다.

이 말의 의미는, 인간의 빈궁함은 단순히 궁핍을 충족시켜주는 것 이상을 집사에게 요구한다는 것이다. 집사는 하나님의 법을 어김으로써 인간의 비극이 생긴 모든 곳을 하나님의 나라 안으로, 즉 하나님의 도덕 법칙에 대한 순종 안으로 이끌어야 한다. 집사의 소명은 가난한 자를 돕는 것뿐 아니라 가난 자체를 사전에 예방하는 것이다.

Ⅰ. 가난의 뿌리

집사들은 자기들의 교구와 지역사회에서 하나님의 나라를 추구하기 위하여, 그들의 교구와 지역사회 안에 있는 가난의 근본적인 원인들을 알기 원할 것이다. 그 근본적인 원인은 다음과 같다.

① 생산과 노동의 의욕을 파괴하고 없애는 절망감 혹은 받기만을 원하고 일하는 것에 대한 무관심함 등과 같은 정신적 결핍 때문이다.

② 빈약한 훈련, 불량한 작업 습관, 부적당한 교육, 사람들을 자극할 수 있는 모범적 역할의 부재 등과 같은 유산의 결핍 때문이다.

③ 산업의 폐쇄나 전환 혹은 기술의 발달에 의하여 파괴되는 직업 시장, 혹은 흡수할 수 없을 정도로 넘쳐나는 노동력 때문에 포화된 직업 시장 등과 같은 체제상의 결핍 때문이다.

④ 타인의 탐욕, 약자에 대한 고의적 혹사, 합법성을 가장한 도둑질에 의하여 야기된 결핍 때문이다.

이와 같은 가난과 결핍의 뿌리들을 발견하고 분석한 후 당신의 회중의 모든 자원들을 동원하여 그것들에 영향을 미치며 해결하려고 노력할 때에 하나님의 나라는 확장되는 것이다. 기독교의 사랑은 주권적인 하나님의 이름으로 쉼 없이 공의를 요구한다. 이것은 "나라가 임하시오며 뜻이 하늘에서 이루어진 것 같이 땅에서도 이루어지이다"라는 자신의 기도에 대한 신자의 반응이다. 하나님의 나라를 이렇게 추구함에 있어서 지도적인 역할이 사람들에게 선을 행하는 교회의 팔인 집사에게 맡겨진 것이다. 가난과 압제는 숨기려야 숨길 수 없는 불의의 증거이며, 집사의 주의를 가장 먼저 끄는 것이 바로 이런 가난과 압제이다.

II. 가난의 도전을 받는 하나님의 나라

가난과 궁핍의 존재가 반드시 주변의 유책한 책임에 기인하는 것은 아니다. 하나님께서는 그분의 뜻에 따라서 물질적인 부요를 베푸시기도 하고 거두어 가시기도 한다.

"주신 이도 여호와시요 거두신 이도 여호와시오니"(욥 1:21).

주님께서 가난 가운데 두신 사람들은 교회에 두 가지 도전을 준다.

① 그들은 교회가 말로 표현하는 하나님에 대한 사랑이 이웃에 대한 행동의 사랑으로 얼마나 나타나는가를 시험한다.

"누구든지 하나님을 사랑하노라 하고 그 형제를 미워하면 이는 거짓말하는 자니 보는 바 그 형제를 사랑하지 아니하는 자는 보지 못하는 바 하나님을 사랑할 수 없느니라"(요일 4:20).

"누가 이 세상의 재물을 가지고 형제의 궁핍함을 보고도 도와 줄 마음을 닫으면 하나님의 사랑이 어찌 그 속에 거하겠느냐"(요일 3:17).

② 가난한 자들의 존재는, 교회가 자기의 영적, 물질적, 언어적, 정치적 자원을 투입해서, 가난을 그 근본에서부터 공격하고 인류 가운데 공의를 진전시킴으로써, 하나님의 나라를 확대하라는 하나님의 도전이다.

Ⅲ. 요약

본서에는 "시민권 지침서"(A Manual of Citizenship)라는 부제가 붙을 수도 있을 것이다. 이 책은 하나님 나라의 백성들이 하나님이 주신 선물을 사용함에 있어서, 그분에게 순종하는 방법을 가르쳐주고 있다. 그런 의미에서 볼 때 여기서 말하고 있는 모든 것은 하나님의 나라에 관한 것이다.

하나님 나라에 대립하는 다른 나라가 하나 있는데, 성경은 보통 이것을 세상 나라라고 부른다. 악의 지배를 받는 이 왕국은 항상 하나님의 나라와 무서운 투쟁을 벌이고 있는 것으로 묘사되고 있다. 이 투쟁이 역사의 기저에 면면히 흐르고 있다. 이것은 시민들의 충성을 놓고 벌이는 싸움이다. 각 인간의 영혼을 위하여 하나님과 사탄은 인간의 마음속에서 그리고 시간과 사건들의 모든 양상 속에서 싸우고 있다.

서로 싸우는 두 왕국의 시민은 그들의 행동으로 자신의 충성을 표현한다.

"육체의 일은 분명하니 곧 음행과 더러운 것과 호색과 우상 숭배와 주술과 원수 맺는 것과 분쟁과 시기와 분냄과 당 짓는 것과 분열함과 이단과 투기와 술 취함과 방탕함과 또 그와 같은 것들이라 전에 너희에게 경계한 것 같이 경계하노니 이런 일을 하는 자들은 하나님의 나라를 유업으로 받지 못할 것이요 오직 성령의 열매는 사랑과 희락과 화평과 오래 참음과 자비와 양선과 충성과 온유와 절제니 이같은 것을 금지할 법이 없느니라"(갈 5:19-23).

왕의 법이 지켜지는 모든 곳이 바로 왕국이다.

우리들이 하나님의 뜻을 추구하고 행하고자 하며 최선을 다해 순종하고자 하는 곳에 하나님의 나라는 임하고 있다. 이런 순종을 위한 자유는 말씀을 통해 선물로 주어지고 신자의 어머니인 교회에서 양육되는 믿음에 그 뿌리를 두고 있다.

그렇다. 본서는 하나님 나라의 시민권을 위한 지침으로 쓰인 것이다. 또한 악한 자의 왕국에 대항하여 싸우는 전쟁 지침서로 쓰였다.

14장
여집사

주님께서는 지상에서 사역하시는 동안 그와 함께 이곳저곳으로 다 닌 여인들에게 공궤를 받으셨다. 그래서 누가는 이렇게 기록한다.

"그 후에 예수께서 각 성과 마을에 두루 다니시며 하나님의 나라 를 선포하시며 그 복음을 전하실새 열두 제자가 함께 하였고 또한 악 귀를 쫓아내심과 병 고침을 받은 어떤 여자들 곧 일곱 귀신이 나간 자 막달라인이라 하는 마리아와 헤롯의 청지기 구사의 아내 요안나와 수 산나와 다른 여러 여자가 함께 하여 자기들의 소유로 그들을 섬기더 라"(눅 8:1-3).

마가는 주님이 십자가에 달리시던 때의 일을 이렇게 기록한다.

"멀리서 바라보는 여자들도 있었는데…이들은 예수께서 갈릴리에 계실 때에 따르며 섬기던 자들이요"(막 15:40-41).

또한 마태도 같은 사실을 기록하고 있다(마 27:55).

주님이 육신을 입고 이 땅에 계실 때에 주님께 행해지던 그런 봉사가 지금 주님께서 머리로 계시는 몸, 즉 교회에게도 행해져야 한다. 그렇게 봉사하던 여자들은 처음부터 "일꾼"으로 불리었다. 바울은 로마에 있는 교회에게 이렇게 쓰고 있다.

"내가 겐그레아 교회의 일꾼으로 있는 우리 자매 뵈뵈를 너희에게 추천하노니 너희는 주 안에서 성도들의 합당한 예절로 그를 영접하고 무엇이든지 그에게 소용되는 바를 도와 줄지니 이는 그가 여러 사람과 나의 보호자가 되었음이라"(롬 16:1-2).

이 사도가 디모데에게 집사의 자격을 가르치면서, 그 일부로서 "여자들도 이와 같이 정숙하고 모함하지 아니하며 절제하며 모든 일에 충성된 자라야 할지니라"(딤전 3:11)고 말한 것은 (비록 우리가 앞에서는 이 말이 집사의 아내에게 적용되는 것으로 보기는 했지만) 여집사를 가리키는 것일 수도 있다. 어느 경우이든지 이 자격은 교회에서 여집사로 봉사하는 사람의 특성이 되어야 한다.

바울은 교회로부터 경제적 지원을 받을 과부 명부에 오를 자격을 이렇게 규정한다.

"과부로 명부에 올릴 자는 나이가 육십이 덜 되지 아니하고 한 남편의 아내였던 자로서 선한 행실의 증거가 있어 혹은 자녀를 양육하며 혹은 나그네를 대접하며 혹은 성도들의 발을 씻으며 혹은 환난 당한 자들을 구제하며 혹은 모든 선한 일을 행한 자라야 할 것이요"(딤전 5:9-10).

여기서 사도가 피하고 있는 것은 교회가 어머니들로 하여금 가정을 버려두고 여집사로 봉사하게 하는 일이다. 도리어 사도는 이제 아이들이 다 자라서 가정을 돌보는 의무에서 벗어나 하나님의 교회 전체를 돌보는 의무로 전환될 수 있는 부녀들을 과부 명부에 올리고 경제적 원조를 제공하라고 한다.

칼빈의 제네바 교회에서는 여집사도 남자 집사처럼 중요한 역할을 담당했다. 여집사들은 시(市)의 병원에서 가난한 자를 위한 간호사로 봉사했다. 그들은 자기들의 가정에서 불구자와 노인들을 보살폈다. 그들은 도움이 필요한 사람을 발견할 때마다 그들에게 도움의 손길을 뻗쳤으며, 또한 압제받는 자를 발견해 내는 교회의 눈과 귀였다. 그들은 집사 직분의 감독하에서 일했으며 집사는 당시 유명한 제네바 당회의 관리하에 있었다.

여집사들은 회중 전체의 집사 직분과 협동하면서 그들의 일반적인 지도하에서 다음과 같은 봉사를 했다.

① 노인, 병자, 불구자에 대한 개인적인 사역. 여기에는 다음의 활동들이 포함된다.

- 병상에서의 간호
- 음식을 만들거나 그들에게 나누어 주는 일
- 집안 살림, 옷 수선
- 다른 사람들을 통하여 가사에 필요한 일을 해줌
- 홀로 있는 사람에게 친구가 되어주는 일(책을 큰 소리로 읽어주는 일 등)
- 생일이나 기념일 등을 기억해서 카드를 보내주는 일

② 젊은이에 대한 지도, 특히 젊은 어머니들을 가르치는 일.

③ 가정의 영양가 높은 음식을 경제적으로 준비하는 일 등 가사

를 가르치는 일.

④ 아기를 키우는 데 기본적인 것들을 가르치는 일.

⑤ 자녀 문제, 배우자의 처자 유기, 알코올 중독자 남편, 혹은 법적인 문제로 어쩔 줄 모르는 어머니들 편에서 도와주는 일.

⑥ 아이들에게 성경의 진리를 가르치고, 성경을 읽어주며, 그들의 상담 상대가 되어주는 일.

⑦ 가난한 자들이 급한 도움이 필요할 때 도움을 받을 수 있게 옷과 양식의 저장소를 교회와의 관계 속에서 발전시켜 나가는 일. 이러한 사역을 위해서는 집사들이 기쁨으로 재정적 지원을 제공해주어야 한다.

⑧ 가출자, 비행자, 임신한 십 대, 미혼모, 권위와 불화하는 어린이들을 위해 돌보고 상담해주는 일.

⑨ 갑작스런 트라우마의 희생자들을 위하여 상담 전화 봉사를 하는 일.

여성인 여집사만이 가능한 봉사의 기회를 살리는 회중은 참으로 축복된 회중이다.

장로회의 전반적인 감독하에 있는 남집사와 여집사는 서로 협력하면서 일할 수 있다. 누가 얼마만큼을 관할해야 하느냐는 싸움에 시간이나 정력이 낭비되는 일은 있을 수 없다.

우리가 현대와 같은 여성 해방 운동의 시대에 살고 있을지라도, 교회 안에서의 경쟁은 주님이 몸소 보여주신 모범과 교훈에 의해서 해소될 수 있다. 배반당하시던 날 밤에 제자들의 발을 씻어주신 주님은 앞으로 신약 교회를 세울 제자들에게 이렇게 말씀하신다.

"내가 너희에게 행한 것 같이 너희도 행하게 하려 하여 본을 보였노라 내가 진실로 진실로 너희에게 이르노니 종이 주인보다 크지 못하고 보냄을 받은 자가 보낸 자보다 크지 못하나니 너희가 이것을 알고 행하면 복이 있으리라"(요 13:15-17).

직분자들 사이에서 누가 나머지 직분자를 더 많이 섬길 수 있는 가 하는 "경쟁"만이 일어나는 회중은 복이 있다. 그러나 이러한 섬 김은 각각의 소명에 관련되어 있는 관리 책임을 포기함으로써 이루 어지는 것이 되어서는 안 되며 사랑 안에서 그 책임을 수행하는 것 을 통해 이루어져야 한다.

여집사에 대하여 무관심한 회중은 봉사의 기회를 상실하게 된다. 자기주장과 자기희생을 혼동하는 남집사나 여집사들은 주님을 위 한 봉사의 기쁨을 잃게 된다.

교회 내에서의 여집사

성경에 언급된 여집사는 뵈뵈가 유일하지만, 여자들을 집사에 임명 하는 것은 초대 교회에서 일반적인 일이었다.

여집사의 임명을 위해서는 다음의 조건들이 요구되었다.

- 후보자는 과부이어야 한다.
- 그녀는 아이를 낳고 가족을 돌본 적이 있어야 한다.
- 그녀는 단 한 번 결혼했어야 한다.

- 그녀는 최소한 40세 이상은 되어야 하며, 좀 더 나이든 여인 일수록 좋다.
- 예외적인 경우로서, 특별한 자격을 가진 처녀들을 직분에 임명하기 위하여 "과부들"이라고 부른 경우가 있다.

교회는 여집사들에 대하여 다음과 같은 제한을 두었다.
- 여집사들은 안수를 통한 임직이 없이 직분에 임명되었다.
- 그들은 사제적 기능을 수행할 수는 없었다.

여집사들에게 일반적으로 맡겨졌던 일은 다음과 같다.
- 교회 멤버가 되기 위해 준비하는 여성 새신자들을 가르침
- 병자, 특히 여성 환자를 간호함
- 감독으로부터 메시지를 받아서 여성 교구민들에게 전달함
- 처형을 기다리고 있는 순교자를 방문함
- 예배 시 여자들의 행동을 감독함

주후 441년에 열린 오렌지 종교회의(The Council of Orange)에서 여집사 제도를 폐지하기로 했으며, 그 후 5~6세기 동안 교회에는 여집사가 없었다. 여자들이 다시 집사로서 봉사 활동에 등장한 것은 디아코니사(*Diaconissa*, 집사의 아내—편집주)라는 명칭하에서였는데 이 명칭은 가끔 자선을 베푸는 봉사에 있어서 남편을 돕는 집사의 부인을 가리키는 말로 사용되곤 했다.

위에서도 살펴보았듯이, 여집사가 다시 교회에서 봉사하기 시작한 것은 종교 개혁 시대, 특히 칼빈의 제네바 시대이다. 종교 개혁 이후로 이 일은 다양한 형태로 지금까지 지속되어 오는데, 어떤 회중에서는 여집사를 인정하지 않으며, 또 어떤 회중에서는 여자를 정식 집사로 임명하기도 한다.

Part 4

청지기에 대한 여러 관점

15장
위로부터의 관점과 내부로부터의 관점

Ⅰ. 투자와 회수

자기의 직분에 대한 명확한 개념을 알고자 하는 집사는 자기의 직분을 다음과 같이 바라봄으로써 유익을 얻을 수 있다.

하나님과 자유 기업

여호와 하나님은 자유 기업가이시다. 이것은 자유 기업을 인정하지 않았던 칼 마르크스가 하나님을 거절한 한 가지 이유이다.

하나님께서 자유 기업가이신 이유는 자신의 투자를 회수하고자 하시기 때문이다. 예수님의 달란트 비유(마 25:14-30)와 므나 비유(눅 19:11-27)는 하나님께서 그분이 우리 각 사람들에게 투자하신 달란트로부터 이익을 기대하신다는 사실을 분명히 가르쳐준다. 이 사실은 "그러므로…너희도 온전하라"(마 5:48)는 주님의 명령 속에도 나타나 있다.

요컨대 사람에게 주신 하나님의 모든 달란트는 마치 투자가이신 하나님께서 온전히 회수하기를 원하시는 하나님의 투자와 같다. 또한 우리는 성경의 전체 방향에 비추어서 이 회수가 어떤 것이라는 것을 알고 있다. 즉, 이 회수의 방식은 우리에게 주어진 달란트를 통하여 다른 사람들이 유익을 얻을 수 있도록 우리의 달란트들을 하나님의 전적인 통제하에 두는 것이다. 이것이 바로 황금률 속에 요약된 내용이다.

"남에게 대접을 받고자 하는 대로 너희도 남을 대접하라"(눅 6:31).

하나님의 투자의 회수는 죄에 의하여 방해받는다. 바울은 이 사실을 다음과 같이 생생하게 설명한다.

"이는 그들이 하나님의 진리를 거짓 것으로 바꾸어 피조물을 조물주보다 더 경배하고 섬김이라 주는 곧 영원히 찬송할 이시로다 아멘"(롬 1:25).

바울은 계속해서, 진리를 거짓 것으로 바꾼 결과를 자세히 서술한다.

"곧 모든 불의, 추악, 탐욕, 악의가 가득한 자요 시기, 살인, 분쟁, 사기, 악독이 가득한 자요 수군수군하는 자요 비방하는 자요 하나님께서 미워하시는 자요 능욕하는 자요 교만한 자요 자랑하는 자요 악을 도모하는 자요 부모를 거역하는 자요 우매한 자요 배약하는 자요 무정한 자요 무자비한 자라 그들이 이같은 일을 행하는 자는 사형에 해당한다고 하나님께서 정하심을 알고도 자기들만 행할 뿐 아니라 또한 그런 일을 행하는 자들을 옳다 하느니라"(롬 1:29-32).

즉, 투자가이신 하나님이 사람들의 고의적인 반항에 의하여 자신의 이자를 횡령당하시는 것이다. 이런 도둑질의 중심에는 거짓된 우상숭배가 숨어 있다. 사람들은 거짓의 아비인 사탄에게 붙잡혀 있기 때문에 창조주께 경배하는 것이 아니라 자기의 욕심을 섬긴다.

애굽으로부터의 탈출

이스라엘이 애굽의 노예 상태에 처한 사실은 인간이 죄와 사탄의 노예가 되어 있는 상태를 상징한다. 하나님이 이스라엘을 애굽의 속박으로부터 해방시켜주신 사실은 예수 그리스도께서 죽으심으로 모든 참된 신자를 자기 이익과 사탄의 굴레로부터 자유케 하신 사실을 상징한다. 여호와께서 "우리 모두의 죄악"을 예수님에게 담당시키셨으므로(사 53:6) 신자는 믿음으로 "죄와 사망의 법"에서 해방된다(롬 8:2).

그렇다면 우리를 애굽의 속박으로부터 해방시켜주는 "믿음"이란 무엇일까? 이것은 바로 하나님께서 우리에게 투자하신 것에 대한 이자를 하나님께 돌려드릴 수 있는 위치에 다시 한 번 우리를 올려놓는 하나님의 선물이다. 우리의 은사와 재능은 자기 욕망의 굴레에서 벗어나서 하나님의 이름으로 다른 사람에게 봉사할 수 있게 해방된다. 달란트와 므나의 비유는 바로 이렇게 믿음으로 말미암아 자유를 얻은 모든 사람을 향해 베풀어진 것이다.

그러면 무엇이 문제인가

하나님께서 자신이 투자하신 재능과 선물들에 대한 이자를 어떻게 거두고자 하시는가에 대하여 신자는 그것을 전혀 모르는 바가 아니다. 이 이자가 어떤 식으로 생기는가에 대하여 하나님의 말씀이 빛을 비춰주고 있다. 하나님은 우리의 해방을 그분의 명령에 대한 우리의 순종에 연결시키신다.

"나는 너를 애굽 땅, 종 되었던 집에서 인도하여 낸 네 하나님 여호와니라 너는 나 외에는 다른 신들을 네게 두지 말라"(출 20:2-3).

해방은 율법으로부터 벗어나는 것이 아니라 그 아래에서의 해방인 것이다. 그리스도께서는 이렇게 말씀하신다.

"내가 율법이나 선지자를 폐하러 온 줄로 생각하지 말라 폐하러 온 것이 아니요 완전하게 하려 함이라 진실로 너희에게 이르노니 천지가 없어지기 전에는 율법의 일점 일획도 결코 없어지지 아니하고 다 이루리라"(마 5:17-18).

모든 율법은 하나님을 최고로 사랑하며, 이웃을 자신과 같이 사랑하라는 하나님의 요구 속에 요약되어 있다(눅 10:27). 이 요구가 바로 우리에게 하신 하나님의 투자에 대하여 이자를 산출하는 방법에 대한 두 가지 가르침이다.

투자와 회수라는 주제는 신약의 지상명령 속에서도 나타난다. 사도들은 그리스도로부터 그분의 교회를 세우는 일을 위임받는다. 먼저, 그들은 해방의 좋은 소식(복음)을 전파해야 한다. 그리고 나서 그 좋은 소식을 믿는 사람들은 세례를 통하여 교회에 연합된다. 그러면 교회는 그들 모두에게 그들에 대한 하나님의 투자에 어떻게 보답해야 하는가에 대한 하나님의 명령들을 가르쳐야 한다(마 28:19-20). 그리고 하나님의 명령은 다름 아니라 애굽에서 벗어난 후 이스라엘에게 주어진 계명들 속에서 요약되었고, 선지자들이 그 의미를 설명하였으며, 나아가서 신약 교회에 대한 사도들의 서신 속에서 적용되었다.

하나님의 대행자들

모든 신중한 투자가들과 마찬가지로 하나님도 자신에게 돌아올 이자를 우연에 맡겨두지 않으시고 사려 깊게 그것을 추구하신다. 이런 추구에 있어서 그분의 대행자는 다름 아닌 교회의 집사들이다.

이와 같이 집사 직분은 교회와 하나님 나라에 부수적으로 첨가된 역할이 아니다. 어디에서나 집사직은 교회에 대한 하나님의 투자의 회수에 있어서 필수적이다. 집사들은 소유주와 포도원을 연결시키는 고리이며, 즐겨 일하는 일꾼으로부터 처음 익은 열매를 받아서 하나님께로 가져가는 일을 위임받은 자이다.

II. 양심

집사의 직분은 양심과 밀접하게 연결되어 있다. 그러므로 양심이 하는 일이 무엇인지를 자세히 생각해보라.

여기서 우리는 "양심이 무엇인가"를 말하지 않는다. 그 문제를 거론하다가 보면 쓸데없는 생각에 시간을 낭비할 수가 있다. 모든 사람이 양심을 가지고 있는지, 만약 그렇다면 그것이 선천적인 것인지 아니면 환경에 의하여 계발된 것인지에 대한 질문들이 제기될 수 있다. 그러나 이제 우리는 양심이 어떻게 작용하며, 그것이 하는 일은 무엇이며, 이것이 집사의 봉사 속에 편입될 수 있는 이유가 무엇인지에 관심을 집중시킴으로써 곧바로 문제의 핵심에 접근하도록 하자.

양심이 하는 일

"양심"(conscience)은 "함께"라는 의미의 "con"과 "지식"이라는 의미의 "science"의 합성어로서, "함께 아는 것" 혹은 "더불어 아는 것"이라는 의미이다.

그렇다면 양심이 함께 알게 하는 것은 무엇인가? 두 가지가 있다. 첫째, 십계명에 기록되었고 하나님의 형상의 일부로서 각 사람들 마음속에 새겨 놓으신 하나님의 율법이다. 둘째, 사람이 행하고 있거나 행하려고 생각하는 행동, 사람의 생각과 목적, 요컨대 사람의 모든 행위이다. 즉 양심은 율법과 행위를 함께 가져다가 율법으로 행위를 판단한다. 하나님의 말씀이 우리의 행위를 만나 심판하는 우리 안에 있는 재판정이 양심이다. 양심은 각 사람의 마음속에 있는 하나님의 증인이다.

"이런 이들은 그 양심이 증거가 되어 그 생각들이 서로 혹은 고발하며 혹은 변명하여 그 마음에 새긴 율법의 행위를 나타내느니라"(롬 2:15).

여기서 바울은 율법이 특별 계시로 주어지지 않은 사람들, 곧 이 방인에 대하여 말하고 있다.

양심은 율법의 이름으로 행위를 감시하며, 행위에 대하여 설명을 요구한다. 이에 대한 응답으로 신자는 하나님의 율법에 복종하고자 함으로써 자신에 대한 비난으로부터 양심을 순결하게 보존할 수 있다. 바로 이 지점에서 양심은 교회와 그 집사직에 협력한다. 바울은 로마의 총독인 벨릭스에게 이렇게 말하고 있다.

"이것으로 말미암아 나도 하나님과 사람에 대하여 항상 양심에 거리낌이 없기를 힘쓰나이다"(행 24:16).

말하자면 그리스도인은 항상 사랑하려고 애쓴다. 이것은 율법에 대한 순종이다.

구체적인 행동으로 이어주는 다리

양심은 하나님께 순종하는 생활을 영위함에 있어서 독특한 역할을 수행한다.

그리스도인의 순종의 생활을 규정함에 있어서 성경은 구체적 언급이 부족하다는 말을 가끔 듣는다. 예를 들어, 성경은 하나님께서 우리에게 주신 모든 재물 중에서 우리가 스스로를 위하여 얼마나 비축해두어야 하는지에 대해서 말해주지 않는다. 또한 우리가 어떤 자선을 위하여 돈을 내야 할지, 혹은 많은 사람이 굶주리고 있는 상황에서 우리가 좋은 것을 먹고 마시는 것이 정당한지에 대해서도 성경은 명시적으로 말해주지 않는다. 성경은 도덕적인 지침서가 되기를 거부한다. 하나님의 말씀은 단지 일반적인 명령들을 나타내 보여줄 따름이다.

왜 그럴까?

그 이유는 하나님께서는 일반적인 율법과 구체적인 행동 사이를 연결하는 다리인 양심을 주셨기 때문이다.

성경은 양심에 맞추어져 있다. 말씀은 양심에게 말하며 또한 양심에 설교되어야 한다. 매일의 생활 속에서 하나님의 계시된 뜻을 행하려고 노력할 때, 양심은 더욱 민감하고 유용하게 작용한다. 양심은 그리스도인의 성장의 에이전트이다.

신빙성

양심의 신빙성을 반박하기는 쉬운 일이다. "너의 양심이 너를 인도하게 하라"는 말이 있지만, 양심을 따르는 결과가 항상 하나님의 율법에 일치하지는 않는다. 양심에게는 계속적인 선생, 곧 하나님의 말씀이 필요하다. 신자는 양심이 율법에 대해 더욱 깨어 있는 반응을 할 수 있도록 예배에 참석한다. 양심에 기록된 내용이 설교와 조화를 이루면서 공진하게 하려는 것이다.

교회로부터 멀어지고 성경에 대하여 무관심해지면, 양심은 점점 흔들리게 되며 그만큼 더 신빙성이 없어진다.

"또한 그들이 마음에 하나님 두기를 싫어하매 하나님께서 그들을 그 상실한 마음대로 내버려 두사 합당하지 못한 일을 하게 하셨으니"(롬 1:28).

그러나 설교 말씀에 의하여 거듭해서 일깨움을 받고, 성경 연구를 통해 가르침을 받고, 깨어 있는 장로들에 의하여 권징을 받음으로써 신자의 양심은 그가 생각하고 말하고 행동하는 것을 "서로 혹은 고발하며 혹은 변명하는"(롬 2:15) 말씀의 살아 있는 목소리 구실을 한다.

양심과 집사

양심은 항상 집사의 편이다. 왜냐하면 양심은 항상 가난하고 궁핍한 자에 대한 자선을 의미하는 사랑을 요구하고 있기 때문이다.

더욱이 집사들은 자신을 교회의 양심으로 여겨야 한다. 인색한 자에게 자극을 주고, 관대한 자를 축복하며, 자선에 태만한 자를 교회의 치리 기구에게 보고하는 것이 당신의 일이다. 양심을 각성시키기 위하여 양심을 겨냥한 설교를 유도하는 것도 역시 당신의 일이다.

양심은 이미 있는 것이다. 우리는 그것을 창조할 필요가 없으며, 그렇게 할 수도 없다. 그러나 하나님의 율법에 순종함으로써 교회를 섬기려는 당신의 노력 속에 양심의 목소리를 편입시키는 일은 얼마나 가슴 설레는 도전인가.

16장
가난과 부의 신비

Ⅰ. 가난

"여호와는 가난하게도 하시고 부하게도 하시며"(삼상 2:7).

하나님이 지금 당장 전 세계의 굶주린 자들을 먹이실 능력이 없겠는가?

물론 하나님은 하실 수 있다.

이것은 떡과 물고기를 가지고 행하신 예수님의 기적을 보더라도 분명한 사실이다. 그분은 제자들에게 이렇게 상기시키신다.

"너희가 아직도 깨닫지 못하느냐 떡 다섯 개로 오천 명을 먹이고 주운 것이 몇 바구니며 떡 일곱 개로 사천 명을 먹이고 주운 것이 몇 광주리였는지를 기억하지 못하느냐"(마 16:9-10).

주님께서는 두 번이나 한 소년의 점심을 가지고 수천 명을 먹이고도 충분히 남는 음식을 만드셨다.

하나님은 만나를 비처럼 내려 이스라엘 백성들을 먹이셨으며 메추라기 고기를 이스라엘의 진에 덮일 정도로 내려주셨다(출 16장). 하나님은 까마귀를 부리셔서 아침저녁으로 선지자 엘리야에게 떡과 고기를 공급하셨으며, 사르밧 과부의 집에 "여러 날 동안" 양식과 기름이 떨어지지 않게 하셨다(왕상 17:6, 8-16).

하나님이 하고자 하시면 지구상의 사람들의 필요를 만족시키실 수 있다는 사실을 확신하기에 충분한 증거가 성경에 있다.

그러나 하나님은 그렇게 하지 않으신다.

왜일까?

그 이유는 가난한 자도 하나님의 뜻을 이루고 있으며 또한 그들은 자신의 보상을 가지고 있기 때문이다.

하나님의 목적

하나님을 참으로 사랑하는 자는 어떤 행위로 그분에 대한 사랑을 나타낼 수 있겠는가? 실제로 모든 것이 하나님의 것이며 완전하신 그분은 아무것도 필요로 하지 않으신데, 신자는 어떻게 하나님에 대한 사랑의 표현으로 물질을 드릴 수 있겠는가?

이 문제를 해결하기 위하여 하나님은 가난한 자들을 예비하신다. 하나님은 가난한 자들 속에서 그분이 찾아지고 발견되며 봉사받고자 하신다. 이 사실은 천국의 투자에 대하여 주님께서 이미 말씀하신 바를 보면 분명하다. 이 사실은 또한 가난한 자에게 베푼 것을 주님 자신에게 베푼 것과 동일시하는 최후의 심판의 비유에 비추어보아도 명백하다.

"내가 진실로 너희에게 이르노니 너희가 여기 내 형제 중에 지극히 작은 자 하나에게 한 것이 곧 내게 한 것이니라"(마 25:40).

어떤 면에서 가난한 자와 궁핍한 자는 하나님의 대리자라고 할 수 있다. 우리는 그들을 섬김으로써 하나님을 섬긴다. 바로 이것이 하나님의 세상 속에 가난한 자들이 존재하는 이유 중 하나이다. 또한 우리가 앞으로 보게 되겠지만, 이러한 가난의 짐을 보상하기 위하여 하나님은 궁핍한 자에게 특별한 축복을 주신다.

세속적인 설명들

세속적인 사람들도 여러 가지 방법으로 가난을 설명하려고 시도한다. 그러나 성경은 우리에게 한 가지 근본적인 설명을 제공한다. "여호와는 가난하게도 하시고"(삼상 2:7).

세속적인 설명들과 성경의 설명 사이의 차이점은 집사에게 있어 매우 큰 중요성을 갖는다. 집사에게 있어서 가난한 사람들은 문제라기보다는 차라리 하나의 해답이다. 하나님은 가난한 자들을 주셔서 집사들이 "왜 주는가"와 "왜 돈과 물건을 주는가"라는 문제에 대답할 수 있게 하신다.

세속주의자들은 자신들이 추론한 다음과 같은 원인을 가지고 가난을 설명하려고 한다. "가난한 자는 게으르다, 무능하다, 돈을 다룰 줄을 모른다, 저축하는 법을 모른다, 욕망을 억제하지 못한다, 명령을 따르려고 하지 않는다, 직장생활을 견디지 못한다, 열등한 하위 문화를 가지고 있다." 등등 말이다. 실제로 이 모든 것이 가난을 가져다주는 하나님의 수단일 수는 있다. 또한 이것들은 가난의 2차적인 원인들로서, 고쳐져야 할 점들이다. 그러나 가난은 참된 신자들이 그들의 행함으로 사랑을 나타낼 기회를 제공하고자 하는 하나님의 뜻이 배후에 깔려 있다. 이것은 아침부터 저녁까지 수많은 가난한 자들이 노예처럼 자기 일에 매달리지만 여전히 가난에 찌들어 있다는 사실로부터 분명해진다.

"여호와는 가난하게도 하시고"(삼상 2:7).

사무엘을 통하여 계시된 말씀을 더욱 강화시키는 비유를 예수님이 말씀하신다(마 20:1-16). 예수님의 말씀은 이렇다. 한 집주인이 자기의 포도원에서 일할 일꾼을 구하려고 시장에 나간다. 아침 일찍 몇 사람을 발견해서 고용하고, 몇 사람은 늦게 그리고 다른 사람들은 저녁이 거의 다 되어서 고용했다. 그날 하루 일과를 마치자 집주인은 하인을 불러서 모든 사람에게 임금을 똑같이 주도록 지시했다. 한낮의 뜨거운 햇빛 속에서 종일 일한 사람들은 조금밖에 일하지 않은 사람들이 자기들과 같은 임금을 받는다고 불평한다. 여기에 대한 집주인(하나님)의 대답은 이것이다.

"내 것을 가지고 내 뜻대로 할 것이 아니냐"(마 20:15).

만물의 창조주이며 소유주인 하나님은 세상의 재물을 가지고 자신의 뜻대로 사용하신다. 하나님은 자신의 것을 주기도 하고 거두기도 하면서 부유하게도 하고 가난하게도 하신다.

하나님의 보상

하나님은 성경 전체를 통하여 가난한 자들에게 강한 관심을 나타내신다.

① 하나님은 환난 중에 그들의 부르짖음을 들으신다.

"여호와는 궁핍한 자의 소리를 들으시며"(시 69:33).

성경에서 "듣는다"라는 말은 "그것에 대하여 행동을 취한다"는 뜻이다. 하나님은 눌린 자와 궁핍한 자의 호소에 응답하신다. 주인에 의하여 압제당하는 자들의 신음을 하나님이 들으시기 때문에 많은 사람이 베개를 베고 누워서도 휴식을 얻지 못하고 있다. 사람들이 사업에 실패하는 것은 순진한 사람들을 속이는 악한 자들에게 그 원인 중 많은 부분이 있다. 불의에 의한 희생자가 하나님께 부르짖을 때 그분은 그 부르짖음을 들으신다.

② 하나님은 가난한 자들에게 영적인 강건함을 주심으로써 그들이 매우 힘든 삶을 초월할 수 있게 하신다.

"주는…빈궁한 자의 요새이시며 환난 당한 가난한 자의 요새이시며"(사 25:4).

도저히 뛰어넘을 수 없는 불평등 앞에서 억눌린 자의 인내는 하나님께서 주시는 것이다. 초라한 집에도 스며들 수 있는 평안은 위로부터 내려오는 것이다. 시체처럼 지친 자의 달콤한 잠은 부자의 불면과 대조를 이룰 것이다. 하나님은 사람을 가난하게 만드시고는 그들의 비극을 하나님 자신의 방법으로 보상하신다.

③ 비록 가난이 현세에서는 그 수고로부터 빠져나올 가능성을 거

의 제공하지 않을지라도 하나님은 이렇게 약속하신다.

"궁핍한 자가 항상 잊어버림을 당하지 아니함이여 가난한 자들이 영원히 실망하지 아니하리로다"(시 9:18).

주님은 궁핍한 자의 눈을 들어서 현세의 좁은 지평 저 너머를 보게 하시며, 더 아름다운 내세에 보장되어 있는 소망을 그들에게 주신다.

④ 가난한 자에게 주어진 약속은 자세하고도 분명하다.

"여호와의 말씀에 가련한 자들의 눌림과 궁핍한 자들의 탄식으로 말미암아 내가 이제 일어나 그를 그가 원하는 안전한 지대에 두리라 하시도다"(시 12:5).

시간과 영원 사이의 베일이 가난 속에서는 닳아서 얇아지며, 또한 하나님은 궁핍한 자로 하여금 그들의 지상 생활의 좁은 한계를 쉽게 넘어서 그 한계의 저편을 볼 수 있게 하신다. 눌린 자들의 승리의 노래를 곰곰이 생각해보라.

⑤ 자신이 가난하게 만드신 사람들 가운데에서 이런 일들을 이루기 위하여 하나님은 그들에게 믿음을 풍성하게 내려주신다.

"하나님이 세상에서 가난한 자를 택하사 믿음에 부요하게 하시고 또 자기를 사랑하는 자들에게 약속하신 나라를 상속으로 받게 하지 아니하셨느냐"(약 2:5).

부활하신 그리스도는 이러한 이유로 요한에게 서머나 교회에 다음과 같이 쓰라고 명령하실 수 있었다.

"내가 네 환난과 궁핍을 알거니와 실상은 네가 부요한 자니라"(계 2:9).

재물에 있어서는 가난하지만 믿음과 굳은 약속에 있어서는 부요한 것이다.

⑥ 그러므로 이제 마리아가 다음과 같이 노래함으로써 예수님의 탄생의 기쁨을 찬미한 것은 이상한 일이 아니다.

"비천한 자를 높이셨고 주리는 자를 좋은 것으로 배불리셨으며 부자는 빈 손으로 보내셨도다"(눅 1:52-53).

예수님은 가난한 자의 소망의 양식이며 해방의 언약이다. 그러나 예수님의 이름으로 자기의 것을 나누기를 거부하는 부자들은 그리스도 안에서 자기를 위한 것을 하나도 발견하지 못할 것이다. 그들의 손은 나누지 않은 재물들로 가득 차 있으며, 그들은 자기들의 쌓아둔 재물로 섬기려고 하지 않던 그 주님에 의하여 영적인 빈털터리로 돌려보냄을 받을 것이다. 또한 그리스도 자신도 그분의 모친의 예언을 확증하신다.

"주의 성령이 내게 임하셨으니 이는 가난한 자에게 복음을 전하게 하시려고 내게 기름을 부으시고"(눅 4:18).

이것은 이미 오래전에 선지자가 한 말(사 61:1)을 인용하신 것이다. 하나님께서는 재물에 있어서는 가난하게 만든 그 사람들을 예수 그리스도의 복음으로 부요하게 하심으로써 보상하신다.

⑦ 가난한 자로 하여금 탐욕스러운 자들에 의하여 쉽게 상처를 받게끔 만들어 놓으시고 주님께서는 그들의 대우를 계속해서 자세히 감시하신다.

"여호와께서 자기 백성의 장로들과 고관들을 심문하러 오시리니 포도원을 삼킨 자는 너희이며 가난한 자에게서 탈취한 물건이 너희의 집에 있도다 어찌하여 너희가 내 백성을 짓밟으며 가난한 자의 얼굴에 맷돌질하느냐 주 만군의 여호와 내가 말하였느니라 하시도다"(사 3:14-15).

사악한 자들은 주님께서 일시적으로 무방비 상태에 처하게 하신 그 사람들을 탈취함으로써 자기들의 사악함을 입증한다.

"사자가 자기의 굴에 엎드림 같이 그가 은밀한 곳에 엎드려 가련한 자를 잡으려고 기다리며 자기 그물을 끌어당겨 가련한 자를 잡나이다"(시 10:9).

그러나 하나님은 자신이 가난하게 만들어 놓은 사람들에게 행해지는 악을 특별한 주의를 가지고 살펴보신다. 바로 그 죄악 때문에 그분은 불을 비 같이 쏟아 내리사 소돔을 멸망시키셨던 것이다(창 19:24-25).

⑧ 소돔의 치명적인 죄악은 가난한 자에 대하여 무관심했고, 하나님께서 약하게 하신 자들을 착취했다는 것이다.

"네 아우 소돔의 죄악은 이러하니 그와 그의 딸들에게 교만함과 음식물의 풍족함과 태평함이 있음이며 또 그가 가난하고 궁핍한 자를 도와 주지 아니하며"(겔 16:49).

요약

그렇다면 왜 하나님께서는 많은 사람을 가난하게 만드시고, 그들에게 그러한 관심을 기울이시는가?

집사들은 지금까지 논의된 내용을 돌아보면서 부자와 나사로의 비유(눅 16:19-31)를 묵상해보아야 할 것이다.

그 가난한 거지는 부자의 문 앞에서 무엇을 하고 있었던가? 음식을 위하여 그가 요구한 것이란 단지 부자의 호화로운 상에서 떨어지는 부스러기에 불과했다. 그는 부자에게 아무런 봉사도 하지 않은 듯하다. 그는 자비로운 마음의 표현으로서의 사랑을 헛되이 기다릴 뿐이었다. 그리고 나사로가 죽었다. 그런데 보라. 그가 천국에 간 것이다.

왜 그랬을까?

그 이유는 말할 것도 없이 가난의 무거운 짐을 꾸준히 인내함으로써 그는 하나님의 목적을 충분히 섬겼기 때문이다. 나사로는 하나님께서 그의 어깨에 지워주신 짐을 불평 없이 받아들였다. 그렇다면 나사로는 하나님을 위하여 무엇을 봉사했는가?

그는 부자를 시험하는 도구가 되었던 것이다.

하나님께서는 부자가 영적인 축복을 받을 수 있도록 나사로를 물질적으로 가난하게 만드셨던 것이다. 나사로에게 선을 행함으로써 하나님에 대한 사랑을 표시할 수 있는 기회가 바로 부자의 문 앞에 놓여 있었던 것이다. 그는 자기 집 문을 지나다닐 때마다 그의 완고한 마음을 두드리는 하나님의 노크를 들을 수밖에 없었다. 그럼에도 불구하고 부자는 시험에서 실격되었다. 그도 역시 나사로처럼 죽었다. 그리고는 곧장 지옥에 떨어졌다.

주님께서 하나님 나라에서의 가난한 자의 역할을 이것보다도 더 생생하게 그리실 수는 없었다. 지금도 세계 곳곳에서 벌어지고 있

는 이 드라마의 쟁점은 나사로의 가난이라기보다는 부자의 영혼이
다. 가난이 나타나는 모든 곳에서의 쟁점은 인간의 영혼에 대한 하
나님의 시험이다. 가난한 자에게 있어서는 하나님의 멍에를 인내하
면서 견디는 것이 문제이고, 부자에게 있어서는 물질적인 재물을
통한 사랑의 실천이 문제이다.

그리고 심판은 확실하다.

"저주를 받은 자들아 나를 떠나 마귀와 그 사자들을 위하여 예비된
영원한 불에 들어가라 내가 주릴 때에 너희가 먹을 것을 주지 아니하
였고 목마를 때에 마시게 하지 아니하였고"(마 25:41~42).

가난의 비밀은 이것이다. 즉, 하나님께서는 세상의 모든 나라 속
에 궁핍한 자를 자기의 대리자로 세우신다는 사실이다. 그들의 짐
이 무겁기 때문에 하나님은 넘치는 믿음, 소망, 사랑으로 그들의 곤
경을 덜어주신다. 또한 그들을 통하여 하나님께서는, 하나님께 대한
봉사가 말뿐인 사람, 연약한 자를 수탈하려는 유혹을 거절하지 못
하는 사람, 그리고 자기들의 사랑을 나타내려는 열심을 가지고 궁
핍한 자들 속에서 하나님을 찾으며, 자기의 재물, 시간, 재능, 기술
을 그들에게 나누어 주는 사람을 시험하신다.

Ⅱ. 부

"은도 내 것이요 금도 내 것이니라 만군의 여호와의 말이니라"(학 2:8).

성경에 계시된 이 진리를 떠나서는 부자에 대한 교회의 의무에

대하여 확실한 관점을 갖기는 불가능하다. 모든 부는 그것이 어떻게 주어졌든지 하나님의 것이며, 그것의 잠정적인 소유자가 누구이든지 그에게 어떤 일정 기간만 대여된 것이다. 이 기본적인 기독교 경제의 공리는 너무나 중요하기 때문에 우리는 이것을 반복해서 말하며 또한 회중이 주님의 반복적인 선언을 항상 회상할 것을 권고하는 것이다.

"세계와 거기에 충만한 것이 내 것임이로다"(시 50:12).

예루살렘에 여호와의 전을 세우기 위한 준비로서 막대한 공공의 재산과 개인의 재산을 축적한 이스라엘 왕 다윗이 이렇게 선언한다.

"부와 귀가 주께로 말미암고 또 주는 만물의 주재가 되사"(대상 29:12).

하나님의 물질적 선물에 대한 일시적인 권리를 획득하기 위한 모든 사람의 노력 그 자체까지도 하나님이 주신 것이다.

"네 하나님 여호와를 기억하라 그가 네게 재물 얻을 능력을 주셨음이라"(신 8:18).

우리가 거듭해서 이야기하지만 이 모든 것이 바로 부의 신비에 대한 교회의 접근의 배경과 맥락이다.

교환에 있어서

우리가 이미 지적하였듯이 주님께서는 그의 선물을 교환함에 있어서 받을 것을 철저하게 돌려받으신다. 앞서 말했듯이 하나님은 자유 기업가이시며, 사람에게 대여하신 선물에 비례한 이자를 요구하신다.

"무릇 많이 받은 자에게는 많이 요구할 것이요"(눅 12:48).

그런데 부를 받은 사람은 그 부의 일시적인 사용에 있어서 자기에게 "요구되는" 것이 무엇인지를 어떻게 알 수 있는가?

이 질문을 진지하게 생각하는 사람만이 그에 대한 대답을 들을 수 있다.

"선지자의 글에 그들이 다 하나님의 가르치심을 받으리라 기록되었은즉"(요 6:45).

그러면 하나님은 어떻게 가르치시는가?

그분은 성경 말씀에 의하여 가르치시며, 특히 그 일을 위하여 교회의 직분자들이 교회 안에서 설교할 때에 가장 권위 있게 가르치신다.

"전파하는 자가 없이 어찌 들으리요 보내심을 받지 아니하였으면 어찌 전파하리요"(롬 10:14-15).

의미를 한정시켜서 해석하면, 우리는 "이스라엘"이라는 말 대신에 "교회"를 넣어서 선지자의 말을 이렇게 고칠 수 있다.

"무릇 만군의 여호와의 포도원은 [교회]요 그가 기뻐하시는 나무는 [그 지체들]이라"(사 5:7).

포도원의 주인이 우리에게 무엇을 요구하시는지를 우리는 어떻게 알 수 있을까? 이 질문을 가장 심각하게 던지는 곳은 교회 내부이다. 또한 교회 안에서 그 대답도 제공된다.

"주의 말씀은 내 발에 등이요 내 길에 빛이니이다"(시 119:105).

"야곱 족속아 오라 우리가 여호와의 빛에 행하자"(사 2:5).

또한 부의 사용에 대하여 경제학의 조명을 받는 과학적인 빛이 영감된 말씀의 빛 안에 고정되는 곳도 역시 교회 내에서이다.

"주의 빛 안에서 우리가 빛을 보리이다"(시 36:9).

교회는 무엇을 말하는가

교회는 하나님께서 부요하게 만드신 자들에게 그분이 무엇을 요구하시는가에 대하여 성경이 말하는 것만을 말해야 한다. 그리고 그 전부를 말해야 한다. 인간의 연구와 조사로는 부족하다. 정통 경제학 혹은 마르크스주의 경제학은 절대로 충분한 것이 아니며, 하나님의 빛이 비추지 않으면 탈선된 길로 가게 된다. 소작인은 자기의 작업 환경이나 자기의 소작의 성격에 관하여 주인에게 명령을 발할 수 없다. 소작인(인간)은 영원한 퇴거를 면하기 위해서 하나님의 율법을 배우며 그것을 행하는 데 전념해야 한다. 왜냐하면 주인의 뜻을 무시하는 반역의 결과는 확실하기 때문이다.

"포도원 주인이 어떻게 하겠느냐 와서 그 농부들을 진멸하고 포도원을 다른 사람들에게 주리라"(막 12:9).

또한 마침내 시간이 경과하면 새 소작인들이 그 포도원에 들어오고 옛 소작인들은 피할 수 없는 심판에 처하게 될 것이다(여기서는 무지가 불순종에 대한 변명이 되지 않는다).

그렇다면 이제 교회는 부와 그것에 수반되는 책임에 관하여 무엇을 말해야 하는가?

이 질문은 오직 두 가지 수준에서 대답할 수 있다. 경제적인 문제에 대한 성경의 가르침은 일반적인 관점들로 체계화될 수 있으며 실제로 그렇게 되어 왔다. 그러나 설교단이 부자에게(혹은 가난한 자에게) 무엇을 말해야 할지 강제할 수 있는 "기독교 경제학"은 없다. 설교단은 자유로운 곳이다. 설교단의 자유는 오직 말씀에의 순종에 의하여 보장된다. 본문이 강해되고 회중의 삶에 적용될 때 부자에 대하여 말할 것을 미리 규정할 수 있는 경제학은 아무 데에도 없다. 말씀은 항상 교회가 지금 처해 있는 곳보다도 훨씬 앞서서 달리고 있으며, 또한 하나님께 순종하는 설교단은 내일의 조수(tidings)를 오늘에 끌어다 놓는다. 어떤 "기독교 경제학"도 설교의 내용을 명령하지는 못한다. 오히려 그것은 설교 안에서 형성된다.

그러므로 우리는 부자가 그 부를 주신 하나님께 대해 어떤 의무를 갖는지에 대한 성경의 일반적인 관점을 제시할 것이다. 그러나 살아 있는 말씀은 오직 신실한 목사에 의해서만 부자의 귀에 들려질 수 있다. 실제로 회중 전체에게 설교되는 말씀은 듣는 각 사람의 들을 수 있는 능력에 따라서 그만큼씩만 들린다.

"귀 있는 자는 들을지어다"(마 11:15).

이와 같이 주님도 자신의 종의 입술을 통해 전해지는 말씀이 참으로 "들을" 귀 있는 사람들 속에서만 역사한다는 생각을 표현하셨다.

그러면 들을 수 있는 귀를 가지고 나아오는 자는 누구인가?

자신을 향한 하나님의 말씀을 듣기를 열정적으로 바라면서 나아오는 그 사람이다.

"네가 거기서 네 하나님 여호와를 찾게 되리니 만일 마음을 다하고 뜻을 다하여 그를 찾으면 만나리라"(신 4:29).

참되게 전파되는 말씀은 주인의 뜻을 알기를 참으로 갈망하는 모든 사람에게 들려질 것이다. 자기 자신을 품꾼으로 인식하며 주인이 돌아와서 셈하기 전에 주인의 뜻을 열심히 행하기 위하여 그것을 알고자 노력하는 사람은 그 말씀을 들을 것이다(마 21:33, 40). 그러한 소작인은 말씀이 신실하게 전파되는 곳을 찾으려고 노력하며, 또한 하나님이 자기에게 요구하시는 것을 들을 것이다.

그러나 반역적이며 "자기의" 부를 자기가 적당하다고 생각하는 곳에 사용하기로 작정한 사람은 비록 말씀이 선포되는 곳에 영원히 앉아 있을지라도 하나님의 말씀을 참으로 듣지는 못할 것이다.

"또 여호와의 말씀이 내게 임하여 이르시되 인자야 네가 반역하는 족속 중에 거주하는도다 그들은 볼 눈이 있어도 보지 아니하고 들을 귀가 있어도 듣지 아니하나니 그들은 반역하는 족속임이라"(겔 12:1-2).

그 포도원의 반역자들은 그들 자신의 입맛에 맞는 경제학을 주장하거나 고안해 낼 것이며, 하나님의 말씀이 경제학에 대해서 침묵한다고 주장할 것이다. 그리고 실제로 그들은 말씀의 목소리를 듣지 못할 것이다.

왜 각자에게 개별적으로 들리는가

실제로 설교되는 말씀은 각 사람에게 개별적으로 들리는가?

물론이다. 그 외의 무슨 다른 방도가 있겠는가? 하나님의 형상을 닮은 각 사람은 모두 제각기 독특하다. 눈송이들 중에도 똑같은 것이 하나도 없을진대, 사람들 중에 똑같은 두 사람이 있겠는가? 우리 각자는 유일하다. 하나님도 이 사실을 인정하시며, 모든 사람에게 똑같이 전파되지만 각 사람에 의하여 제각기 특수화되는 말씀 속에서 각자에게 메시지를 전하신다.

당신은 우리의 기계화된 사회 속에서는 모든 지위가 비슷하며, 각 사람의 개별성이 박탈당한다고 느끼는가? 누구든지 청소를 할 수 있으며, 파이를 굽고, 직분을 차지하며, 땅을 갈고, 혹은 교실에서 학생을 가르칠 수 있다고 생각하는가? 그럴 수도 있을 것이다. 그러나 그렇다고 해서 하나님이 각자에게 부여하신 독특성이 훼손되는 것은 아니다. 누구든지 당신이 하는 일을 할 수는 있다. 그러나 그 일이 행위자에게 미치는 영향은 같을 수 없다. 그 일은 같은 것일 수 있지만 그 일을 하는 "당신" 각자는 독특하다. 또한 각각의 자아는 다른 어느 자아와도 같지 않다. 영원 속으로 들어가는 것은 우리가 행한 일이 아니라 그 일을 통하여 형성된 우리 자신이다. 결국 하나님의 말씀의 빛 속에서 행한 것이든 아니면 인간의 말의 흐릿한 빛 속에서 행한 것이든, 우리는 매일의 일의 살아 있는 침전물이다. 하나님은 우리 각자와 독특하게 만나신다. 왜냐하면 하나님은 그 이외의 다른 방법으로는 우리와 만나고자 하지 않으시기 때문이다. 그분은 우리 각자의 이름을 불러서 우리를 찾으신다.

"귀 있는 자는 성령이 교회들에게 하시는 말씀을 들을지어다 이기는 그에게는 내가 감추었던 만나를 주고 또 흰 돌을 줄 터인데 그 돌 위에 새 이름을 기록한 것이 있나니 받는 자 밖에는 그 이름을 알 사람이 없느니라"(계 2:17).

비록 그렇게 보이지 않을지라도 삶은 각 사람에게 주어진 기회이며, 모든 사람에게 전해지는 하나님의 말씀은 각 사람이 제각기 처한 상황 속에서 말씀함으로써 각 사람의 독특성을 인정하고 있다.

그러므로 성경은 부의 신비에 대한 다음과 같은 단순한 해결을 용인하지 않는다.

- 부자는 자기의 부를 전부 나누어 주어야 한다는 생각. 성경은 어느 곳에서도 이러한 생각을 인정하지 않는다.
- 성경이 부를 무가치한 것으로 본다는 생각. 도리어 성경은 부를 하나님의 축복으로 본다.
- 성경은 큰 재산을 가지고 있는 것을 자비심이 없다는 증거로 본다는 생각. 도리어 하나님은 족장시대부터 지금까지 자신으로부터 부를 받은 사람들을 포용하고 계신다.

하나님의 말씀은 우리 각자에게 위와 같은 단순한 성경 해석을 피하라고 말하고 있다.

본문의 오용

우리는 가끔 재물에 관한 몇몇 성경 본문들이 잘못 적용되는 것을 본다. 다음이 그런 경우들이다.

① 우리는 이미 한 부자 청년(혹은 젊은 관원)이 예수님께 다가가서 "선생님이여 내가 무슨 선한 일을 하여야 영생을 얻으리이까"라고 묻는 장면을 알고 있다(마 19:16). 그러자 주님은 율법을 가리키신다.

청년은 자기가 어렸을 때부터 율법을 지켰다고 주장한다. 그러자 예수님은 이렇게 부언하신다.

"네가 온전하고자 할진대 가서 네 소유를 팔아 가난한 자들에게 주라 그리하면 하늘에서 보화가 네게 있으리라 그리고 와서 나를 따르라 하시니"(마 19:21).

그렇다면 재산을 다 나누어 준 빈털터리만이 예수님을 따를 수 있는가? 그리고 "가서 네 소유를 팔아 가난한 자들에게 주라"는 말씀은 모든 부자에 대한 명령인가?

만일 이 이야기를 그렇게 해석한다면 그것은 무모할 정도로 단순한 해석일 것이다.

여리고의 세리장이었던 삭개오에게는 그러한 전적인 재산 박탈이 요구되지 않았다.

"보시옵소서 내 소유의 절반을 가난한 자들에게 주겠사오며"(눅 19:8).

그러면 모든 것을 팔아야 하는가? 아니면 절반을 팔아야 하는가?

우리는 지금 선택된 몇 개의 본문에 대한 단순한 관찰에서 일반적인 법칙을 끌어내서는 안 된다는 것을 말하고 있는 것이다. 분명히 주님은 그때에도, 부의 사용에 대한 지시를 구하기 위하여 오는 사람들 각각을 독특하게 취급하셨다.

아리마대 요셉은 "부자"였다(마 27:57). 그가 자기의 새로 판 무덤에 예수님을 장사지내기 위하여 예수님의 시체를 빌라도에게서 인수받으려고 할 때, 그의 부가 그것을 가능하게 했기 때문에 예언이 성취되었다(사 53:9). 예수님 자신과 그분의 제자들도 "자기들의 소유로 그들을 섬기[는]" 사람들로부터 도움을 받았으며(눅 8:3), 바울도 그의 여행 중에 부자들과 사귀었다(행 16:40). 다윗 왕이 매우 부자이면서도 예수님의 원형(prototype)이었던 것과 같이 아브라함과 모든 족장들은 매우 부유하면서도 하나님의 친구였다.

요컨대 부자 청년에게 주어진 충고로부터 얻어진 단순한 추론을 가지고, 하나님을 기쁘시게 하고자 하는 모든 부자들에게 의무를 지울 수는 없다. 도리어 모든 역사를 통하여 하나님의 말씀은 각 부자들에게 독특한 방법으로 말씀하신다는 사실이 분명해진다.

② 그 부자 청년이 예수님의 충고를 거절한 직후에 예수님은 제자들과 더불어 다음과 같은 토론을 하신다.

"예수께서 제자들에게 이르시되 내가 진실로 너희에게 이르노니 부자는 천국에 들어가기가 어려우니라 다시 너희에게 말하노니 낙타가 바늘귀로 들어가는 것이 부자가 하나님의 나라에 들어가는 것보다 쉬우니라 하시니 제자들이 듣고 몹시 놀라 이르되 그렇다면 누가 구원을 얻을 수 있으리이까 예수께서 그들을 보시며 이르시되 사람으로는 할 수 없으나 하나님으로서는 다 하실 수 있느니라"(마 19:23-26).

이 대화로부터 우리는 자기의 모든 부를 가볍게 버리는 사람만이 영생으로 이르는 좁은 길로 통하는 좁은 문(마 7:14)으로 비집고 들어갈 수 있다고 추론하기가 쉽다. 이것은 쉽지만 너무 단순하게 오해한 추론이다.

왜 제자들은 "놀랐는가?" 지금까지 그들이 부자가 제일 먼저 천국에 들어가도록 보장되어 있다고 생각했겠는가? 그러므로 만약 그들을 제외한다면 천국에 들어갈 수 있는 사람은 아무도 없다고 생각했겠는가? 그래서 그들은 마치 "그렇다면(만약 부자가 못 들어간다면) 누가 천국에 들어갈 수 있는가?"라고 말하는 것처럼 보이기도 한다. 어쩌면 바로 이것, 즉 하나님의 축복을 풍성하게 받은 부자가 먼저이고 축복을 덜 받은 가난한 자는 그 다음이라는 생각이 그들의 잘못된 고정관념인지도 모른다. 그러나 마태는 "예수께서 그들을 보시며"라고 말하고 있다. 왜 보셨을까? 놀라서 보셨을까? 아니면 실망해서 보셨을까? 그들은 예수님의 가르침에 대하여 얼마나 모르고 있었는가? 과연 부자들이 자기들의 소유를 나눠 주었다고 천국의 문을 비집고 들어갈 수 있을까? 많은 부가 좁은 문을 열 수 있을까? 물론 천만의 말씀이다.

천국에 들어가는 것은 부와는 전혀 무관한 일이다. 그것은 순종을 통해 드러나는 믿음에 의하어 되어지며, 그것은 하나님의 선물이다.

"사람으로는 할 수 없으나 하나님으로서는 다 하실 수 있느니라"(마 19:26).

즉, 오직 하나님만이 죽은 영혼을 살릴 수 있으며 외인으로 하여금 참된 천국의 백성이 되게 할 수 있는 것이다.

부의 유혹이 실제로 천국에 들어가는 것을 위협한다는 것은 사실이다. 그러나 부의 많고 적음 그 자체는 영원한 운명을 좌우할 수 없다. 영혼이 바늘구멍을 통과하는 것은 자기의 모든 소유를 팔아서 얻는 것이 아니라 믿음으로 받는 것이다.

③ "너희를 위하여 보물을 땅에 쌓아 두지 말라"(마 6:19).

이것은 부의 획득을 금하는 명령인가?

만일 그 획득이 자기 자신을 위한 것이라면, 그렇다!

만일 부의 획득의 목적이 "영혼아 여러 해 쓸 물건을 많이 쌓아 두었으니 평안히 쉬고 먹고 마시고 즐거워하자"(눅 12:19)라고 말하기 위한 것이라면, 그러하다. 그런 획득은 "어리석은 자"의 특징이다(눅 12:20).

그러나 합법적으로 취득한 부는 자본이 된다. 자본은 자유 사회에서 인간의 에너지를 조직해서 생산적인 사업으로 이끌 수 있는 힘을 가진다. 자본을 축적하고 관리할 수 있는 재능과 고결함을 갖춘 사람들이 효율적인 생산을 위한 에너지를 집약하고 조직함으로써 이 세상에서 사용되는 재화와 용역이 생겨난다. 그러한 재물의 축적은 오직 "당신 자신만을 위한" 것이 될 수도 있지만 꼭 그럴 필요는 없다. 그러한 재물의 축적을 성경은 금하지 않는다.

더욱이 이미 앞에서도 지적했듯이 부는 힘이다. 그런 힘을 가지고서 자신을 향한 하나님의 말씀을 듣는 사람들에 의하여 그런 힘들이 천국을 위하여 훨씬 많이 사용되어지기를 바란다. 공의를 바라는 약한 자의 소망은 주로 주님의 말씀을 듣는 부자들의 영향력 있는 협조에 의존한다. 그리고 천국의 대의를 위한 물질적 지원은 부자들에게 많이 의존한다. 또한 하나님의 율법이 지시하는 방향으로의 사회 변화는 구별된 부의 힘에 의하여 가장 손쉽고도 피 흘림

없이 성취된다.

④ "얘 너는 살았을 때에 좋은 것을 받았고 나사로는 고난을 받았으니 이것을 기억하라 이제 그는 여기서 위로를 받고 너는 괴로움을 받느니라"(눅 16:25).

여기서 이 말을 하고 있는 사람은 아브라함이다. 불쌍한 거지 나사로는 아무의 눈길도 끌지 못하고 부자의 문 앞에 앉아 있다가 이제 천국에 와서 영원한 기쁨을 맛보고 있는 중이다. 아브라함은 지금, 한때 "자색 옷과 고운 베옷을 입고 날마다 호화롭게 즐기[다가]"(눅 16:19) 이제 죽은 후에는 지옥에 있는 부자에게 말하고 있다.

과연 이것이 부자는 여기, 가난한 자는 저기, 혹은 가난한 자는 여기, 부자는 저기라는 하나의 대립을 의미하는가?

절대 그렇지 않다. 왜냐하면 지금 말하고 있는 아브라함 자신도 매우 부유했으며, 지상에서 그의 "좋은 것들"을 즐기다가, 지금 천국에 있기 때문이다.

시간이란 사실상 영원으로 가는 통로이다. 부자는 시간 속에 있을 때의 그의 행위 때문에 지금 자기가 처해 있는 곳에 도달한다. 그러나 그렇다면 지옥이 그의 부에 대한 "보응"인가?

그렇지 않다. 왜냐하면 그 부를 주신 분은 바로 하나님이기 때문이다. 지옥이 부자의 종착역이 된 것은 그가 하나님의 선물을 오직 자기의 쾌락적 유익만을 위한 것으로 생각했기 때문이다. 그가 지옥에 떨어진 것은 그가 소유하고 있는 것 때문이 아니라 그에게 결핍되어 있는 것 때문이다.

"누가 이 세상의 재물을 가지고 형제의 궁핍함을 보고도 도와 줄 마음을 닫으면 하나님의 사랑이 어찌 그 속에 거하겠느냐"(요일 3:17).

눈이 멀었고 사랑이 없었기 때문에 부자는 나사로의 궁핍함을 보지 않았다. 귀가 멀었고 사랑이 없었기 때문에 부자는 나사로의 연약한 간청을 듣지 않았다. 마음이 굳었고 사랑이 없었기 때문에 부자는 그 마음에 "하나님이 없다"(시 14:1)고 말하는 어리석은 자와 같이 먹고 마시고 즐겼다. 그 결과 지옥에서 영원을 보내는 것이다.

부자의 운명을 결정지은 것은 그에게 주신 하나님의 선한 선물이 아니라 그의 사랑의 결핍이었다. 성경은 부 자체를 저주받은 것이라고 가르치지 않는다.

부의 신비

그러나 부의 신비는 이것이다. 즉 하나님의 선한 선물이 그렇게도 쉽게 인간의 우상이 된다는 것이다. 그리고 그 선물의 수여자 대신에 그 선물을 섬기는 가운데 인간은 멸망에 이르는 넓은 길을 가게 된다(마 7:13).

부는 여러 가지 길로 올 수가 있다. 어떤 때는 겉보기에 우연이나 행운에 의하여 혹은 상속에 의하여 부자가 될 수 있다. 또는 각고의 노력이나 기민한 투자나 세심한 절약을 통하여 부자가 될 수도 있다. 그러나 성경의 빛에 의하지 않고는 이 모든 장면의 배후에 계신 부의 수여자가 하나님이라는 사실을 누가 알 수 있으랴.

부는 여러 가지 형태로 올 수가 있지만 이 장에서 우리는 주로 물질적인 부를 생각하고 있다. 그러나 그 외에도 재능, 아름다움, 따뜻한 마음, 기술, 고상한 정신의 선물도 있으며 이와 같은 여러 가지 선물은 돈으로 살 수 없고, 예술적 기능과 같은 어떤 선물들은 돈보다도 훨씬 귀하다. 그러나 이런 선물들은 항상 거짓 신이 될 수 있으며, 그 결과 하나님의 선이 인간에 의하여 인간에 대한 저주로 바뀔 수 있다.

"이는 그들이 하나님의 진리를 거짓 것으로 바꾸어 피조물을 조물주보다 더 경배하고 섬김이라 주는 곧 영원히 찬송할 이시로다 아멘"(롬 1:25).

그렇기 때문에 하나님의 말씀은 부를 아예 경고로 둘러싼다. 우리는 그 경고를 주목해야 한다. 그러나 우리는 여기서 이 경고 속에는 많은 물질적 축복을 받은 사람이 자기의 것 전부를 다른 사람에게 주어야 한다는 요구는 포함되어 있지 않다는 사실을 강조한다. 반복해서 말하지만 하나님의 신한 선물을 잘 사용할 책임을 피하기 위한 그런 선택은 허용되지 않는다. 책임 있는 부의 사용을 위한 열쇠는 바로 그 재물을 주신 분의 손에 들려 있다. 그 열쇠는 영감된 말씀 속에 들어 있으며, 또한 이 말씀은 회중과 세계에 선포될 수 있도록 교회에게 주어지고 있다. 여기에서 부의 신비는 그 부를 주신 분에 대한 순종이라는 맥락 속에 있다.

잘못된 선택

우리가 앞에서 살펴보았듯이, 부의 사용에 관한 문제에 있어서 몇몇 성경 본문들이 잘못 해석되고 있을 뿐 아니라, 우리는 오늘날 소위 말하는 "해방 신학"이라는 것도 역시 성경을 잘못된 목적을 위하여 오용하고 있다고 믿는다. 이제 그 오류를 간단하게 살펴보기로 하자.

해방 신학은 혁명 신학을 뒤따르고 있는데, 이 두 가지는 모두 유럽에 그 뿌리를 두고 있으면서도 중남미에서 주로 자세하게 이론이 전개되고 있으며, 이 두 가지 모두 일반적으로 로마 가톨릭 신학자들에 의하여 발전되고 있다. 그 동기는 진지하며, 출발점은 매우 실제적이다.

① 해방 신학은 인간의 비극과 비인간적인 어두운 면에 대한 관찰과 경험에서 생겨나고 있다. 제3세계에서는 매우 일반적인 극한 빈곤의 무서운 비극이 동정심과 분노와 절망을 불러일으키고 있다. 자기 자신뿐 아니라 굶주려서 자라지도 못하는 어린아이들에게 음식을 공급하지 못하는 절망적이고도 비극적인 빈곤에 대한 동정심, 그들을 충분히 도울 수 있으면서도 냉혹하게 돕기를 거부하는 사람들과 그러한 모든 것에 대하여 완전히 무관심한 사람들에 대한 분노, 교회가 이러한 상황에 대하여 너무나 관심을 갖지 않으며 너무나 비겁하고 무능력해 보이는 데에서 일어나는 절망감 등 여러 가지 감정이 복잡하게 얽혀 메아리친다. 이러한 상황하에서 비극의 신음 소리에 잠을 이루지 못하는 사람들이 혁명의 근거를 성경 속에서 찾으려고 노력하며, 또한 혁명을 달성하기 위하여 마르크스주의자들과의 협력을 추구하게 되었다. 애굽으로부터 이스라엘이 해

방(출애굽)된 모델, 갈보리에서 그리스도께서 악의 세력에 대해 승리하신 모델, 그리고 빈 무덤(부활하신 그리스도)의 상징을 통하여 해방 신학은 역사를 자기 자신의 해방의 손 안에 두고자 한다. 하지만 이들이 성경으로부터 시작하긴 하지만 곧 하나님의 말씀을 자기들의 궁극적인 계획에 예속시키고 만다. 해방 신학은 부의 오용에 대한, 말씀에 부합하는 반응이 아니다.

② 그 예로서 이러한 것을 생각해보라. 인간의 타락에 대하여 우리 자신이 전율을 느낄 정도라면, 하나님의 선물을 악용해서 탈취의 도구로 삼는 인간의 행위에 대하여 하나님께서는 얼마나 더 분노하시겠으며, 인간의 이기심과 냉담에 대하여 하나님께서는 얼마나 더 아픔을 느끼시겠는가. 그러므로 우리는 민감한 사람들로 하여금 혁명을 계획하게끔 하는 큰 불법들을 성경은 언제나 자세하게, 낱낱이 계산하고 있음을 확신할 수 있다. 실제로 성경은 항상 이렇게 말하고 있다.

"그들이 실족할 그 때에 내가 보복하리라"(신 32:35).

"원수 갚는 것이 내게 있으니 내가 갚으리라 하시고 또 다시 주께서 그의 백성을 심판하리라 말씀하신 것을 우리가 아노니 살아 계신 하나님의 손에 빠져 들어가는 것이 무서울진저"(히 10:30-31).

하나님의 말씀은 반복해서 우리에게 확신시킨다.

"주의 약속은 어떤 이들이 더디다고 생각하는 것 같이 더딘 것이 아니라"(벧후 3:9).

현세의 어떠한 혁명보다도 훨씬 무서운 심판의 날이 무자비한 자들을 기다리고 있다.

"또 왼편에 있는 자들에게 이르시되 저주를 받은 자들아 나를 떠나 마귀와 그 사자들을 위하여 예비된 영원한 불에 들어가라 내가 주릴 때에 너희가 먹을 것을 주지 아니하였고 목마를 때에 마시게 하지 아니하였고 나그네 되었을 때에 영접하지 아니하였고 헐벗었을 때에 옷 입히지 아니하였고 병들었을 때와 옥에 갇혔을 때에 돌보지 아니하였느니라 하시니 그들도 대답하여 이르되 주여 우리가 어느 때에 주께서 주리신 것이나 목마르신 것이나 나그네 되신 것이나 헐벗으신 것이나 병드신 것이나 옥에 갇히신 것을 보고 공양하지 아니하더이까 이에 임금이 대답하여 이르시되 내가 진실로 너희에게 이르노니 이 지극히 작은 자 하나에게 하지 아니한 것이 곧 내게 하지 아니한 것이니라 하시리니 그들은 영벌에, 의인들은 영생에 들어가리라 하시니라"(마 25:41-46).

하나님은 우리가 의식하고 있는 것보다도 훨씬 예민하게 인간에 대한 인간의 비인간성을 의식하고 계신다. 그분의 심판은 비인도적인 사람들 마음속의 불안과 슬픔 속에서 이미 시작되었으며 최후에는 영원한 저주로 결말지어질 것이다.

신학자에게 가장 중요한 것은 혁명이 아니라 선포이다. 만일 부자들이 사람들의 필요를 외면하고 하나님의 재물을 축적하고 하나님의 자녀들을 사취하기 위하여 하나님의 선물을 사용한다면, 혁명보다도 훨씬 나쁜 어떤 것이 그들을 위협하고 있다는 경고가 그들에게 계속해서 발해지고 있어야 하지 않겠는가.

"내가 내 친구 너희에게 말하노니 몸을 죽이고 그 후에는 능히 더 못하는 자들을 두려워하지 말라 마땅히 두려워할 자를 내가 너희에게 보이리니 곧 죽인 후에 또한 지옥에 던져 넣는 권세 있는 그를 두려워하라 내가 참으로 너희에게 이르노니 그를 두려워하라"(눅 12:4-5).

즉, 하나님을 두려워하라. 그러므로 교회는 이것에 대하여 사람들에게 경고해야 한다.

"진노의 날 곧 하나님의 의로우신 심판이 나타나는 그 날에 임할 진노를 네게 쌓는도다 하나님께서 각 사람에게 그 행한 대로 보응하시되 참고 선을 행하여 영광과 존귀와 썩지 아니함을 구하는 자에게는 영생으로 하시고 오직 당을 지어 진리를 따르지 아니하고 불의를 따르는 자에게는 진노와 분노로 하시리라"(롬 2:5-8).

신학자들은 이러한 설교를 요구해야 할 것이다.

③ 자신의 의견을 발표할 수 있는 자유와 양심에 따라서 행동할 수 있는 자유를 추구하는 정치적 혁명은 성경에 의하여 정당화된다. 우리가 지금 누리고 있는 자유를 서구 세계에 가져다준 것은 바로 이 혁명이었다. 그러나 마르크스주의 계열을 따르는 경제적 혁명은, 이 혁명이 성공하는 모든 곳에 폭군을 즉위시켰으며 의사 표현의 자유(이것이 없는 사회는 사회 자체가 감옥이 된다)를 파괴해 왔다. 마르크스주의 혁명이 어떤 때는 자유를 희생시키는 대가로 빵을 주기도 했지만, 오늘날 세계는 사탄에 대하여 예수님이 인용(신 8:3)하신 "사람이 떡으로만 살 것이 아니요 하나님의 입으로부터 나오는 모든 말씀으로 살 것이라"(마 4:4)는 사실을 대변하는 솔제니친을 주목하고 있는 것이다. 해방 신학이 정치적인 출애굽을 경제적인 출애굽

으로 대치하려고 하는 한, 그들은 단지 하나의 독재자 대신에 다른 독재자를 내세우는 것밖에 되지 않는다.

④ 마지막으로 마르크스주의의 반란을 통한 해방 신학은 악에 대한 결정론적인 설명과 해결이 가능하다는 것을 가정하고 있다. 이런 가정은 세속적이며 성경적이지 않다. 인간의 탈취와 무정한 탐욕 속에서 악은 분명하게 드러난다. 악은 탐욕스러운 인간들 속에서 궁핍한 자들을 짓밟는다. 그러나 악의 근원은 설명이 없다. 악은 악한 자(Evil One)를 그 부모로 가지고 있지만 그 근거는 없다. 악은 "왜" 혹은 "무엇을 위해서"라는 질문에 대하여 답이 없다. 굳은 마음, 멀어버린 눈과 귀, 이런 것들의 근원은 "불법의 비밀"(살후 2:7) 속에 감추어져 있다. 성경은 인간의 비행이 사회학적, 심리학적, 혹은 경제학적 분석에 의하여 따로 분리될 수 있고 치유될 수 있다는 근거를 제공하지 않는다. 마르크스주의는 악의 원인을 경제 관계에 돌리며, 또한 그런 관계의 철폐가 악의 근원을 제거하리라고 가정한다. 이런 주장이 오류라는 것은 공산주의 독재 체제가 무수히 생산해 내고 있는 새로운 악의 산물들 속에서 분명하게 드러난다.

성경은 인간의 인간에 대한 비인간성의 근원으로 오직 한 가지만을 말하고 있을 뿐이다. 그것은 바로 타락한 인간의 마음이다. 또한 성경은 타락한 마음에 대한 단 한 가지의 치료만을 말하고 있다. 그것은 타락한 것을 새롭게 하는 그리스도의 말씀을 통해 그리스도 안에 거하는 것이다.

"그런즉 누구든지 그리스도 안에 있으면 새로운 피조물이라 이전 것은 지나갔으니 보라 새 것이 되었도다"(고후 5:17).

우리는 지금 믿음만 취하고 순종을 버리길 제안하거나 천국 복음을 말로 전하는 것으로 사회 안의 정의를 대신하길 제안하는 것이 아니다. 우리가 말하는 것은, 성경은 신실하고 충만하며 용감하게 전파된 하나님의 말씀을 실천적 정의 추구보다 앞에 놓는다는 사실이다. 세상은 하나님의 말씀을 포기하고 마르크스의 말을 청종할 수도 있다. 그러나 역사 속에서 인간을 영원히 자유하게 하는 유일하고 유효한 능력은 바르게 전파된 성경 말씀이라는 사실을 교회는 결코 잊으면 안 된다.

"이는 비와 눈이 하늘로부터 내려서 그리로 되돌아가지 아니하고 땅을 적셔서 소출이 나게 하며 싹이 나게 하여 파종하는 자에게는 종자를 주며 먹는 자에게는 양식을 줌과 같이 내 입에서 나가는 말도 이와 같이 헛되이 내게로 되돌아오지 아니하고 나의 기뻐하는 뜻을 이루며 내가 보낸 일에 형통함이니라"(사 55:10-11).

이것은 여호와의 말씀이다. 시몬 베드로는 예수님께 이렇게 고백한다.

"주여 영생의 말씀이 주께 있사오니 우리가 누구에게로 가오리이까"(요 6:68).

그러나 사회의 변화를 가져올 수 있는 말씀의 능력을 믿지 않는 사람에게는 다음과 같은 주님의 경고가 주어진다.

"나를 저버리고 내 말을 받지 아니하는 자를 심판할 이가 있으니 곧 내가 한 그 말이 마지막 날에 그를 심판하리라"(요 12:48).

교회와 신학자들은 사회의 악을 변화시킬 수 있는 말씀의 능력을 신뢰한다. 만약 그렇지 않으면, 그 말씀이 마지막 날에 교회의 배교를 심판할 것이다.

그러므로 우리는 자유롭게 말할 수 있는 모든 설교단으로부터 두려움 없이 전파된 말씀은 폭력적인 위협이나 마르크스주의자의 반란의 성공보다도 인간 사회의 정의를 위하여 훨씬 생산적이라고 믿는다.

나아가서 우리는 출애굽이 성공적인 경제적 혁명의 상징이 아니라고 믿는다. 그것은 자유롭게 여호와를 섬길 수 있는 기회의 박탈로부터의 벗어남이다. 출애굽은 경제적 혁명의 모델이 아니라 정치적 혁명의 모델이다. 출애굽의 목적은 예배의 권리를 되찾으려는 것이다. 하나님은 모세에게 이렇게 말씀하신다.

"너는 바로에게 이르기를 여호와의 말씀에 이스라엘은 내 아들 내 장자라 내가 네게 이르기를 내 아들을 보내 주어 나를 섬기게 하라"(출 4:22-23).

그리고 얼마 가지 않아서 자유가 공포되었다.

"그 땅에 있는 모든 주민을 위하여 자유를 공포하라"(레 25:10).

성경은 종교 개혁 이후의 서양에 한 나라씩 차례로 민주주의를 가져다준 그러한 종류의 혁명을 지지한다. 또한 그리스도께서 우리를 애굽적인 속박으로부터 해방시켜주셔서 우리가 자유롭게 하나님을 섬길 수 있게 된 것과 마찬가지로, 출애굽은 또한 그러한 혁명을 위한 모델이 되었다.

왜냐하면 이스라엘은 애굽에서 벗어나자마자 곧 시내산에 이르렀으며 그곳에서 하나님은 자기 백성을 해방시키신 이유를 계시하셨기 때문이다. 이 이유는 그때나 지금이나 마찬가지이다.

"나는 너를 애굽 땅, 종 되었던 집에서 인도하여 낸 네 하나님 여호와니라 너는 나 외에는 다른 신들을 네게 두지 말라"(출 20:2-3).

그러므로 우리는 해방 신학이 부를 주시는 하나님에 대한 부자의 의무의 문제를 성경의 방법대로 접근하지 못하고 있음을 주목한다. 동시에 우리는 강단의 자유와 양심에 따른 순종의 자유를 확보하는 것이 필요한 곳에서는 성경이 정치적 혁명을 승인한다는 것을 믿는다.

그러면 이제 인간과 그의 부에 대한 성경의 접근은 무엇인가?

성경의 일반적 견해

하나님께서 그분의 자녀들에게 주신 선물들에 대한 이자로서 하나님께서 요구하시는 것이 무엇인지는, 선포된 말씀을 성령의 인도 아래 듣는 각 청중마다 그 자신의 독특한 환경의 빛 속에서 독특하게 듣게 된다.

그러나 성경은 부의 의무에 대하여 집사들이 자기 자신을 가르칠 수 있게 어떤 일반적인 견해들을 제공해준다. 먼저 다음과 같은 견해를 생각할 수 있다.

① 첫째로 그리스도인은 자기 자신과 자기의 모든 시간과 재능과 재물을 하나님의 처분대로 사용하기를 구해야 한다. 하나님께서 그

분의 말씀 속에서 그분의 뜻으로 계시하신 하나님의 처분이어야 한다. 이것이야말로 크고 첫째 되는 계명에 대한 참된 신자의 반응이다.

"네 마음을 다하며 목숨을 다하며 힘을 다하며 뜻을 다하여 주 너의 하나님을 사랑하고"(눅 10:27; 신 6:5).

하나님을 사랑하는 것은 곧 하나님께 순종하는 것이다. 따라서 믿는 자는 순종하며 순종하는 자는 믿는다. 이 점에 관해서는 부자였던 아브라함이 으뜸되는 모범이다. 그러므로 첫 번째 계명에 따라서 하나님을 사랑한다는 것은 자기 자신과 자기가 가진 모든 것을 하나님의 말씀 속에 계시된 그분의 지시 아래에 두는 것이다. 자기 재산의 적절한 사용에 대한 성경의 지침을 얻기 위하여 교회에(교회의 설교 사역, 치리하는 장로, 봉사하는 집사직에) 의지하는 부자들은 선한 청지기직의 수행을 위한 바른 위치에 자신을 둔다.

교회 내에서 그러한 가르침을 기꺼이 수용하는 자세는 설교와 말씀의 관계 속에서 나타난다. 하나님께 순종하는 설교자는 본문을 해설하고 적용할 때 성경 본문의 의미를 드러낸다. 주님께서는 이러한 설교에 대하여 이렇게 말씀하신다.

"너희 말을 듣는 자는 곧 내 말을 듣는 것이요"(눅 10:16).

어떻게 인간의 말이 하나님의 말씀이 될 수 있는가? 그것은 성경 본문에 순종함으로써 그렇게 된다. 자기 생각을 구체화하고 문장을 표현할 때 주님의 말씀에 순종하기를 갈망하는 설교자는 이 놀라운 권위를 가진다. 본문에 순종해서 설교자가 말하는 것은 바로 하나님께서 그리스도 안에서 말씀하시는 것이다. 이것과 매우 유사하게, 말씀에 순종해서 자기의 부를 사용하는 사람은 자기가 하는 일이 곧 하나님께서 그를 통하여 하시는 일이라는 사실을 알게 될 것이다. 이것이 바로 가장 크고 첫째 되는 계명에 대한 순종이다.

② 성경의 일반적인 견해는 또한 "네 이웃을 네 자신 같이 사랑하라"(눅 10:27, 레 19:18)는 크고 둘째 되는 계명에 의하여 밝혀진다. 하나님에 대한 순종은 이웃에 대한 봉사를 낳는다. 하나님을 향한 사랑은 인간을 향한 사랑에 의하여 확인된다. 고린도전서에 기록된 위대한 사랑의 찬가 속에서 바울이 사랑에 우선권을 둔 것은 충격적이다. 첫째는 사랑이고, 여타의 다른 모든 것이 그 다음이다. 그리고 만일 사랑이 없다면 다른 모든 것은 아무것도 아니다.

"내가 내게 있는 모든 것으로 구제하고 또 내 몸을 불사르게 내줄지라도 사랑이 없으면 내게 아무 유익이 없느니라"(고전 13:3).

말하자면 하나님의 말씀은 간접적인 방법으로 역시한다. 그것은 다른 어떤 것을 노리는 듯이 보이면서 실제로는 의도한 목적을 이룬다. 성경은 나누어 주는 손과 넉넉히 베푸는 마음을 추구하면서 우리에게 사랑을 가리킨다. 일단 사랑이 이루어지면 다른 모든 것이 따라온다. 그러나 사랑이 없으면 어떤 선한 것도 따라오지 않는다. 그래서 사도는 "사랑을 추구"하라고 결론짓는다(고전 14:1). 그러므로 율법 속에서 명령된 모든 것은 사랑으로 요약된다. 따뜻한 감정이라기보다는 순종해야 할 의무로서 사랑을 설교하는 교회는 사랑의 열매들을 부산물로 얻을 교회이다.

그러므로 두 개의 큰 계명은 하나님의 모든 선물의 합당한 사용을 위한 일반적인 성경의 지침이다.

성경의 구체적 견해

큰 계명의 맥락 속에서 성경은 부의 합당한 사용에 관하여 더욱 구체적인 견해들을 제공한다.

① 재산을 하인으로 두는 것이 아니라 도리어 주인으로 삼는 일에 대한 경고가 반복해서 기록되어 있다.

㉠ 인간은 두 가지를 사랑하고 두 가지를 섬길 수 있지만, 동시에 그렇게 하지는 못한다.

"한 사람이 두 주인을 섬기지 못할 것이니 혹 이를 미워하고 저를 사랑하거나 혹 이를 중히 여기고 저를 경히 여김이라 너희가 하나님과 재물을 겸하여 섬기지 못하느니라"(마 6:24).

사람은 이웃에 대한 봉사 속에서 하나님을 사랑하고 하나님께 순종하거나, 자기를 섬기면서 돈을 사랑할 수 있다. 하나님의 말씀은 우리에게 선택을 강요한다. 이 선택은 단 한 번으로 그치는 것이 아니라 매일 계속된다.

"내가 오늘 복과 저주를 너희 앞에 두나니 너희가 만일 내가 오늘 너희에게 명하는 너희의 하나님 여호와의 명령을 들으면 복이 될 것이요 너희가 만일 내가 오늘 너희에게 명령하는 도에서 돌이켜 떠나 너희의 하나님 여호와의 명령을 듣지 아니하고 본래 알지 못하던 다른 신들을 따르면 저주를 받으리라"(신 11:26-28).

똑같은 하나의 손이 탐욕을 가지고 움켜쥐기도 하며, 흩어서 나누어 주기도 하지만, 마음은 오직 하나의 주인을 섬길 수 있을 따름이다. 즉, 하나님 혹은 자기 자신이다. 모세는 양자택일을 제시한다.

"내가 오늘 하늘과 땅을 불러 너희에게 증거를 삼노라 내가 생명과 사망과 복과 저주를 네 앞에 두었은즉 너와 네 자손이 살기 위하여 생명을 택하고 네 하나님 여호와를 사랑하고 그의 말씀을 청종하며 또 그를 의지하라 그는 네 생명이시요 네 장수이시니"(신 30:19-20).

이 약속을 옛날 사람들에게만 주어진 선택이라고 생각하지 말라. 이것은 바로 지금, 그리고 언제나 우리 앞에 놓인 선택이다. "생명을 택하라!" 당신 자신과 당신이 가지고 있는 모든 것을 하나님의 말씀에 계시된 그분의 뜻에 복종시키라. 왜냐하면 그분을 섬기지 않는 것 자체가 바로 원수를 섬기는 것이기 때문이다. 마음을 인도하는 별은 하나일 수밖에 없다. 천국과 다른 어떤 나라 사이의 이중 시민권은 있을 수 없다.

ⓛ 하나님의 처분에 맡겨지지 않은 부는 그 자체가 영적 생명의 뿌리를 위협한다. 씨 뿌리는 자의 비유에서 그리스도께서는 한 번 받아들여진 말씀이 "세상의 염려와 재물의 유혹"(마 13:22)에 의하여 뽑혀질 수가 있다는 것을 가르치신다. 부 자체는 영혼에 대하여 중립적으로 서 있을 수가 없다. 완전히 바쳐져서 말씀의 통제를 받지 않는 것은 즉시 말씀의 원수가 되어서 주님의 음성을 질식시키고 그분의 계시의 빛을 어둡게 한다. 탐욕의 손가락과 풍요의 장식물은 순종의 적이다.

ⓒ 심지어 바울은 "돈을 사랑함이 일만 악의 뿌리"(딤전 6:10)라고
까지 비난한다. 다른 곳에서와 같이 여기서도 성경은 부 자체를 정
죄하고 있는 것이 아니다. 여기서 정죄하는 것은 돈에 대한 사랑이
다. 왜냐하면 사랑은 항상 그 대상 자체를 목표요 목적으로 만들기
때문이다.

ⓓ 잠언의 지혜도 역시 같은 진리를 재천명한다.

"부자 되기에 애쓰지 말고 네 사사로운 지혜를 버릴지어다"(잠 23:4).

여기서 다시 한 번 그 자체가 목적이 된 부의 추구, 혹은 자기 자
신의 이기적인 욕망을 만족시키기 위한 수단으로서의 부의 추구가
정죄되고 있다.

ⓔ 요약.

더 열거할 수도 있는 이러한 성경 구절들은 두 개의 절대적인 양
자택일로서 부에 대한 관점을 보여준다. 즉, 우리가 우리의 모든 재
물을 하나님의 말씀하에서 그분의 처분에 맡기든지 아니면 하나님
이 허락하신 이 선한 선물들이 오히려 영혼을 지옥으로 향하게 하
며 가난한 자들의 호소에 대하여 마음을 강퍅하게 만들든지 둘 중
의 하나이다.

② 성경은 또한 구체적인 경제적 관계에 대한 몇 가지 견해를 제
시한다. 우리는 여기서 몇 가지만 예시하겠다. 그러나 집사들은 스
스로 다른 것들도 찾아보고 함께 토론하면 유익할 것이다.

㉠ 급료를 제때에 완전히 지불하라.

"보라 너희 밭에서 추수한 품꾼에게 주지 아니한 삯이 소리 지르며

그 추수한 자의 우는 소리가 만군의 주의 귀에 들렸느니라"(약 5:4).

이 권고는 사도가 이것을 기록할 당시뿐 아니라 지금도 시기적절하다. 모든 고용주는 이 말에 순종할 의무가 있다.

ⓛ 관대하라.

"너희가 너희의 땅에서 곡식을 거둘 때에 너는 밭 모퉁이까지 다 거두지 말고 네 떨어진 이삭도 줍지 말며 네 포도원의 열매를 다 따지 말며 네 포도원에 떨어진 열매도 줍지 말고 가난한 사람과 거류민을 위하여 버려두라 나는 너희의 하나님 여호와이니라"(레 19:9-10).

경제적인 상황은 바뀌지만 하나님은 변치 않으신다. 비록 법적으로는 그렇게 할 권리가 있다고 할지라도 주인이나 고용주는 그가 짜낼 수 있는 마지막 한 푼까지 짜내서는 안 된다. 당신에게 고용된 사람들 혹은 당신이 관대함을 베풀 수 있는 영역 내의 사람들의 필요를 기억하라.

ⓒ 양심적으로 정직하라.

"너희는 재판할 때나 길이나 무게나 양을 잴 때 불의를 행하지 말고 공평한 저울과 공평한 추와 공평한 에바와 공평한 힌을 사용하라 나는 너희를 인도하여 애굽 땅에서 나오게 한 너희의 하나님 여호와이니라 너희는 내 모든 규례와 내 모든 법도를 지켜 행하라 나는 여호와이니라"(레 19:35-37).

하나님께서 우리를 사탄과 우리 자신과 우리의 소유라는 애굽의 속박에서 건져내셨다. 애굽에서는 부정직도 통용되지만 하나님을 주인으로 모신 사람들 가운데는 그렇지 않다. 그들 사이에서는 모든 거래에 있어서 절대적인 정직이 있어야 한다.

ⓡ 노동의 대가를 정당하게 지불하라.

"품꾼의 삯에 대하여 억울하게 하며 과부와 고아를 압제하며…나를 경외하지 아니하는 자들에게 속히 증언하리라"(말 3:5).

당신이 고용한 사람들 가운데 자기 권익을 옹호할 수 없는 자를 이용하지 말라. 거래 협상시 너무 가혹하게 굴거나 굶을 정도의 급료를 지불하거나 대가 없이 특근을 시키는 따위의 악한 풍조를 따르지 말라.

ⓜ 고리대금업을 피하라.

"네가 형제에게 꾸어주거든 이자를 받지 말지니 곧 돈의 이자, 식물의 이자, 이자를 낼 만한 모든 것의 이자를 받지 말 것이라"(신 23:19).

칼빈 이래로 교회는 상업적인 대부에 대하여 이자를 취할 권리(이 문제는 위 성경 구절에서는 다루고 있지 않는다)와 궁핍한 이웃에게 빌려준 돈에 대하여 이자를 받을 권리를 구별하고 있다. 위험을 무릅쓴 자본은 이자를 받을 권리가 있다. 그러나 빈곤한 형제는 설사 그가 돈을 갚을 수 없다고 할지라도 이자의 독촉을 받아서는 안 되고 심지어 원금 자체라고 할지라도 그러하다. 이것이 성경의 가르침이다.

ⓑ 요약.

설교자가 용감하고 철저하게 성경을 설교하면, 부를 생산하는 경제 관계에 대해 강력한 조망을 제시할 수 있다. 이러한 본문들과 이와 유사한 많은 다른 본문들이 사랑의 의무라는 빛을 가지고 구체적인 모든 관계를 조명하고 있다는 사실을 우리는 쉽게 알 수 있다.

다른 말로 하면 성경적인 경제학이란 다음과 같은 말씀에서 주께서 요구하신 것을 구체화시키는 것이다.

"그러므로 무엇이든지 남에게 대접을 받고자 하는 대로 너희도 남을 대접하라"(마 7:12).

성경의 요약

부의 선물에 대해 하나님이 부과하신 의무는 다음과 같이 요약된다.

"네가 이 세대에서 부한 자들을 명하여 마음을 높이지 말고 정함이 없는 재물에 소망을 두지 말고 오직 우리에게 모든 것을 후히 주사 누리게 하시는 하나님께 두며 선을 행하고 선한 사업을 많이 하고 나누어 주기를 좋아하며 너그러운 자가 되게 하라 이것이 장래에 자기를 위하여 좋은 터를 쌓아 참된 생명을 취하는 것이니라"(딤전 6:17-19).

이 구절은 부에 대한 성경의 견해를 잘 요약하고 있다. 이 진리가 예수 그리스도의 교회 내에서 설교되고 묵상되며 순종되어야 한다.

결론적 관찰

기독교의 목적은 하나님과의 교제이다.

그러한 교제 속으로 들어가기 위한 조건은 성경에 다음과 같이 규정되어 있다.

"예수께서 대답하여 이르시되 사람이 나를 사랑하면 내 말을 지키리니 내 아버지께서 그를 사랑하실 것이요 우리가 그에게 가서 거처를 그와 함께 하리라"(요 14:23).

하나님께서 우리에게 생명과 시간을 주신 유일한 목적은 영원 속에서 절정에 이를 그분과의 교제를 지금 시작하게 하시기 위함이다.

"내가 들으니 보좌에서 큰 음성이 나서 이르되 보라 하나님의 장막이 사람들과 함께 있으매 하나님이 그들과 함께 계시리니 그들은 하나님의 백성이 되고 하나님은 친히 그들과 함께 계셔서"(계 21:3).

하나님께서는 생명과 시간이라는 선물에다가 재능과 재물 등 다른 모든 선물도 더하시며, 또한 그러한 선물들을 사용해서 하나님과의 교제를 더욱 증진시키는 방법까지 그분의 말씀 속에서 가르쳐 주신다. 놀랍게도, 하나님께서는 많은 사람을 가난으로 축복하시고, 몇몇 사람들은 부로 축복하신다. 이 두 가지 경우에 있어서 하나님이 주신 선물의 올바른 사용을 통하여 하나님과 우리의 관계를 더욱 증진시키고자 하시는 하나님의 계획은 우리가 그 선물들을 그분의 뜻대로 사용하지 않을 때에 좌절될 수도 있다.

교회는 가난한 자와 부자에게 똑같이 말씀을 전하고 가르쳐야 할 동일한 책임이 있다.

"뭇 백성들아 이를 들으라 세상의 거민들아 모두 귀를 기울이라 귀천 빈부를 막론하고 다 들을지어다"(시 49:1-2).

그리고 가난한 자와 부자에게 교회가 가르치는 교훈의 본질은 이것이다.

"주신 이도 여호와시요 거두신 이도 여호와시오니 여호와의 이름이 찬송을 받으실지니이다"(욥 1:21).

"네 뒤에서 말소리가 네 귀에 들려 이르기를 이것이 바른 길이니 너희는 이리로 가라 할 것이며"(사 30:21).

이러한 견지에서 우리는 다음의 사실들을 주목한다.

① 가난한 자가 자기의 가난을 하나님이 마련하셨다고 인정하기 어려운 만큼, 부자가 자기의 모든 소유를 하나님의 선물이라고 인정하기 어렵다. 이 두 가지를 가르치는 집사의 가르침은 그다지 인기를 끌지 못할 것이다.

② 물질주의는 부자의 특성이 되기 쉬운 만큼 가난한 자의 특성이 되기도 쉽다. 후자는 부의 획득을 열망하며 전자는 그것을 움켜쥐고자 한다.

③ 물질주의는 경제적인 차이를 거부하는 것을 그 목적으로 하는 사회 개혁가들, 심지어 "기독교" 사회 개혁가들의 특징이 될 수도 있다.

④ 가난한 자에 대한 요란스러운 외견상의 염려가 실제로는 부자에 대한 깊은 질투를 은폐한 것일 수도 있다.

⑤ 지적인 개혁가들은 빈곤 그 자체를 경감시키기 위해서보다 자신의 교묘한 목적을 성취시키기 위해 가난한 자들을 공공의 양심의 지렛대로 이용하기를 주저하지 않는다.

⑥ 어떤 아동 심리학자들과는 달리 성경은 보상의 약속을 가지고 어떤 행동을 유발시키기를 결코 주저하지 않는다. 그리스도께서는 부자 청년에게 하나의 선택을 제시하셨는데, 그것은 그를 시험하는 양자택일이었을 것이 분명하다.

"네게 있는 것을 다 팔아 가난한 자들에게 나눠 주라 그리하면 하늘에서 네게 보화가 있으리라"(눅 18:22).

현세적인 것을 포기하고 영원한 것을 얻으라. 약삭빠른 듯이 보이는 이 사업가가 주님으로부터 돌아선 사실은 부(富) 속에 포함된 어떤 눈먼 상태를 지적하는 것이다. 그러나 하나님의 말씀은 순종에 대한 현세적인 보상과 영원한 보상을 모두 약속한다. 따라서 교회도 그것을 약속해야 한다. 또한 성경은 특별히 심판의 날에 임할 불순종에 대한 끔찍한 "보상"에 대해 보장하고 있으며 이 사실을 가장 강조한 이는 바로 우리 주님이시다.

⑦ 우리 가운데 만연한 물질주의는 우리로 하여금 부와 가난에 대한 성경의 모든 언급을 물질적 재물의 측면으로만 해석하게 한다. 그러나 성경에서 "부유한" "가난한" 등의 말이 사용될 때, 이것들은 훨씬 광범위한 함축적 의미로 사용된다. 그 예는 다음과 같다.

㉠ 성경에서 말하는 "가난한 자"란 성경이 제시하는 복음, 즉 하나님께 반역하는 자를 제자로 만드는 하나님의 능력이 아니고서는 시간과 영원을 위한 자기들의 가장 근본적인 결핍이 채워질 수 없음을 아는 사람들이다. 이들이야말로 그들의 물질적인 부가 어떠하든지 참으로 가난한 자이며, 복음은 이들에게 전해지고(눅 7:22 참조), 그들은 그들이 가진 모든 것을 하나님을 섬기는 데 바친다(마치 보물이 감춰진 밭을 사기 위하여 자기의 모든 것을 내놓는 사람과 같이, 마 13:44). 그런 "가난한 자"란 바로 자기들이 아무것도 갖지 않았다는 사실을 알기 때문에(재물을 아무리 많이 가지고 있을지라도), 주님의 탄생에 의하여 좋은 것

들로 충만해지는(마치 마리아가 그녀의 "송가" 속에서 노래했듯이, 눅 1:53) 자들이다. 그런 "가난한 자"는 오직 그 나라의 시민권은 하나님만이 주실 수 있음을 알기 때문에, "하나님의 나라"를 소유하고 있는 자들이다(눅 6:20). 이런 "가난한 자"들은 물질적인 부를 갖고 있지 못할 수도 있고 그 부의 축복을 받은 자일 수도 있지만, 어떤 경우이든 영원한 "부"에 이르게 하는 유일한 문은 그들의 영적인 가난이다(눅 16:11). 비록 이런 "가난한 자"들은 자기 자신과 자기들의 모든 것을 그분의 말씀의 처분에 맡기려는 열심에 의하여 드러나기는 하지만, 참으로 우리 중에서 누가 그런 "가난한 자"인가 하는 것은 오직 하나님만이 아신다. 이런 맥락에서 교회의 목표는 우리 모두로 하여금 우리의 참된 빈곤에 대하여 돌아보게 하는 것이다.

ⓛ 역으로 성경은 가끔 "부자"라는 말을 냉소적인 의미로 사용하는데 이때의 뜻은 지상의 재물이 제공하지 못하는 더욱 심오한 필요를 깨닫지 못하고 있는 사람들의 눈먼 상태를 가리키는 말이다. 이 "부자"들은 상당한 부와 재능을 가지고 있을 수도 있고, 물질적으로 궁핍하면서 탐욕스럽게 부를 추구하고 있을 수도 있다.

어떤 경우이든 그들이 의지하는 것은 부나 권력이나 명성이며, 그들의 야망은 그것들을 얻는 것이다. 이런 자들은 저 최초의 성탄절 밤에 여관을 가득 채우고 있으면서 마구간에 무관심했던 자들과 같이, 예수님의 탄생에서부터 아무것도 얻지 못하고 "빈손으로" 돌려보내진 "부자"들이다(눅 1:53). 이런 자들은 자기 자신만을 위하여 하나님의 선물을 사용하며 창조주보다 피조물을 더 신뢰한다는 이유로 선지자들로부터 혹평을 받았고, 주님으로부터 경고를 받았으며, 사도들에 의하여 정죄를 받은 그런 부자들이다.

ⓒ 집사가 "부자"와 "가난한 자"에 대한 이런 성경적 개념을 마음속에 명심하지 않으면 그는 부와 빈곤에 관한 말씀의 가르침을 혼동하기가 쉽다. 실제로 성경은 직접 부와 가난 그 자체에 대하여 말하기도 한다. 본서의 많은 부분은 바로 그에 관한 성경의 견해를 강조하려는 노력이다. 성경에서 언급하고 있는 것이 어떤 부이며 어떤 빈곤인가 하는 문제가 조심스럽게 분별되어야 한다.

Part 5

봉사의 동심원

Part 5
"봉사의 동심원"

당신의 집사직은 얼마나 성공적인가?

즉 직접적인 임무 수행, 구조의 손길이 닿은 범위, 전체 회중을 공동의 집사 활동에 참여시킨 정도 등에 의해 평가할 때, 당신은 얼마나 성공적으로 주님을 섬겼는가? 교회의 팔인 집사들에게 열려 있는 봉사의 다양한 차원들 사이에서 집사가 자기의 위치를 평가하는 데 도움이 될 수 있도록, 우리는 당신이 일련의 동심원들을 상상할 것을 제안한다(각각의 분야는 보다 광범위한 집사 활동의 범위를 보여준다). 앞으로 계속되는 일곱 개의 장 속에서 이것들을 논의할 것이다.

우리는 지금까지 당신이 이룩해놓은 집사 활동의 업적의 수준을 당신이 신중하게 고려하고, 그 수준을 표시하는 동심원 속에 자신을 위치시키고, 더 넓은 동심원을 당신의 목표로 삼고 온전함을 향해 전진할 것을 권한다.

"그러므로 하늘에 계신 너희 아버지의 온전하심과 같이 너희도 온전하라"(마 5:48).

17장
첫 번째 동심원 : 회중을 섬김

"일꾼이 그 삯을 받는 것이 마땅하니라"(눅 10:7).

"이와 같이 주께서도 복음 전하는 자들이 복음으로 말미암아 살리라 명하셨느니라"(고전 9:14).

"모든 것을 품위 있게 하고 질서 있게 하라"(고전 14:40).

우리가 봉사의 첫 번째 원이라고 부르는 맥락 속에서 집사가 마주하는 도전과 기회가 다음 세 개의 항목으로 다루어질 것이다.

1부에서는 회중의 물질적인 필요의 공급에 대해 논한다.

2부에서는 회중이 그들(회중)의 집사적 소명을 완수할 수 있도록 가르침과 정보를 제공하는 것에 대해 논한다.

3부에서는 회중의 청지기직 수행을 돕기 위해 그들을 격려하고 지침을 제공하는 것에 대해 논한다.

1부. 회중의 물질적 필요의 공급

Ⅰ. 일반적인 개요

교회의 금전적 문제에 관련된 집사의 역할에 관해서는 교회와 교파에 따라서 다양한 차이가 있다. 어떤 교회에서는 "회계"가 집사의 봉사 업무가 아니고 회중의 사무적 일들은 다른 사람들에게 위임된다. 회중이 헌금하기도 하고 사용하기도 하는 모든 돈에 대한 관리는 집사가 아닌 다른 사람의 책임으로 생각한다.

우리는 이것이 어떤 원칙을 위기에 빠뜨리는 문제는 아니라고 본다. 우리는 집사의 봉사를 회중이 벌이는 사업상의 모든 측면을 포함한 광범위한 활동으로 받아들인다. 이제 봉사의 첫 번째 동심원을 시작하기로 하자.

비용의 지불

주님께서는 70인을 파송하면서 그들에게 그들을 맞아들이는 집에서 그들 앞에 내어놓는 것은 무엇이든지 받으라고 가르치신다.

"그 집에 유하며 주는 것을 먹고 마시라 일꾼이 그 삯을 받는 것이 마땅하니라"(눅 10:7).

이렇게 해서 예수님은 성경 전체에 공통된 진리, 즉 일꾼이 자기 일의 대가를 지불받아야 한다는 보편적인 원칙을 선언하신다. 교회 안에서는 이 진리가 조금 느슨하게 지켜져도 된다는 법은 없다.

에베소 장로들과의 슬픈 작별 장면에서, 바울은 그가 에베소에서 보낸 3년 동안 "이 손으로 나와 내 동행들이 쓰는 것을 충당"하였다고 말한다(행 20:34). 바울의 직업은 천막 만드는 일(행 18:3)이었다. 교회사를 통해 볼 때 자기의 물질적 필요를 스스로 해결하는 "자비량 선교 사역"(tentmaking ministries)이 있었다. 그러나 이것들은 예외적인 일이다. 왜냐하면 사도 바울은 고린도전서 9장에서, 회중에 의해서 생계를 유지할 목사의 권리를 길게 논하고 있기 때문이다.

"누가 자기 비용으로 군 복무를 하겠느냐 누가 포도를 심고 그 열매를 먹지 않겠느냐 누가 양 떼를 기르고 그 양 떼의 젖을 먹지 않겠느냐"(고전 9:7).

그렇다면 바울은 왜 자기 자신의 수고에 대한 대가를 받으려 하지 않았는가? 왜냐하면 당시는 복음이 세상에 처음 전해지던 때였기 때문이다. 또한 당시에는 곳곳을 돌아다니면서 떠들썩한 종교 사기 행각을 벌이면서 충분한 생활비를 버는 사람들이 있었다. 바울은 예수 그리스도의 복음이 그러한 비난의 대상이 되기를 원하지 않았다. 그래서 그는 이렇게 쓰고 있다.

"그러나 우리가 이 권리를 쓰지 아니하고 범사에 참는 것은 그리스도의 복음에 아무 장애가 없게 하려 함이로다"(고전 9:12).

실제로 그는 자기의 생활을 자기가 책임진다는 사실을 자랑거리로 여겼으며 자신의 상으로 여겼다.

"그런즉 내 상이 무엇이냐 내가 복음을 전할 때에 값없이 전하고 복음으로 말미암아 내게 있는 권리를 다 쓰지 아니하는 이것이로다"(고전

9:18).

그러므로 우리는 "자비량 선교 사역"을 비판하려는 것이 아니라 회중을 섬기는 자가 합당한 보수를 받을 수 있는 성경적인 "권리"를 강조하려는 것이다. 이 사실은 각 지역 교회에 고용된 모든 사람, 즉 그리스도의 몸의 원활한 활동을 위하여 여러 방법으로 기여하는 모든 사람을 포함한다.

여기에는 또한 회중을 위한 시설과 교회 건물 관리가 포함된다. 적당한 크기로 잘 건축되고 잘 관리되는 위생적인 공간은 세상에서 교회가 활동하는 데 근본적인 역할을 수행한다. 이런 모든 시설들이 잘 관리되고 있는가를 살펴보는 일 속에서 집사들은 그 일에 대한 자랑스러움을 느껴야 할 것이다. 교회 건축에 대하여 공격하는 사람들이 항상 있어 왔고, 지금도 그런 사람이 있다. 그러나 그리스도의 몸은 다른 모든 기관만큼 고귀하고 아름다운 거처를 필요로 한다. 아니 도리어 훨씬 아름다운 거처를 요구한다. 하나님을 섬기기 원하는 자들 사이에 거하시는 그분의 임재에 합당한 존경심이 건물에서도 드러나야 한다.

만일 회중에게 승용차, 버스, 본당, 교구 회관(parish house), 라디오와 텔레비전의 사용 등이 필요하다면, 이것들도 역시 집사의 책임 하에 제공되어야 한다. 또한 건물관리인의 충분한 봉사, 사무실과 교실 제공, 잔디밭과 운동장, 그리고 회중의 활동의 기초가 되는 모든 물질적 필요의 공급 등은 말할 것도 없다. 교회가 스스로에 대하여 어떻게 생각하느냐 하는 것이, 교회 건물과 관련하여 반영될 것이다.

우리는 다른 전문 직종에 있는 사람들에 대한 금전 지불보다 교회의 일꾼들 특히 사역자에 대한 금전 지불을 꺼리는 이상한 풍조를 특별히 경계한다. 다른 전문 직종만큼이나 오래고도 엄격한 학교 교육을 받았음에도 불구하고, 목사들의 사례금 책정 시 낮은 대우를 하고 "의무 이외의" 요구도 당연한 것으로 여긴다. 우리는《장로 핸드북》(개혁된실천사 역간) 안에서 목사를 위한 합당한 사례금의 중요성에 대해 논의했으며, 여기서는 주님의 포도원에서 일하는 모든 일꾼은 충분한 대가를 받아야 한다는 사실 정도만 언급하고자 한다. 또한 집사는 자기의 회중 속에서 이 일이 실제로 이루어지고 있는지를 항상 주의해서 살펴야 한다. 집사들은 필요한 경우에는 사례금의 정당성을 논리정연하게 제시할 수 있도록 준비하고 있어야 하고, 그 회중을 위하여 일하는 사람들이 모든 수준의 특별 사례금과 휴가를 얻을 권리를 가지고 있다는 사실을 설명할 수 있어야 한다. 특별히 중요한 것은, 꾸준히 상승하는 부동산 가격을 통해 이득을 보는 회중이 은퇴하는 목사의 주거 문제를 어떻게 잘 돌보느냐 하는 것이다.

목사가 될 수도 있는 훌륭한 잠재력을 지닌 사람이 경제적인 이유 때문에 세상 직업으로 진출하지나 않을까 하는 점에 대하여 집사들은 잘 생각해야 할 것이다. 고린도전서 9장에 비추어 연구해보라.

기록 보존

우리는 집사들이 현명하게도 다음과 같은 것들에 관심을 가진다는 사실에 주목한다.

① 합당한 절차의 개발과 실행에는 다음과 같은 것들이 있다.

- 헌금 취급 절차에 관한 매뉴얼, 회계 보고 차트, 업무 기술서 등을 만들고 업데이트 할 것
- 기록 보존과 회계 보고의 체계
- 다양한 기금을 분류함(일반 기금, 자선 기금, 교회 재산, 기부 기금 등)
- 당회, 일반 멤버, 회계 감사 위원회 등에 대한 분기 보고서의 준비
- 연례 감사

② 또한 다음과 같은 세심한 작업을 발전시킬 것을 권장한다.

- 정기적으로 교체되는 두 명의 헌금 계수 위원
- 매주의 계수
- 두 명의 위원이 교회 재정을 은행에 예금할 것(24시간 이용가능한 은행에 맡기는 것이 현명함)
- 현금을 교회 건물에 보관하는 것은 피할 것
- 금고를 열 때에는 적어도 두 사람이 함께 할 것
- 번호가 매겨진 봉투를 통하여 들어온 헌금은 매주 게시판에 공지할 것
- 모든 멤버에게 그 멤버의 분기별 헌금 내역서를 보낼 것
- 외부에서 들어온 모든 헌금은 즉시 알릴 것

II. 헌금의 방법

망설이는 사람의 주머니 속에서 돈을 얻어내는 일은 예로부터 하나의 기술이다. 텔레비전 광고의 발달은 지금까지의 그 어느 때보다도 이 방법을 광범위하게 만들었다. 집사는 자기 자신이, 회중의 돈을 긁어내려는 고도로 노련한 상대들과 경쟁 관계에 있음을 발견하게 된다.

집사들은 교회의 예산과 궁핍한 자를 위한 필요를 충족시키기 위해 여러 가지 방법들을 사용하고 있다.

다음은 그런 방법들 중의 몇 가지 예이다.

예산 체계에 의한 헌금

교회의 각 멤버는 전체 예산을 동일한 비율로 할당받는다. 이 할당량은 전체 예산을 교회 멤버의 숫자로 나눔으로써 결정된다. 매 주일 혹은 매달 헌금이 행해지며 소득세 감면을 위한 정산을 위하여 집사들이 기록을 보존한다. 기록의 보존을 위하여 예산 봉투들이 매년 각 멤버들에게 분배되며, 각 봉투마다 고유한 번호를 기입한다. 물론 집사들은 이런 숫자들을 엄격하게 비밀에 붙임으로써 집사직에 있는 몇몇 사람들만이 그것을 볼 수 있게 하는 것이 중요하다. 그러나 인색한 교우들에 대해서는 집사들이 서로 상의해서 그들에게 어떻게 접근할 것인가를 결정해야 한다. 집사들이 알고 있는 한, 회중을 도울 여유가 있으면서도 그렇게 하기를 쌀쌀맞게 거절하는 멤버들은 교회의 권징을 위하여 장로회나 치리회에 보고 되어야 한다.

그러나 권징을 서두르지는 말라. 헌금에 인색한 잘못을 범한 사람들의 명단을 서둘러서 장로회나 위원회에 넘기지 말라. 왜 그런가? 그런 일은 동시에 집사직의 체면도 손상시키기 때문이다. 당신의 직분도 역시 영적인 소명이다. 이 소명의 도전의 범위는 본서의 크기만큼이나 큰 것이다. 집사는 또한 교사이다. 인색한 헌금자는 단지 열등한 학생에 불과하며, 당신의 역량과 끈기에 대한 하나의 도전이다. 그들과 함께 일하며 당신의 집사 모임에서 혹은 홀로 있을 때에 그 사람들을 위하여 기도하라. 성경의 청지기직의 원리를 그들에게 깊이 이해시키기 위한 노력을 기울이라. 더욱 나아지리라는 기대를 가지고 조금씩이라도 전진하라. 그 인색한 멤버의 영적인 성장을 주목하면서 그런 헌신적인 노력을 기울인 연후에, 철저하게 "강퍅한" 지체를 치리회에 보고함으로써 그들이 받아야 할 권징을 받게 해야 할 것이다.

비례적인 헌금

이 방법은 예산 체계와 비슷하게 기계적으로 작용한다. 그러나 이 방법이 예산 체계와 다른 점은 각 교우가 그들의 소득에 비례해서 낼 것을 기대한다는 점이다. 각 멤버로부터 고정된 헌금을 요구하는 대신에 교회는 각 멤버들이 순소득의 4-6%를 내도록 제안하는 것이다. 이 비율은 과거의 경험과 예상되는 예산에 비추어서 매년 재검토될 수 있다. 이 방법은 예산 체계의 경우 종종 발생하는 "낼 능력이 없다"는 변명을 해결하게 된다. 그러나 이 방법을 적용하기 위해서는, 다양한 교우들이 자기들에게 합당한 만큼의 짐을 담당하고 있는지를 평가하려는 집사의 노력이 수반된다. 이 방법이 붕괴되지 않기 위해서는 집사들이 이 일을 하면서 인색한 자들을 충고하는 작업이 중요하다.

차등제(sliding scale)에 의한 헌금

이 방법의 의도는 각 교우들의 헌금액을 그들의 실제적 능력에 더욱 접근시키려는 것이다. 소득이 낮을수록 교회가 요구하는 비율도 낮아진다. 집사들은 소득층에 따라서 등급을 정하고 각 등급이 회중의 예산의 몇 퍼센트를 담당해야 할지를 지정한다. 소득이 높아짐에 따라서 비율도 점점 증가한다. 이런 방법을 통하여 보다 부유한 가정이 더욱 많은 부담을 지게 되며, 저소득층의 가정은 교회를 유지하는 데에 자기의 몫을 감당해 나가면서도 다른 일들에 더 많은 돈을 낼 수 있다. 여기서도 역시 집사들은 자기들이 마땅히 해야 할 일에 인색한 사람들을 분류해 내야 한다.

자발적인 헌금

이 방법은 예산 봉투를 사용한다거나 집사가 개인의 기록을 보존한다든가 하는 방법을 사용하지 않는다. 회중이 연중 예산을 채택한 이후에는 각 멤버들에게 그 예산을 채워야 할 필요성을 인식시킨다. 때때로 적어도 분기에 한 번씩은, 집사들은 교회 앞에 현재의 경제적 상황을 설명한다. 이런 전체적인 권고 이외에는 집사는 개개의 경우에 지침을 제공하고 격려하는 일에 있어서는 별로 할 일이 없다. 수입에 따른 부담을 위해서는 집사들은 단지 그 해의 전체 수입을 멤버의 수로 나눌 수 있을 뿐이다.

믿음의 서약에 의한 헌금

특별한 자극을 위하여 가끔 사용되기도 하는 이 방법은 또한 회중의 예산을 충당하기 위하여 사용될 수도 있다. 회중의 특별 집회 시에 예산의 필요를 충분히 설명하고 무기명 서약 카드를 나누어 준다. 일단 카드가 제출된 이후에는 그 서약의 이행이 하나님께서 보시는 앞에서 각 멤버와 그의 양심 사이에서 이루어진다. 선교와 같은 특별한 일을 위한 헌금을 위하여 이 방법이 채택되기도 한다. 그 해의 예산을 충당하는 일에 있어 이것은 단지 앞에서 설명한 자발적인 헌금의 특별한 형태에 불과하다.

각 멤버들에게 의뢰하는 헌금

이것은 예산을 충당하기 위한 일반적인 방법들 중 한 가지 방법이다. 이 방법은 교회의 경제적 필요들을 모든 멤버에게 알리는 성실한 노력을 그 기초로 한다. 이것은 우편, 특별 집회, 집사의 뉴스레터를 통해 알리거나 목사나 위원회가 알리는 방식으로 실시될 수 있다. 그런 연후에 서약 카드가 우편으로 혹은 직접 배부된다. 장로들이나 집사들이 개인적으로 멤버들의 집에 전달할 수도 있다. 결정된 서약들의 일람표가 만들어지며 그렇게 하여 예산의 충당이 완전히 약속될 때까지 그 노력이 반복된다. 이때에는 대개 각 멤버들의 헌금 기록을 보존하기 위하여 예산 봉투들이 사용되며 그와 함께 선한 청지기직을 권면해야 할 일상적인 책임이 집사들에게 지워진다.

집사들은 교회들에 의하여 성공적으로 사용되고 있는 방법들을 항상 깨어서 살펴보고 있어야 하며 만약 필요하면 그 방법들을 기꺼이 토론하고 실험해보고자 해야 한다. 어떤 방법이든지 그 성공을 위하여 가장 기초적으로 필요한 것은 이 책의 많은 부분이 힘을 기울이고 있는 성경적인 청지기 교리를 회중에게 가르치는 것이다. 헌금은 하나님의 무한한 선하심에 대한 기쁨의 증거이어야 한다. 집사는 자기 자신을 이런 기쁨의 증거의 방편으로 생각해야 한다.

지연된 헌금

말할 것도 없이 집사들은 유산에 의한 헌금 혹은 "생전신탁"(living trust)을 통한 헌금 등이 점점 유행하고 있다는 사실을 알고 있다.

집사들은 이런 다양한 형태의 헌금에 대하여 전체적으로 정통하고 있어야 하며 집사들 사이에서 혹은 그 회중이나 사회에서 누가 이런 일의 전문가인지를 알고 있어야 한다. 여기에는 두 가지 이유가 있는데, 먼저 이런 종류의 기금을 위한 캠페인의 영향을 받아 교회에 유산을 남길 것을 고려하고 있는 사람들에게 조언해줄 수 있기 위함이다. 또 다른 이유는, 집사들이 회중을 위하여 이런 종류의 프로그램을 수립하여 특별한 프로젝트를 지원하기 위한 기금을 모금할 것을 심사숙고할 수 있게 하기 위함이다.

이에 관하여 우리는 각 사람의 청지기직의 한 가지 측면이 유언장을 작성하는 것이라는 사실을 주목한다. 재산의 분배를 결정하는 유언장이 효과적으로 작용했다면 유산 상속자들 사이의 무수한 격렬한 싸움은 피할 수 있었을 것이다. 가장들로 하여금 유언장을 작성하게 하며, 그 유언장을 갱신하도록 격려하는 것은 집사의 책임이다. 집사들은 비밀을 보장하며 자유로운 충고를 해줄 수 있어야 한다. 사후의 자기 재산의 정연한 처분을 위해 변호사를 둘 여유가 없는 사람들을 위하여 회중 가운데 있는 법조인이 봉사하도록 독려해야 한다. 이 모든 일들은 물론 교회를 더욱 기억하게 하며, 유산을 정리함에 있어서 교회와의 관련성을 생각하도록 장려하는 일을 포함한다.

요약

위에서 논의한 모든 방법들은 하나의 기술이다. 그것들은 단지 순종과 믿음의 열매들을 효과적으로 모아서 관리하기 위하여 채택된 방편들이며 지금까지 말한 것들은 그런 방편들에 대한 적절한 설명들이다.

우리는 성경이 이 방법보다는 저 방법을 더 선호함을 드러낸다고 말할 수 없다. 그러나 성경은 가장 광범위한 의미에서 사역을 위한 금전적 지원을 요구한다. 우리가 다른 곳에서 이미 주목했듯이 강단 사역을 위해 합당한 경제적 지원이 있어야 한다. 이것은 고린도전서 9장에서 바울에 의하여 강조되었다. 회중의 섬기는 손으로서의 집사 사역에 필요한 구제 기금 등을 위해서도 충분한 지원이 있어야 한다. 그것은 본서의 논지이면서 성경에서도 많이 가르치고 있는 것이다.

컴퓨터의 점차적인 발전과 신용 카드의 발달은 앞으로 집사로 하여금 새로운 방법으로 헌금을 거둘 수 있게 할 가능성이 높다. 초기의 개혁교회에서는 헌금 바구니를 돌리는 것이 결코 예배 식순의 한 순서가 아니었다. 헌금은 교회의 현관에 놓인 헌금함에 넣어졌으며 집사들이 개별적으로 각 지체들로부터 모으기도 하였다. 각 지체들이 헌금을 위하여 신용 카드를 사용한다는 것이 불가능하지만은 않으며 어쩌면 조만간에 실현될 듯도 하다.

앞으로 어떻게 되든지 집사들은 주님의 일을 이루기 위한 가장 효과적인 방법을 사용할 준비를 항상 하고 있어야 한다.

III. 신탁 관리자로서의 집사

교단의 정책이나 회중의 선호에 따라서 집사들의 일부 혹은 전체가 교회의 신탁 관리자로 임명될 수 있다.

또한 회중의 물질적 문제를 돌보는 데에 수반되는 장로들과 집사들의 업무와 책임을 덜어주기 위해 분리된 신탁 관리 위원회를 설치할 수도 있다.

어떤 교회에서는 건물과 정원 등을 관리하는 위원회 기능을 신탁 관리자에게 맡기기도 한다.

2부. 가르침과 정보의 제공

Ⅰ. 교사로서의 집사

회중이 청지기직을 바르게 수행하기 위한 열쇠는 물론 설교이다. 또한 설교를 하는 목사에게 요구되는 특별한 청지기직은 영감된 하나님의 말씀을 신실하고도 용감하게 선포하는 일이다. 순종의 열매를 맺는 것은 말씀이다. 주님은 씨 뿌리는 자의 비유 속에서 뿌려진 씨가 여러 가지 토양에 떨어져서 여러 가지 결과를 내는 것을 가르치셨다(마 13:1-9; 막 4:1-9; 눅 8:4-8). 여기서 우리 주님은 "뿌리는 자는 말씀을 뿌리는 것"(막 4:14)이라고 말씀하신다.

그 전파된 말씀이 좋은 밭에 떨어지면 "자라 무성하여 결실하였으니 삼십 배나 육십 배나 백 배"(막 4:8)가 된다. 그런 결실의 일부는 집사들의 손을 통하여 궁핍한 자를 돕는 곳으로 흘러갈 것이다.

그러므로 집사들의 기본적인 관심사는, 주일 예배와 성경 연구반과 주중의 예배에서 성경이 신실하게 강론되고 적용되어 회중에 대한 선한 청지기직의 교육이 이루어지는 것에 있다. 집사들은 선한 청지기직에 대한 성경의 진리를 직접적이고 명시적으로 전하는 설교에 특별히 관심을 갖는다. 그러면서도 성경이 간접적으로도 작용한다는 사실을 확신하고 있을 것이다. 다시 말하면 말씀에 의하여 확립된 모든 교리, 말씀에 의하여 지배받는 모든 태도, 또한 말씀에 의하여 자극되는 모든 신실성 등은 기꺼이 베푸는 마음과 펴진 손을 갖게 하는 데에 기여할 것이라는 뜻이다.

그러므로 교사로서의 집사는 무엇보다도 먼저 신실한 설교를 권고하는 일에 관심을 가지며 또한 그런 설교를 지지한다.

게다가 집사는 본서에서 상술하는 것들과 같은 청지기직의 구체적인 교리들에 능통할 책임이 있으며, 지역 교회의 회중들 속에서 이 교리들을 더욱 발전시켜나갈 책임을 담당해야 한다. 교우들은 자유롭게 집사에게 충고를 구하며, 다음과 같은 구체적인 문제에 대하여 집사와 더불어 토론할 수 있어야 한다. 내가 이것을 주님께 "빚지고" 있는가? 내가 이 일을 경제적으로 지원해야 하는가? 정당한 헌금은 무엇인가? 내가 …을 나의 것으로 가지고 있어도 되는가? 내가 …을 해야 하나?

그리고 마지막으로 교사로서의 집사는 청지기직의 기본 원리를 수행해야 한다. 즉 집사의 관점에서 볼 때 회중이 당면하고 있는 개개의 문제와 기회 그리고 긴급한 문제를 다음 항에서 논의되는 집사의 통신문을 통하여 회중에게 자세하게 알리는 일을 수행해야 한다.

II. 집사의 통신문

의사소통을 하라!

이야기를 하라!

그 말이 퍼지게 하라!

요컨대 성공적인 집사직을 위한 한 가지 열쇠는 집사의 활동이 무엇이며, 왜 그 일을 하는지를 회중에게 알리는 것이다. 집사의 통신문은 이 일을 위한 하나의 효과적인 수단이 될 수 있다. 만약 당신이 이미 이 통신문을 만들고 있다면 그것을 통해 회중이 당신의 활동에 더 친숙해지게 하라. 만약 당신이 이 일을 하지 않고 있다면 다음의 것들을 고려해보라.

형태

① 형태는 통신문의 외형과 모양을 말한다. 우선 시작할 때는 아담하게 시작하라. 교회 내의 사무실에서 직접 만들 수도 있고 외부에서 저렴하게 제작할 수 있는 한 장의 등사된 양식지를 사용할 수도 있을 것이다.

② 만약 이 일이 제 궤도를 찾게 되면 네 페이지 정도로 된 뉴스레터로 발전시킬 것을 고려해보라.

③ 통신문은 항상 아담하고 단정하며 매력 있게 만들라.

④ 통신문을 위하여 매력적인 제목을 디자인할 수 있는 사람을 회중 가운데에서 찾으라. 통신문에 적절한 제목을 붙이라.

⑤ 실리는 기사들은 짧고 읽기 쉬운 것들로 하라. 스타일은 단순해도 좋다. 전하고자 하는 메시지가 쉽게 이해되어야 한다.

내용

① 이 통신문의 목적은 두 가지가 될 것이다. 바로 집사의 청지기직과 그 실제에 대한 회중의 이해를 높이는 것과 집사적 봉사와 관련된 실제적인 필요와 성취들을 보여주는 것이다.

② 본서에서 제시된 사상들 중의 일부를 한 번에 한 단계씩 회중에게 교육시킬 것을 고려해보라(만약 당신이 원한다면 이 책 전체를 당신이 인용한다 해도 우리는 반대하지 않을 것이다).

③ 집사로서 당신이 직면하는 문제들과 도전을 설명하라. 그러나 사적인 문제에 대해서는 함구하라.

④ 회중의 경제적 상태와 지출, 기부, 인플레이션 등의 흐름에 관한 현황을 제공하라.

⑤ 연례 예산을 심의하기 위한 교인 총회 전에 배경적인 정보를 제공하라.

⑥ 더 광범위한 아웃리치 기회에 대해 설명하라.

⑦ 자원봉사자들이 채울 수 있는 필요에 대해 알리라. 그런 분야에서 진전이 있었다면 보고하라.

⑧ 회중의 가족을 돕기 위해 마련된 기탁물 보관소 혹은 여러 회중들이 함께 운영하는 기탁물 보관소에 음식과 옷을 기부할 것을 독려하라.

⑨ 휴일에 행하는 특별한 봉사를 장려하라. 봄맞이 청소나 방한 장치 설치를 통해 노인이나 환자를 위한 도움을 베풀라.

⑩ 요컨대 이미 행해지고 있는 봉사, 행해져야 할 필요가 있는 봉사, 찾아서 도와줄 것을 기다리고 있는 봉사에 대해 항상 알리도록 하라.

⑪ 질문을 받고 대답을 해주는 질문함의 설치를 고려해보라.

⑫ 모든 사람이 아직 들어보지 못했을 정부의 사회복지 혜택에 관한 정보를 전해주라.

발행 빈도

① 초기에는 작은 규모로 시작하되 규칙적인 계획을 세워서 (계간지와 같이) 계속 발행하도록 하라. 일을 해나가다 보면 더 자주 발행해야 할지 아니면 횟수를 줄여야 할지를 알게 될 것이다.

② 일 년에 한 번씩 헌금의 약속을 권고하거나 예산을 위한 모임을 가질 때에 발행을 시작하는 것이 좋다.

③ 발행 초기에 사람들이 아무런 관심을 보이지 않더라도 쉽게 포기하지 말라.

연합 통신문 혹은 지역 통신문

① 어떤 연합된 계획에 종사하는 집사들은 진전 과정, 필요 등에 관하여 이따금 보고서를 발행할 수 있다.

② 지역적인 집사 단체도 그 자체의 정기적인 통신문을 발행할

수 있다.

③ 위에 언급된 어느 통신문도 회중 통신문을 대신할 수는 없지만, 집사적 봉사의 원리에 관한 동일한 기사들이 이 쌍방의 통신문에 모두 실릴 수 있다.

요약

당신이 통신문을 통하여 하고자 하는 일은 회중으로 하여금 전체 몸을 위한 집사의 존재와 활동을 인식하게 하려는 것이다. 그저 그들에게 당신이 활동을 하고 있다는 사실을 알리며 당신의 활동의 증거 속에서 그들이 이 일에 점점 참여하기 위하여 왜, 어떻게, 무엇을 할 수 있는지 알리라. 당신은 그 일을 할 수 있다! 자기의 몸속에서 그 몸을 위하여 어떤 일이 진행되고 있다는 것을 잘 아시는 교회의 머리께서 당신을 축복하실 것이며, 교회와 궁핍한 자도 당신을 축복할 것이다.

3부. 격려와 지도

Ⅰ. 집사의 심방

목사나 장로 혹은 둘 모두에 의하여 실시되는 목회 심방은 종교 개혁 이후로 회중의 삶에 유익한 역할을 해 왔다. 많은 회중이 현명하게도 지금까지 이 일을 하고 있다(구체적 사항은 우리의 책 《장로 핸드북》

을 보라).

그러나 집사가 회중의 가정을 심방하는 일은 일반적으로 헌금의 약속을 받는 주간이나, 어떤 필요나 계획 때문에 특별한 부탁을 할 경우나, 상대방에게 어떤 필요가 있는지 확인하려고 할 경우로 한 정되어 왔다.

그러나 당신은 집사가 계획을 세워서 전체 회중을 정기적으로 심방하는 일에 대하여 생각해본 적이 있는가? 만약 그것을 실행해보았다면 우리는 당신이 이 일의 가치를 발견했으리라고 추측한다. 만약 그런 일을 한 적이 없다면 우리는 당신이 그런 계획을 고려해볼 것을 권장하는 바이다.

목적

몸의 주인이신 주님이 회중 안팎에서 집사의 봉사가 행해질 것을 요구하고 계시며 또한 이것이 사회에 대한 증거의 열쇠라는 깃이 바로 본서의 주제이다. 이 주제가 성경적인 것이기 때문에 집사는 교회에 있어서 중요한 위치를 차지하게 된다. 그렇다면 집사와 다른 멤버들이 서로 잘 알게 되는 것과 교회 안에 집사의 손길이 골고루 미치는 것은 참으로 합당한 일이 아닐 수 없다. 그런데 그러한 상호 이해에 도달하기 위한 방법으로는 개인적이며 사전에 계획된 심방보다 더 좋은 것이 없다.

더욱이 이미 제안했듯이 우리는 집사들이 회중에게 청지기직의 원리를 부지런히 가르쳐주어야 한다고 믿는다. 이 일을 하기 위한 한 가지 방법이 바로 집사와 다른 지체들 사이의 세심하게 계획된 일대일 대화이다.

따라서 우리가 지금 생각하고 있는 것은 회중의 예산에 대한 몇 마디 말을 덧붙이는 사교상의 방문이 아니다. 우리가 생각하는 것은 회중이 더욱 지식과 열정을 가지고 섬기도록 만들기 위해 고안된 세심한 "교육" 프로그램이다.

방법

① 회중의 어떤 교구나 어떤 구역 혹은 어떤 "가정"에 대하여 책임을 맡은 집사와 장로는 자기들의 직접적인 보호하에 있는 모든 가정에 대한 연례 심방을 함께 실시할 수도 있다. 이 일에는 다음과 같은 유리한 점들이 있을 것이다.

- 장로는 교회의 영적, 교리적 관심을 대표한다.
- 집사는 이 관심의 물질적 표현을 대표한다.
- 그들이 함께 행하는 한 번의 심방은 행위로 믿음을 증거한다는 성경의 핵심 사항을 다시 강조하는 것이 된다.
- 장로의 참석은 지금 논의되고 있는 집사의 심방 프로그램에 대한 교회의 공식적인 승인을 확인시킨다.
- 장로와 집사는 교회의 일에 대한 멤버들의 반응을 함께 듣고 돌아와서 보고할 수 있다.

② 연례 심방은 집사들과 장로들이 교대로 실시할 수도 있으며, 이때에는 양자가 각기 나름대로의 입장을 가지고 심방에 임할 수

있을 것이다. 이때에 유리한 점은 다음과 같다.

- 장로의 심방 시에는 영적, 교리적 측면에 주력하고 집사의 심방 시에는 특별한 나눔 프로젝트에 주력할 수 있다.
- 회중에게 청지기직의 원리를 능숙하게 가르칠 수 있다.
- 장로의 존재가 드러내는 권징의 권위에 대한 암시 없이 특정한 가정의 관대함 문제를 더욱 솔직하게 추적할 수 있다.

위의 여러 가지 형태들 중 어느 형태가 가장 효과적인지는 각 회중이 결정할 것이다. 우리가 여기서 강조하고자 하는 것은 집사를 포함시킨, 계획성 있고 일정이 잡힌 심방 프로그램의 중요성이다.

유익

우리는 이미 집사의 심방으로부터 얻을 수 있으리라고 예상되는 유익들을 일반적인 방법으로 제시했다. 이제 우리는 그 특별한 유익에 대해 생각한다.

① 이런 프로그램을 통하여 회중은 집사의 봉사가 중요함을 의식하게 된다.

② 이것은 집사들 자신이 그들의 소명을 심각하게 받아들인다는 의미이다. 하나님이 축복하시면 이런 자세는 주변으로 확산될 것이다.

③ 회중에게 주어진 봉사의 도전과 기회에 대하여 자세하게 설명할 수 있는 기회가 주어진다.

④ 집사의 봉사가 요구하는 것이 무엇이며, 그로 인한 축복이 무

엇인가에 대한 솔직한 토론의 기회가 주어진다.

⑤ 회중 안팎의 필요를 채우는 데 사용될 수 있는, 자원(시간과 재능과 관심) 제공에 자발적으로 나서지는 못하지만 요청받을 때 기꺼이 섬기고자 하는 사람들이 참으로 많다.

⑥ 지금까지 발견하지 못했던 필요들을 발견할 기회를 제공한다.

⑦ 봉사에 있어서 협동 정신을 일으키는 데에 유익하다.

⑧ 교우들에게, 지금까지는 무관심했던 집사의 봉사의 길을 가르쳐주며 그 봉사에 자발적으로 참여하도록 유도할 수 있다.

심방 전에 할 일

심방을 위하여 얼마나 많이 준비했느냐에 비례해서 심방에 복이 내릴 것이다. 심방을 위한 준비로서 우리는 다음과 같은 것을 제안한다.

① 집사의 봉사를 여러 번 강조하고, 심방을 통해 어떤 일이 되어져야 하는지 특별히 강조하는 설교로 연례 심방 기간을 "시작"할 수 있게 목사와 긴밀하게 동역하라.

② 집사는 심방 기간에 강조해야 할 주제를 조심스럽게 계획한다. 그 주제로는 다음과 같은 것들이 있다.

- 청지기직의 여러 양상들에 대한 토론(1부 참조).
- 집사의 봉사에 대한 여러 가지 관점에 관한 토론(4부 참조).
- 집사의 봉사에 적용되는 비유들로부터 배울 수 있는 가르침 (24장 참조).

③ 그 기간에 강조되어야 할 주안점과 공유되어야 할 정보에 관하여 계획을 세우라.

④ 집사들이 어떤 영역에 관한 정보를 얻고 그것을 어디에 전달할지를 결정하라.

⑤ 처음 이야기를 시작할 때에 대화를 자극할 만한 구체적인 질문을 준비하라. 그 질문으로는 다음과 같은 것들이 있다.

- 어르신들을 더 잘 섬기는 데 도움이 될 의견이 있습니까?
- 청소년들의 필요, 특히 고아나 깨어진 가정의 희생자인 청소년들의 결핍을 채워주는 데 유익한 의견이 있습니까?
- 성도님의 가정이 경험으로 알게 되거나, 친척이나 독서 등을 통해 간접적으로 알게 된 성공적인 봉사 프로그램이 있습니까?
- 집사의 봉사와 복지 국가에 대하여 어떻게 생각하십니까?

요컨대 "예" 혹은 "아니요"라는 대답 이상의 반응을 얻을 수 있도록 질문을 계획함으로써 효과적인 토론을 시작하라. 대부분의 사람들은 일단 처음의 장벽이 허물어지기만 하면 자기들의 의견을 제시하기를 좋아한다.

⑥ 심방하기 전에 먼저 그 가족의 이름을 전부 알아두라. 또한, 그들에 관한 것들, 예를 들면 학교나 직장, 취미, 교회에서 현재 수행하고 있는 봉사, 지역사회에서의 활동 등에 관하여 조금씩 알아두는 것이 좋다. 이것은 사교를 위한 목적에서가 아니라 심방의 배경으로서, 또한 심방 도중에 진행될 모든 일을 위해서 그렇게 해야

한다.

⑦ 이번 심방에서 당신이 강조하고자 하는 청지기직의 원리를 숙지하며 그에 관한 이야기를 꺼내기에 적당한 시간을 찾아보라. 이렇게 해서 집사들은 여러 해에 걸쳐서, 성경적인 청지기직의 교육과정을 제공할 수 있다.

⑧ 심방 계획에 하나님의 축복이 임하도록 개인적으로 또는 합심해서 기도하라.

심방 도중에 할 일

① 시간을 지키라!

② 너무 오래 머물지 말라!

③ 미리 준비된 계획대로 대화를 진행시키되 융통성과 자연스러움을 잃지 말라.

④ 어린이들과 청소년, 청년을 포함해서 온 가족이 참여하도록 하라.

⑤ 심방한 사람 중에 누가 말을 시작하며, 누가 기도하며, 누가 성경을 읽을지 미리 계획하라(또한 어떤 성경 본문을 읽을지 정하라. 각각 자기의 성경을 지참하라).

⑥ 논쟁을 피하라. 그러나 불평을 귀담아 들어주고, 그 문제에 대해 집사들 사이에서(혹은 장로들 사이에서) 토론할 것을 약속하라. 만약 바람직한 불평이라면 "대답"을 주겠다고 하라.

⑦ 당신의 심방의 목적은 건설적인 결과를 위한 것이며, 그 목표는

이 세상에서 그리스도의 몸을 더 잘 섬기기 위한 것임을 명심하라.

심방 이후에 할 일

① 심방에 대하여 집사회(혹은 장로회)에 보고하라.

② 심방에서 배운 것(심방 기술, 해결되어야 할 문제)을 활용하라.

③ 당신의 심방이 성공적이었는지 돌아보라. 개선될 점은 무엇이며 무엇이 유용했는지 등에 관하여 혼자서 혹은 여럿이 함께 곰곰이 생각해보라.

④ 외로운 사람, 돌봐줄 사람을 필요로 하는 어린이, 수리해야 할 것들, 차를 태워주어야 할 사람 등 발견되는 모든 필요에 대응하기 위해 특별히 신경을 쓰라.

요약

깨어 있는 집사회는 위의 제안들이 심방 프로그램의 출발점을 가르쳐주는 것임을 발견할 것이다. 또한 이를 통해 하나님께서 자신의 교회를 두신 지역사회에서, 회중과 집사가 연합하여 귀중한 증거를 함으로써 회중과 집사 모두 더욱 큰 유익을 얻게 될 것이다.

Ⅱ. 교회 외부에 도움을 주는 기준

복음에는 경쟁자가 없다. 그러나 각 지역의 회중은 집사의 봉사를 위한 돈을 사이에 둔 강력한 경쟁 속에 휘말려 있다. 복음의 전파를 위해 또는 해외 빈민 구제를 위해 활동하는 선교 단체들을 도와달라는 호소가 라디오와 텔레비전을 통하여 밀려든다. 이런 호소들은 자연히 교회 내부 멤버를 구제하는 노력과 경쟁 관계를 형성하게 된다.

그러면 집사는 이런 경쟁을 어떻게 다루어야 할 것인가?

집사는 우선 많은 교우들이 외부 사역기관의 호소를 교회와의 경쟁으로 생각하지 않으리라는 점을 인식해야 한다. 과도한 논란은 그만두고, 집사는 멤버들이 지역 교회를 그들의 헌금 목록상 "첫째로" 삼도록 만들어야 한다. 나아가서 교우들의 경제적 책임 중 지역 교회에 대한 지원을 최우선 과제로 삼도록 해야 한다.

그러나 청지기직 대책 본부(task force)로서의 집사들은 현명한 기부와 현명하지 못한 기부에 대한 회중의 민감성을 길러주는 일을 담당해야 한다. 방송을 통해 원조를 호소하는 사람들에 대하여 멤버들은 무엇을 알고 있는가? 그들과 그들의 동기에 대하여 집사들 자신은 무엇을 알고 있는가? 그렇다면 무지 속에서 세심한 청지기직이 어떻게 실행될 수 있겠는가?

집사회는 기부에 관한 일을 자문해주는 회중의 청지기직 상담자가 되어야 한다. 그 방법은 다음과 같다.

① 당신의 지역사회 안에서 DM, 라디오, 텔레비전 혹은 잡지 광고로 지원을 호소하는 모든 곳들로부터 재정 보고서를 획득하고 분류해두라. 특히 가장 최근의 것들까지도 항상 보유하라.

② 그러한 분류 자료가 있다는 사실을 회중에게 알리고 그것을

활용할 것을 장려하라. 요구하는 모든 이에게 재정 보고서 사본을 제공하라.

③ 수집된 재정 보고서를 집사의 견지에서 분석해보라. 재정과 자금 갹출에 경험이 있는 집사들을 의지하거나 혹은 그런 경험이 있는 다른 사람을 초대하라. 예를 들면 총 경비와 사업비의 비율, 수입의 회계가 어떻게 이루어지고 있는지, 부대 비용은 어떻게 되고 있는지 등에 관하여 숙고하라. 회중이 그런 분석을 참고할 수 있도록 하며, 그런 분석에 대한 집사 자신의 객관적인 언급을 첨부하여도 좋다.

④ 재정 보고서의 제출을 거부하는 모든 단체를 회중에게 알려주라.

⑤ 재정 보고서가 없다는 사실로 미루어보거나 제시된 재정 보고서를 분석한 결과, 그 개인이나 단체를 신뢰할 수 없는 경우에는 과감하게 그 사실을 말하라.

⑥ 실제 경험으로 얻은 법칙인 '대표가 없이는 세금도 없다'는 것은 예부터 내려온 귀중한 정치적 원리이다. 그런데 여기에 비슷한 원리가 있다. 책임성(accountability)이 없는 곳에는 자선을 베풀지 말라.

요약

기금을 구하는 사역기관의 호소에 응하는 문제에 대한 모든 책임을 각 교우들에게 맡겨 버리는 것은 쉬운 일이며, 또 그렇게 하려는 유혹을 받기도 쉽다. 또한 실제로 많은 교우들은 그 일에 대한 전적인 책임을 자신이 지고자 할 것이다. 그러나 그런 개인주의는 교회인 "몸"의 개념에는 어울리지 않는 것이다. 집사들은 책임 있는 기부(교우와 집사는 모두 주님 앞에서 이 일에 책임을 져야 한다)를 위해서 습득가능한 모든 정보를 통신문을 통해서 교우들에게 제공해야 할 의무가 있다. 이것은 물론 까다로운 일이다. 그러나 성실한 집사에게 쉬운 길이 약속되어 있는 것은 아니다.

Ⅲ. 장로로서의 집사

작은 교회에서는 집사가 가끔 장로의 직분을 겸임할 때가 있다. 때로는 한 명의 장로와 한 명의 집사가 주어진 구역을 위해 팀으로 활동하기도 한다. 어떤 교파들과 교회에서는 이 두 가지 직분이 별로 구별되지 않고 있다.

장로의 직분의 성격
① 권위
장로는 하나님의 임명을 받아서 봉사하며, 비록 그가 민주적인 방식으로 선출되기는 하지만 그의 권위는 회중에게서 나오는 것이 아니라 하나님에게서 나온다.
② 책임성(accountability)
장로는 성경에 계시된 주님의 뜻에 따라서 주님 앞에서 책무를 지며 회중은 장로에게 "복종"할 의무가 있다.

"너희를 인도하는 자들에게 순종하고 복종하라 그들은 너희 영혼을 위하여 경성하기를 자신들이 청산할 자인 것 같이 하느니라"(히 13:17).

③ 우선순위

장로로서의 봉사도 할 것으로 예상되는 집사들 그리고 이 직분을 위해 후보로 지명된 멤버들은 이 일에 최우선순위를 부여해야 한다.

④ 안전장치

이 직분의 남용 혹은 오용을 방지하기 위하여 성경은 다음과 같은 원칙들을 설정해놓고 있다.

- 복수성 : 하나님의 말씀은 항상 장로회의 다수성, 즉 두 명 이상이 다스릴 것을 말하고 있다. 장로회의 결정은 민주적인 방법으로 내려져야 한다.
- 동등성 : 가르치는 장로(목사)나 모임의 의장이 그 신분이나 권위에 있어서 다른 장로직보다 우월하지 않다. "그러나 너희는 랍비라 칭함을 받지 말라 니희 선생은 하나요 너희는 다 형제니라"(마 23:8).
- 연합 : 장로회 내에서의 협동과 연합은 회중을 위한 본보기가 된다. 지역 교회와 교단(노회, 대회, 장로회, 위원회 등) 간의 연합을 통하여 세상에서 그리스도의 교회를 세운다.

장로의 책임들

책임과 권위는 서로 관련 깊다. 장로의 책임의 개략적인 사항은 두 군데의 성경의 가르침에서 발견된다.

① 이 직분에 붙여진 명칭

성경은 장로의 직분을 표시하기 위하여 "*presbyter*"(장로)와 "*episcopos*"(감독)라는 두 개의 헬라어를 교대로 사용하고 있다. 이 두 단어는 모두 감독(oversight)과 관리(supervision)의 권위와 책임을 암시하고 있는 것들이다.

② 장로의 직분에 맡겨진 임무들

㉠ 교리와 생활면에서 자기 자신을 살펴야 한다.

"여러분은 자기를 위하여…삼가라"(행 20:28).

"양 무리의 본이 되라"(벧전 5:3).

㉡ 회중을 살펴야 한다.

"온 양 떼를 위하여 삼가라"(행 20:28).

"하나님의 양 무리를 치되"(벧전 5:2).

여기에는 다음과 같은 일들이 포함된다.

- 공예배를 관할한다. 설교의 순결성과 능력, 음악과 성가대, 예배 예식의 특수한 요소들 등을 관리한다.
- 영적인 어려움이나 결핍에 처한 사람들에 대해 특별한 관심을 갖고 멤버를 심방한다. 이 일은 장로와 집사가 팀을 꾸려 실시할 수도 있다.
- 순종을 장려하고, 경건한 생활을 권고하며, 권징을 실시한다.

㉢ 다음과 같은 활동을 통하여 하나님의 교회를 보살펴야 한다.

- 합당한 설교 사역을 예비하며, 목사의 교리, 생활, 설교에

대한 성실한 감독과 함께 부족함 없는 지원을 제공한다.

- 시기에 맞는 합당한 성례를 실시한다.
- 요리문답이나 주일 학교를 통한 청소년 교육에 특별한 관심을 가진다. 그리고 그들과 함께 동참하여서 그들이 마주하는 유혹과 더불어 투쟁한다.
- 병든 자, 외출이 불가능한 자, 노인, 낙담에 빠진 자, 정신적으로 이상이 있는 자 등에 대한 특별한 배려가 실시되고 있는지를 확인한다. 또한, 긴급한 문제들로 고통당하는 자들이 방치되고 있지는 않은지 확인한다.

장로에게 맡겨진 것

장로의 감독하에 매우 귀한 보화가 맡겨져 있다. 그것은 주님이 "자기 피로 사신"(행 20:28) 주님의 소유인 교회이다.

장로에 대한 도전

주님과 그의 장로들에게는 양 떼의 영혼을 노리는 원수가 있다.

"너희 대적 마귀가 우는 사자 같이 두루 다니며 삼킬 자를 찾나니"(벧전 5:8).

또한 마귀도 자기 나름의 선교사를 파송한다.

"사나운 이리가 여러분에게 들어와서 그 양 떼를 아끼지 아니하며 또한 여러분 중에서도 제자들을 끌어 자기를 따르게 하려고 어그러진 말을 하는 사람들이 일어날 줄을 내가 아노라"(행 20:29-30).

그러므로 장로는 깨어 있어야 한다(행 20:31). 장로들은 "하나님의 전신 갑주"로 무장해야 한다(엡 6:11-17).

18장
두 번째 동심원 : 회중 안에 있는
빈궁한 자를 섬김

"그러므로 우리는 기회 있는 대로 모든 이에게 착한 일을 하되 더욱 믿음의 가정들에게 할지니라"(갈 6:10).

"네 형제가 가난하게 되어 빈 손으로 네 곁에 있거든 너는 그를 도와…"(레 25:35).

무화과나무에 빗대서 말하자면 집사의 봉사의 첫 번째 동심원을 통하여 회중은 자기 스스로를 위한 잎을 내게 된다. 잎사귀는 나무의 생명을 위하여 필수적이다. 그러나 그것의 목적은 나무로 하여금 열매를 맺게 하는 것이다. 그리고 집사들이 회중의 필요에 대한 봉사를 실행할 때 비로소 열매가 맺히기 시작한다.

우리는 그런 봉사를 세 개의 항목으로 논의하고자 한다. 각 항목은 여러 구체적인 제안과 사례 연구를 포함한다.

1부에서는 명백하게 눈에 띄는 필요를 채우는 것에 대해 논한다. 흔히 이런 필요들은 경제적 어려움이라는 형태로 가장 많이 나타난다. 그러나 우리는 다른 형태의 결핍에 대해서도 숙고할 것이다.

2부에서는 회중에 도전을 주는 것에 대해 논한다. 회중은 그 몸 안에 있는 필요를 섬기기 위해 사용되기를 기다리고 있는 시간, 재능, 기술 그리고 열정의 저장소이다. 이는 작은 규모의 회중에서도 마찬가지이다. 따라서 집사들이 이런 미개발의 잠재력을 끌어내어 아직 충족되지 못한 필요들에 사용되게 함으로써 유익을 가져올 수 있다.

3부에서는 회중의 필요에 대해 판단하는 것에 대해 논한다. 회중의 어떤 사람이나 가족이 정말 어려운 상황에 처해 있다는 말이 들려오지만 집사가 그것이 사실이라고 말할 수 있는 아무런 증거가 없을 때에, 그 필요가 실제로 존재함을 어떻게 결정할 것인가? 우리는 이러한 결정이 이루어질 수 있는 방법을 제시하고자 한다.

1부. 명백한 필요를 채워줌

I. 물질적 필요

필요는 가장 흔히 돈이나 재물의 부족이라는 옷을 입고 나타나지만, 필요가 단지 경제적인 부분에만 제한되는 일은 거의 없다. 우리가 재물의 궁핍을 주시하는 것은 그것이 가장 감추기 어려운 필요이며, 비록 일시적일 수는 있지만 가장 극복하기 쉬울 때가 많은 필요이기 때문이다. 더욱이 앞에서도 살펴보았듯이 사람이 자기의 물질적 소유를 물질적 결핍에 빠진 사람과의 관계 속에서 어떻게 처리하느냐 하는 것은 그의 영혼의 상태에 대한 확실한 지표이다.

성경은 가난한 자들의 곤경에 주목하고 있다. 집사들은 손에 펜을 들고 가난한 자를 돌보는 일에 관한 하나님의 명령에 밑줄을 그으면서 성경 전체를 읽는 기회를 가진다면 유익할 것이다. 집사들은 물질적 빈곤의 형태의 다양성을(비록 그들이 이 모든 것을 다 접해볼 수는 없지만) 배움을 통해 알 수 있다.

① **극빈자**(the destitute). 이들은 재물뿐 아니라 미래에 대한 희망도 없는 자들이다. 그들은 기아, 무관심, 고통에 너무나 심하게 시달렸기 때문에 아무런 희망도 없다.

② **궁핍한 자**(the indigent). 이 사람들은 오랫동안 가난하게 살아온 사람들이다. 그들의 삶은 최저 생활의 수준에 익숙해졌으며, 특별히 경축할 일이라고는 없는 삶을 살고 있다. 그들의 자녀들은 아무런 선물도 받지 못하며, 그들의 거처는 조악할 뿐이며 수리 작업도 불가능하다.

③ **가난한 자**(the poor). 이 사람들은 위의 두 가지 범주에서는 어느 정도 벗어났지만 여전히 위의 두 가지 상태로 들어갈 수 있는 고비에 놓여 있는 사람들이다. 저축해 놓은 것이 없기 때문에 이들은 재앙이 임하기도 전에 그것을 두려워한다. 이들은 상식에 반하는 행동을 한다. 일순간의 풍족한 생활을 위하여 자동차나 텔레비전을

구매하거나 주말의 파티를 위하여 과도하게 돈을 쓸 수도 있다. 이들은 수입의 관리에 있어서 허술하거나, 재산 관리에 있어서 어리석거나, 가정을 꾸려나가기 위해서 필수적인 기본적 소양에 있어서 무지할 수도 있다.

④ 어떤 형태의 것이 되었든지, 가난이 집사에게 제시하는 도전은 최소한 세 가지임이 분명하다.

㉠ 긴급한 필요는 채워져야 한다. 그러나 다음을 확인하라.

- 그러한 필요들 중의 어느 정도가 공공 구제 사업에 의하여 공급되고 있으며 또한 공급될 것인가? 집사들은 그들이 공공 원조의 지원을 충분히 받고 있는지 확인해야 할 것이다.
- 그들이 공공 원조의 수급자 자격이 됨에도 불구하고 미처 혜택을 받고 있지 않은 것은 없는가? 건강 보험 제도는 적용되고 있는가? 그것을 위한 노력이 이루어져 왔는가? 만약 필요하다면 할인 또는 무상 치료가 가능한가?
- 집사의 기금이 가장 잘 사용될 수 있는 방법은 무엇인가?

㉡ 필요한 원조의 기간이 사전에 측정되어야 한다. 이것은 일시적인 위급사항인가 아니면 장기간에 걸친 위급사항인가? 만약 장기간이라면 다음의 조치가 필요하다.

㉢ 장기간에 걸친 위급사항이라면 그 상황에 대한 연구와 분석이 실시되어야 한다. 그 가난이 다른 근본적인 문제에서 비롯된 증상이나 결과인가? 만약 그렇다면 그 문제들을 따로 떼어내서 해결할 수 있는가? 예를 들면 다음과 같다.

- 부양자의 일할 능력을 감소시킨 신체적, 정신적 질병이 있는가? 그 가족은 양친의 어느 한편이 없거나 혹은 양편이 다 없는 결손 가정인가? 그 집의 부양 책임을 맡은 가장이 있는가?
- 연로함과 고용될 수 없는 상태가 문제인가?
- 훈련이나 교육을 받지 못한 것이 실업의 원인인가?
- 알코올 중독의 문제가 결부되어 있는가? 만약 그렇다면 이 문제가 얼마나 오래되었는가?
- 그 가족은 지금 벌고 있거나 과거에 벌었던 수입을 관리하는 방법을 알고 있는가? 그들은 무엇에 우선순위를 두어야 할지를 알고 있는가? 무절제한 욕망을 제어할 수 있는가? 그렇게 하려고 노력하는가?
- "복지 국가주의"로 인해 원조에 의존해서 살고자 하는 수동적인 태도가 고착되었는가?

이런 종류의 문제들이 해결되는 것은 물론 쉽지 않다. 하지만, 이 문제들을 발견할 때까지는 그것에 대한 공격조차 시작할 수 없는 것이다. 그러나 집사의 도움이 일회성 원조일 뿐 아니라 동시에 근본적인 회복 작업이 되기 위해서는, 집사들이 최선을 다해 이런 문제를 제기하고 그에 대한 대답을 제공해야 한다.

집사들은 자신들이 가난에 부딪쳐 보았던 체험을 조심스럽게 분석하고 가난한 자들을 다룬 보고서나 논문들에 대해 토론하면서 가난을 대하는 방법과 가난의 유익한 요소들에 대하여 많은 것을 배울 수 있다. 한 집사의 경험을 다른 집사의 경험과 비교하는 것도 유익할 수 있다.

물질적인 결핍은 어떤 때에는 외양을 멋지게 꾸민 절망이라는 옷을 입기도 한다. 때로는 많은 자살의 원인을 추적해보면 더 이상 손을 댈 데가 없을 만큼 과도하게 확장된 "성공" 때문인 경우가 있다. 집사는 항상 그들이 최후에 의지할 수 있는 안식처가 되어야 한다. 그리고 실제로 최후의 안식처가 있다는 사실과, 이에 대한 전적인 신뢰는 항상 헛되지 않을 것이라는 사실이 회중에게 알려져야 한다. 누더기 옷을 걸치고 있든지 나들이 옷을 입고 있든지 가난은 여전히 가난이다. 그런데 주님 안에서의 형제자매인 한 인간이 항상 그 가난 속에 빠져 있다. 경제적인 곤경에 깊이 빠져 있는 어떤 사람이 자기의 자존심 때문에 친구에게 호소하지도 못하고 거절될 것이 두려워서 집사들에게도 호소하지 못한다면 이것은 당신의 회중에게 얼마나 큰 비극인가. 심지어 그 사람이 집사는 자기를 돌보는 사람이 아니라고 생각한다고 가정해보라.

일시적 실업 상태인데 당장 돈을 갚아야 해서 물질적 필요가 생길 수 있다. 바로 그때에 집사가 거기에 있어서 그 위기를 해결해주며 일자리 찾는 일을 도와주어야 한다.

"특수한" 아이들 혹은 불구자인 어른들을 보살펴야 할 짐을 지고 있는 가정들이, 집은 수리되지 못했고 차는 고장나고 건강 상태는 무관심 속에 방치되어 있고 꾸준한 물가 상승으로 음식이 점점 부족해지는 상황에서 극히 절망적인 삶을 살고 있을 수도 있다. 바로 그들에게 주께서 그들을 돌보시기 때문에 집사도 그들을 돌볼 것이라는 사실을 가르쳐주라. 또한 주께서 집사의 손에 맡기신 것들을 가지고 기꺼이 도울 것이라는 사실을 가르쳐주라. 가정을 부양하기 위해 드는 비용이 점점 높아지고 있다. 혹시 누군가가 정상적인 생활을 위한 수입을 올리지 못하고 있지는 않은가? 어떤 가정에서는 자라나는 자녀와 요양원에 있는 부모를 위한 수입을 올리지 못하고 있지는 않은가?

재난만 없었다면 자족할 수 있는 가정이 재난 때문에 위협을 받을 수도 있다. 그 재난이 사고이든 가정불화이든 예기치 않았던 사업의 실패이든 사지나 시력이나 보행 기능의 상실이든 집사의 손은 언제나 그런 위기를 뚫고 나갈 수 있도록 도와야 한다.

II. 다른 차원의 필요

감정상의 필요

① 요양원(rest home, 한국의 통상적인 요양원과는 성격이 다를 수 있음—편집주)에 있는 노인들은 고독을 느끼며, 자녀들이나 목사들이나 교회 안팎의 있는 친구들의 무관심의 대상이 될 수 있다(혹은 본인이 그렇게 느낄 수도 있다). 계획에 근거한 정기적인 심방 그리고 신경쓰지 않는 자녀들에 대한 꾸준한 권면이 집사의 역할이다.

② 어떤 연령층이 되었든지, 외로운 상태에 있거나 친구가 없어 보이는 사람들에게 카드를 보내거나 전화를 해주거나 한 번 방문해

주는 일을 통해 집사는 소외된 멤버를 위한 몸의 사랑을 나타낼 수 있다. 상상력이 풍부한 집사는 책이나 레코드를 선물로 보내거나 같이 외출하는 등 여러 가지 돌봄 형태를 생각해 낼 것이다.

③ 집을 나간 자녀나 불충실한 배우자에 의하여 혹은 완고하고 이해심이 없는 부모 때문에 특별한 짐을 지고 있는 사람들, 고아, 과부, 버림받은 사람, 이런 모든 사람들이 한마디의 말, 한 번의 전화, 한 장의 카드, 하나의 선물 등에 의하여 한 줄기의 햇살을 발견할 것이다.

영적인 필요

① 집사들은 위에서 소개한 방법으로 자신들의 관심을 표현함으로써 목사와 장로의 사역을 보좌할 수 있다.

② 집사들도 하나님의 말씀을 맡고 있으며, 또한 다스리고 가르치는 장로들이 주의를 기울여야 할 영적 필요들이 있는지 확인할 수도 있다.

거의 눈에 띄지 않으며 따라서 쉽게 무시되는 필요

① 비상시의 수송

② 상점이나 진료소 혹은 친구에게로 정기적으로 태워다주는 일

③ 계획적으로 노인에게 따뜻한 식사를 대접하는 일 혹은 어머니가 멀리 떠나 있거나 아픈 아이들에게 그렇게 해주는 일

복합적인 필요

① 성경은 과부와 고아에 대한 하나님의 보호를 매우 분명하게 가르친다.

"너는 과부나 고아를 해롭게 하지 말라"(출 22:22).

"고아와 과부를 위하여 정의를 행하시며"(신 10:18).

"객이나 고아나 과부의 송사를 억울하게 하는 자는 저주를 받을 것이라"(신 27:19).

예수님은 불의한 재판관의 비유에서, 공의를 위하여 자신에게 부르짖는 자의 소리를 하나님은 기꺼이 들어주신다는 사실을 보여주신다(눅 18:1-8). 그런데 하나님께서 그 부르짖음을 들으신다면 그분의 교회도 역시 그것을 들어야 한다. 집사들은 회중 안에서 강자에 의한 약자의 학대가 포착될 때, 그것이 어떤 형태(부당한 요구, 불충분한 임금 지급, 부당한 이자, 비인간적인 대우 등)를 취하든지 결코 그러한 경우를 간과할 수 없다.

만약 그것이 늙은 과부를 돕는 일이라면, 바울이 그것에 대하여 분명하게 가르쳤다.

"만일 어떤 과부에게 자녀나 손자들이 있거든 그들로 먼저 자기 집에서 효를 행하여 부모에게 보답하기를 배우게 하라"(딤전 5:4).

만약 그것이 불의에 관계된 일이라면, 집사들과 장로는 협력해서 징계를 내려야 할 것이다. 강자에 의하여 짓밟히는 약자의 부르짖음을 하나님이 하늘에서 듣고 계신다면, 교회에게 다른 여지가 없는 것이다.

② 성경은 형제의 결핍을 덜어주기 위하여 빌려준 돈에 대하여 이자를 받는 것을 달가워하지 않는다. 16세기에 칼빈은 사업적 모험을 위한 돈의 대부(이 경우에는 이자를 받는 것이 합법적이다)와 절박한 필요를 가지고 있는 형제에 대한 대부(이 경우에 대하여 성경은 이자를 받는 것을 명백히 금했으며, 심지어 원금을 돌려달라는 요구도 하지 말라고 가르치고 있다) 사이에 구별을 두는 모범을 보여주었다.

"네가 만일 너와 함께 한 내 백성 중에서 가난한 자에게 돈을 꾸어 주면 너는 그에게 채권자 같이 하지 말며 이자를 받지 말 것이며"(출 22:25).

"네가 형제에게 꾸어주거든 이자를 받지 말지니 곧 돈의 이자, 식물의 이자, 이자를 낼 만한 모든 것의 이자를 받지 말 것이라"(신 23:19).

집사들은 이 명령을 어긴 형제에 대하여 호소하는 사람들의 부르짖음에 눈을 감아서는 안 된다. 이때에 집사들은 채권자의 마음과 정신과 뜻에 빛을 비추어주기 위해 노력해야 하겠지만, 동시에 그런 채무자를 구해주는 일도 간과하지 말아야 할 것이다.

③ 깨어 있는 집사는 회중 속에서 가난한 상태에 빠져 있지는 않지만 수지를 맞추기 위하여 애를 쓰는 사람들의 물질적인 필요와 그 밖의 다른 필요들을 채워주기 위하여 자기들이 능동적으로 취할 수 있는 길을 항상 찾고 있어야 할 것이다. 예를 들면 가톨릭의 교구들은 적당한 이익에 한몫 낄 수 있는 지체들에게 낮은 이자로 대출할 수 있는 신용협동조합의 모델을 확립하였다. 그리고 구성원들의 이익을 위하여 협동구매가 광범위하게 행해지고 있다. 당신의 집사회도 다른 집사회와 협력하여 그런 것들을 만들 수 있다.

그러나 집사들은 그런 협동조합에 의하여 사업이 위협받는 멤버로 인해 회중 안에 분열이 생기는 것을 경계해야 한다. 협동조합의 운영은 다른 상인과 협동조합 양자 모두에게 이익이 될 수 있도록 사전에 조정되는 것이 바람직하다. 어쨌든 협동조합이 시작되기 이전에 불협화음을 피하기 위한 모든 노력이 기울여져야 할 것이다. 바로 여기에 도전이 있는 것이다. 이 문제를 깊이 생각해보라!

2부. 회중에 대한 도전

하나님은 우리의 다른 모든 재능과 은사에 대해서 권리를 가지시듯 재물에 대해서도 권리를 가지신다는 표시로서 우리에게 재물의 십일조를 명하신다. 회중 전체의 역량을 첫 열매인 상호 봉사와 도움을 이끌어 내는 일이 집사에게 주어진 도전이다.

집사들은 전체 몸과 그 몸의 머리이신 주님을 대표해서 회중의 필요를 채우는 일에 봉사한다. 이 일은 순종의 두 번째 동심원에 속하는 일이다. 집사들이 사람들의 재능을 차출하여 궁핍한 자들을 돕게 하는 일에 성공할 때, 집사의 활동은 봉사의 세 번째 동심원으로 나아갈 것이다. 이에 대해서는 다음 장에서 자세히 논의할 것이다.

I. 재능의 십일조를 바치는 일

앞에서 논의된 인간의 필요의 여러 가지 형태들은(물질적, 감정적, 영적 형태들) 결국 교회의 봉사를 요하는 여러 가지 필요들을 기술한 것이다. 이런 필요들을 파악하는 책임이 무엇보다도 먼저 집사에게 지워진다. 게다가 회중의 멤버들이 각자에게 주어진 재능, 은사, 교육, 시간, 기술, 흥미 등의 특기들을 사용하여 사람들의 필요를 채워줌으로써 주님을 섬길 수 있도록, 집사들은 다른 멤버들의 협력을 구하는 의도적인 노력을 기울여야 한다. 거기에는 다음과 같은 방법들이 있다.

다른 사람들로부터 배움

가난과 그 원인을 이해하려는 집사의 노력은 복지정책관, 사회복지사, 경찰관, 경제학자, 은행가, 법률가 등과의 토론에 의하여 크게 진작될 수 있다. 이런 사람들을 집사 모임에 초대하라. 가난의 문제를 토론하는 공공 모임을 계획하라. 가난과 궁핍과 경제적인 어려움의 실체에 대하여 배울 기회를 마련하라.

또한 집사들은 그들을 지도할 수 있으며, 문제 진단, 원인 분석, 치료에 있어서 그들을 도울 수 있는 전문가가 회중 속에 있는지 찾아보아야 한다. 집사들은 모든 지식과 전문 기능은 주님께 속한 것이라는 사실을 근거로, 회중 속에서 집사의 봉사에 유익한 지식과 경험을 가진 사람을 찾아내려고 노력해야 한다.

다른 사람들을 모집함

집사는 다른 사람들에게 봉사함에 있어서 그 몸을 대표한다. 그러나 자신이 대표하는 사람들을 완전히 대신하는 것은 아니다. 집사를 통하여 나누어지는 헌상은 물론 직접 주님께 드려진 것이지만, 헌금한 사람들은 그것을 주님을 기꺼이 섬기고자 하는 마음의 표시로 여겨야 한다. 궁핍한 자들에게 선을 행하는 일에 참여하는 그런 회중의 참여를 조직화하고 지도하는 일은 집사에게 맡겨진 가슴 설레는 기회들 중의 하나이다.

집사들은 시간을 들여서 그들 자신의 교회를 연구하여야 한다. 그러한 연구를 통하여 그들은 회중의 역량에 대한 개관을 가질 수 있게 될 것이다. 대부분의 회중 속에는 집사들이 처음 가정했던 것보다도 훨씬 광범위한 하나님의 선물이 있을 것이다. 그것을 다음 여러 범주들로 분류하라.

① **전문적인 것**. 법률, 사업, 금전 관리, 의료, 정부와의 관계 등에 관한 전문적인 봉사나 조언이 요구될 때도 있을 것이다. 집사들은 회중 가운데 누가 무료로 혹은 온당한 대가를 집사로부터 받고 이러한 봉사를 할 수 있는지를 알고 있어야 한다. 누가 과연 전문적인 상업 정신이 아닌 순수한 마음으로 가장 싸게 약을 처방할 수 있겠는가? 누가 복잡한 법적 문제를 해결할 수 있는가? 누가 법을 다룰 수 있는가? 누가 곤경에 처한 아이들이나 자포자기한 부모의 상담역이 되어줄 수 있는가? 누가 고리대금업의 희생자를 해방시켜 줄 수 있는가?

② **기계적이며 직업적인 것**. 문을 고정시키는 일, 부서진 시설물이나 창문의 수리, 물이 새는 것을 막는 일, 자동차의 모터를 조정하는 일, 영양가 높은 식사 만들기, 옷 수선하기 등이 문제가 될 수 있다. 혹은 다른 고용 훈련이나 재훈련하기, 견습 자리를 찾기, 다른 종류의 일에 대한 능력을 입증할 수 있는 기회를 얻기, 가석방의 기회를 얻기 등이 문제가 될 수도 있다. 그러한 필요를 충족시키기 위해 자기의 기계적 기술이나 직업적 지식을 제공할 수 있는 사람은 누구인가?

③ **인격적인 것**. 어떤 어린아이들은 사랑과 인내심을 지닌 큰형 내지 큰언니 같은 사람을 필요로 한다. 부모를 모시고 살지 않는 부부는 유급으로 집과 아이를 돌보아줄 사람을 필요로 한다. 오랫동안 병석에 누워 있는 사람에게는 매일 전화를 걸어주는 일이 필요할 것이다. 잠깐 병석에 누운 사람도 돌보아줄 사람을 필요로 할 것이다. 곤경에 빠진 사람은 상담을 간절히 필요로 하며, 긴장 상태 속에 빠진 가족은 긴장을 완화시키는 관심을 필요로 한다.

가르침

하나님이 회중 속에 주신 재능들로 그 몸의 여러 필요들이 충족되게 하는 일이 쉽지는 않을 것이다. 모든 재능과 기술은, 하나님께로부터 온 것이라는 신념을 가지고서 집사들은 끊임없이 두 가지의 교육적 과업을 수행해야 한다.

① **자기 자신을 가르침**. 본서의 제1부에 비추어서 집사들은 주님

께서 그분의 교회에게 하사하신 모든 재물과 재능의 십분의 일의 선취 특권이 교회에게 있다는 사실을 완전히 확신하고 있어야 한다. 집사들은 사람들에게 가난한 자를 도우라고 권면할 때, 그 사람들이 그렇게 할 의무를 주님께 대하여 "부담하고 있다"는 사실을 당연하게 여겨야 한다. 집사는 구걸하는 것이 아니다. 그는 친절을 부탁하는 것이 아니다. 그는 단지 "그들의 회개에 합당한" 선행과 하나님의 권속의 일원으로서 합당한 의무를 행할 것을 지체들에게 지적해주는 것이다. 더욱이 집사는 재물과 재능을 나눌 수 있는(이 일을 통해서만이 그들의 소유는 정당한 것이 된다) 기회의 문을 열어 주는 것이다. 집사를 통하여 주님은 다음과 같이 말씀하시고, 경고하신다.

"너희가 여기 내 형제 중에 지극히 작은 자 하나에게 한 것이 곧 내게 한 것이니라"(마 25:40).

"이 지극히 작은 자 하나에게 하지 아니한 것이 곧 내게 하지 아니한 것이니라"(마 25:45).

봉사할 기회의 문이 있는데도 그 문을 열지 않은 집사는 그들의 형제로부터 자선을 통한 순종의 기회를 박탈한 셈이다.

물론 실제로 이런 식으로 행하는 것보다는 단지 이런 식으로 하는 게 어떻겠느냐고 제안을 하는 것이 더 쉽다. 지체들에게 호소하는 것이 그들에게 봉사의 기회를 부여하는 것이라는 마음가짐을 갖는 집사는 비록 적개심은 아니라 할지라도 어느 정도의 저항을 예상해야 할 것이다. 그러므로 집사들은 한 몸의 지체들이 서로 어떻게 의존하고 있는가에 대한 바울의 생생한 묘사를 자주 참조함으로써 개인적으로 혹은 집단적으로 자기들의 입장을 강화해야 한다.

"몸은 한 지체뿐만 아니요 여럿이니 만일 발이 이르되 나는 손이 아니니 몸에 붙지 아니하였다 할지라도 이로써 몸에 붙지 아니한 것이 아니요 또 귀가 이르되 나는 눈이 아니니 몸에 붙지 아니하였다 할지라도 이로써 몸에 붙지 아니한 것이 아니니…그러나 이제 하나님이 그 원하시는 대로 지체를 각각 몸에 두셨으니 만일 다 한 지체뿐이면 몸은 어디냐 이제 지체는 많으나 몸은 하나라…몸 가운데서 분쟁이 없고 오직 여러 지체가 서로 같이 돌보게 하셨느니라 만일 한 지체가 고통을 받으면 모든 지체가 함께 고통을 받고 한 지체가 영광을 얻으면 모든 지체가 함께 즐거워하느니라"(고전 12:14-16, 18-20, 25-26).

바울은 로마서 12장 3-8절에서도 동일한 주제를 강조하고 있다.

집사는 각 멤버가 다른 멤버를 위하여 기여할 필요가 있는 것은 무엇이든지 그 몸에 대하여 빚을 지고 있는 것이라고 믿어도 틀린 것이 아니다. 만약 그렇지 않다면 그는 멤버가 아닐 것이다. 이것은 하나님이 바울을 통하여 분명하게 가르치셨고 다른 곳에서는 이스라엘을 통하여 분명하게 가르치신 것이다. 그러므로 집사는 그리스도의 몸의 멤버가 된다는 사실이 어떤 일을 수반하는지 각 멤버들이 바로 이해하고 실천하게 하는 것을 자기의 소명이라고 여겨야 할 것이다.

물론 이런 관점에 대한 반론도 제기될 것이나, 그럼에도 이것은 하나님의 관점이다. 이 관점에 근거하여 행동하라.

② **회중을 가르침**. 다시 한 번 말하거니와 통신문을 사용하고, 장

로들과 목사로 하여금 회중에게 그 지체들에 대한 몸의 책임을 가르치도록 계속적인 영향력을 가하라. 집사들은 그런 일반적인 권면 외에 개인적인 설득 작업도 해야 한다. 별로 내키지 않아 하는 사람들을 그들의 완고한 어리석음으로부터 "구원하라." 12장에서 다루었듯이 선을 행하는 것은 그리스도인들이 원할 때에만 선택하는 선택사항이 아니다. 집사는 선행이 말에서 행동으로 넘어가는 그 중간 단계에 위치한다. 사랑에 관한 풍성한 말들이 실제로 자비의 행동으로 연결되지 못한다면 집사는 그것에 대해서 책임이 있는 것이다.

③ 그 몸 안에서 요구되는 봉사가 어떤 것이든지, 집사는 바로 그 봉사를 위하여 몸 안의 어떤 멤버를 찾아가야 할지 잘 알고 있어야 한다. 이렇게 함으로써 서로 연결된 세 가지의 축복이 성취된다.

- 필요가 충족되며, 이것은 받는 사람에게 축복이다.
- 선이 행해지며, 이것은 베푸는 사람에게 축복이다.
- 이렇게 하여 그리스도를 섬기며, 이것은 교회에게 축복이자 세상에 대한 증거이다.

II. 제안

다음의 제안은 집사들 혹은 그들이 조직한 멤버들이 회중의 필요를 구체적으로 섬길 수 있는 방법이다.

① 노인과 과부를 위한 봉사

- 계절이 바뀔 때에 도와줄 것 : 덧문, 창문, 정원 정리 등 집 전체와 정원 보수
- 연료비 부담을 경감하기 위한 도움 : 단열재, 더 좋은 난방 기구의 준비 등
- 봉사 기관들과의 필요한 접촉과 서류 작성을 위한 도움 : 의료 보장, 보험, 특별 혜택 등
- 제설 작업, 장보기, 병원에 함께 가기, 혹은 외출을 도와줌
- 최근에 남편을 떠나보낸 여인에 대한 특별한 관심 : 긴급한 필요들, 서류 작성, 성급한 재혼 결정에 대한 주의, 착취로부터의 보호 등

② 긴급한 상황시 할 수 있는 봉사
- 법적인 조언
- 구호 양곡권(food stamps)과 다른 도움들을 받을 수 있게 함
- 적당한 거처의 마련, 긴급 의류, 식량을 도와줌
- 실직 보험, 노동자 보상금을 포함하여 가능한 보험 혹은 보상금의 혜택을 발견할 수 있도록 도와줌

③ 그 외 다양한 봉사
- 실직 상태의 청년을 위한 특별한 노력 : 일자리를 찾아주거나 직업 훈련을 시킴, 교회에서 행하는 특별한 프로젝트, 이웃집 청소 등
- 필요시 이용가능하게 함 : 휠체어, 병원 침대, 24시간 간호에 있어서의 도움 등

- 시각 장애인과 청각 장애인에 대한 도움 : 그들의 필요를 위한 특별한 도구의 마련
- 불구의 자녀를 둔 부모가 사정상 약간의 휴가를 얻는 동안에 그 자녀들을 돌보는 일

사람들의 필요들이 다양하듯 집사가 할 수 있는 봉사도 가히 끝이 없을 정도이다. 이런 모든 일은 주님을 위하여 창의적이고 창조적인 일을 하고자 하는 집사의 열심에 달려 있다. 왜냐하면 주님은 같은 회중에 속해 있는 멤버들의 필요 속에서 발견되고자 하시기 때문이다.

Ⅲ. 사례 연구

우리는 위에서 제안한 방법이 지역 교회의 실제 상황에 주의 깊게 적용된 한 예로써 다음과 같은 실화를 소개한다.

도우(Doe) 부부는 세 자녀의 부모였으며, 이 가족은 지역 교회의 회중에 속해 있다.

도우 씨는 반(半)숙련 작업을 하는 근로자이며 별로 많지 않은 급료를 받고 있다. 최근에 그는 강등되었고 수입도 줄었다. 가정에서 그는 상당히 권위주의적인 태도를 취하기 때문에 남자가 가정의 허드렛일을 도와주는 것은 위신을 떨어뜨리는 일이라고 생각한다. 그는 은행과 신용협동조합을 불신하며 자신의 경제적인 일들을 혼자서 처리하는 편을 택한다.

그의 부인은 그보다 더 진보적이기는 하지만 결혼 전에 가정 경제의 기초에 대하여 교육을 받지 못한 결점을 지니고 있다. 그녀는 먹을거리를 구입하는 데 있어서 현명하지 못하고, 인스턴트 식단에 지나치게 의존하며, 자녀들에게 군것질을 많이 시킨다. 그녀는 돈을 절약하기 위하여 만성 질환에 대한 치료를 오랫동안 미루고 있다.

이 가족은 도우 씨가 최근에 회사에서 강등되면서 경제적 문제를 안게 되었다. 현금으로 갚아야 하는 집세를 위하여 그들 부부는 높은 금리로 융자를 받았는데, 그들은 2년 동안 원금에서 200달러만을 겨우 갚을 수 있었다. 그 돈은 당좌 예금보다도 더 비싼 우편환으로 지급되고 있다. 마지막 아이의 출산 비용은 아직도 갚지 못한 상태로 남아 있다.

도우 씨의 부인이 자기의 건강 문제를 이야기해보기 위하여 교회의 한 집사의 부인을 찾아감으로써 이 가족의 필요가 발견되었다. 그 집사의 부인이 그 가정을 방문해서 그들의 필요의 양상을 감지한다. 그녀는 즉시 도우 씨의 부인에게 가정 관리에 대해서 가르쳐주는 일을 시작한다. 집사들은 모여서 발견된 상황을 논의하며 별로 기분이 내키지 않아 하는 도우 씨와 더불어 다음과 같은 일을 위해서 노력한다.

- 우편환으로 지불하던 것을 당좌 예금 지급으로 바꾼다.
- 의료비를 지불해서 도우 씨의 부인이 자기의 건강 문제에 신경 쓸 수 있게 해준다.
- 현금으로 갚아야 하는 집세를 위하여 금융회사에서 빌려

온 대부는, 도우 씨의 고용주와의 계약을 통하여 급여 공제 (payroll deduction)로 갚아지는 정기 은행 대부로 대치한다.

- 많은 권고가 있은 후에 집사의 도움으로 도우 씨는 그의 가족에게 해당되는 구호 양곡권을 신청했다(그 액수는 매월 125달러에 달했다).

이 가정은 훨씬 건전한 경제적 궤도를 확립했고, 식량 문제나 입주 조건도 훨씬 나아졌고, 이제 도우 씨는 그리스도의 몸의 손이 자기들을 뒷받침한다는 것을 알게 되었다. 집사들도 물론 그 상황에 계속 관여하고 있으며 그 집사의 부인은 그 집을 정기적으로 심방한다(그녀가 임명된 여집사로서 그 일을 했더라면 좋았을 것이다. 14장 참조).

3부. 필요에 대해 판단함

곤궁한 사람이 자신의 필요를 인정하기를 주지하거나 혹은 도움을 구하기를 주저하는 가운데, 집사들이 눈치를 채거나, 그에 대한 정보를 얻을 수도 있다. 이런 경우에 그 필요를 돕기 위한 노력은 대화의 선을 확보하는 미묘하고도 민감한 일에서부터 시작된다. 이 일의 성취를 위하여 우리는 다음과 같이 제안한다.

Ⅰ. 최초의 접촉

개인적 접촉 혹은 전화상 접촉의 방식으로 최초의 접촉을 시도하

라. 이 일은 집사회에서 이 일을 위하여 선출된 한 명의 집사가 시도하거나 그 도움을 필요로 하는 사람과 같은 "지역"에 살았던 적이 있는 집사가 시도할 수 있을 것이다. 은밀한 만남이나 방문을 위한 약속을 하라. 이 최초의 대화는 한 명의 집사에 의하여 이루어져야 할 것이다. 처음에 교회를 대표하는 한 사람만이 관여하는 대화에서는 심층적인 개인적 문제들이 다루어지기가 더욱 쉽다.

II. 최초의 방문 중에 할 일

딱딱하지 않은 주제, 예를 들면 그 당시에 일반적으로 흥미를 끌고 있는 주제나 다른 어떤 주제를 가지고 대화를 시작하라.

그런 다음에 각 멤버의 안녕에 대한 교회 관심에 관한 대화로 이끌라. 만약 당신이 원한다면 본서의 제1부에서 이끌어 낸 접근 방법을 사용할 수도 있을 것이다. 여기서 그 도움을 필요로 하는 사람이나 가정이, 당신의 방문이 의무적인 심부름이라는 사실을 완전히 이해하고 있어야 한다. 즉, 교회는 멤버들의 여러 가지 필요를 알고 채워주어야 할 의무가 있다. 그러므로 당신은 동정을 살피거나 잡담을 하기 위해 방문한 것이 아니다. 따라서 당신은 엄격한 비밀의 유지를 보장해야 한다. 당신은 주님의 심부름을 온 것이며, 바로 이러한 자세에서 그들은 당신을 받아들이며 신뢰할 수 있을 것이다.

당신이 어떤 사람이나 가족의 필요에 접근해 갈 때에는, 처음에는 일반적이며 널리 알려진 화제로부터 시작해서 점차 개인적인 화제로 대화를 옮겨가도록 하라. 예를 들면 우선 이 멤버에 대하여 다른 사람들이 알고 있을 법한 실직의 문제나 의료비의 문제 혹은 더욱 긴급한 문제로부터 시작하라. 그리고 나서 당신은 채무의 문제(모기지 납부, 공공 비용, 할부금, 그 외의 다른 고정적 항목들)로 넘어갈 수 있다. 그런 다음에 당신은 다음과 같은 더욱 사소한 문제들에 대하여서도 알아볼 수 있다. 식료품, 의류, 아이들의 필요, 여가 활동, 연기된 치과 진료 등에 대해서이다.

당신의 목표는 이 사람이나 가족이 직면한 어려움 중 교회 전체, 특히 집사들이 도울 수 있는 것이 무엇인지 찾아내는 것이다. 만약 도움 받기를 강력하게 거부한다면 그 이유를 알아내라. 다른 사람에게 의지하지 않고 스스로의 힘으로 살겠다는 것이 그 거절의 이유인가? 만약 그렇다면 모든 도움은 하나님으로부터 오는 것이며 따라서 하나님께서 주시는 것을 일단 받고 이자까지 붙여서 다시 갚는 것을 생각할 수도 있다는 사실을 확신시켜주라. 또는 그러한 거절의 이유가 빈털터리나 사기꾼으로 소문이 나서 회중의 멸시를 받을 것에 대한 두려움 때문인가? 만약 그렇다면 비밀을 보장하고 그것을 지키라(수다스러운 집사만큼 집사의 사역에 해로운 것은 없다. 이런 일은 결코 일어나서는 안 된다). 요컨대 설사 당신이 그 어려움을 헤쳐 나가지 못하더라도 절망하거나 포기하지 말라. 그 자리를 일단 떠나서 문제를 다시 생각해보고, 그 다음 집사들의 모임에서 그 문제를 토론할 수도 있을 것이다. 그리고 다시 노력해보라. 만약 그곳에 참으로 필요가 존재함을 안다면 그 사람을 도와줄 수 있을 때까지 노력하라.

만약 당신이 물질적 필요를 파악했더라도 당신의 동료들이 낭비라고 생각할 수도 있는 약속을 해서는 안 된다. 단지 당신이 비밀리에 필요의 정도를 집사회에 보고할 것이라는 사실과 그들의 반응을 통고하겠다는 것을 약속하라.

III. 방문 이후에 할 일

즉각적인 도움이 필요한지 아니면 집사의 다음 방문 때까지 기다릴 여유가 있는지를 결정하라. 만약 그것이 긴급한 일이라면 원조의 실행을 승인하는 어떤 종류의 권위의 허락이라도 즉각 얻어서 도움을 제공하라(당신의 집사직을 지배하는 규칙 속에는 이런 경우를 위한 대책이 있어야 한다).

도움을 제공하기 위한 정상적인 절차에 따라 결정이 내려지면 그 행동이 즉각 시행되는지를 살펴보라. 만약 물질적 필요를 직접 제공하게 될 때에는 반드시 두 명의 집사가 그 일에 참여하게 하라. 만약 한 사람이 방문한다면 그 일을 돕고 있는 것이 교회라기보다는 그 한 사람이라는 인상을 줄 수 있으며, 또한 돈을 수수할 때에는 증인 앞에서 하는 것이 항상 현명한 일이다. 만약 필요하다면 이러한 절차를 그 궁핍한 멤버에게 쉽게 설명해줄 수 있을 것이다.

Ⅳ. 돈의 사용

만약 타인에게 지불해야 하는 금액을 갚아주는 일이 수반된다면, 집사회에서 승인한 지불금을 궁핍한 교우에게 전달하는 것이 정상적인 절차일 것이다. 그러나 만약 그 교우가 제공되는 금전을 책임 있게 다룰 수 없는 처지라는 증거가 있다면, 승인된 지불금을 집사회에서 직접 지불하면 어떻겠는가 제안할 수도 있다.

Ⅴ. 후속 조치

그 일의 긴급한 부분이 해결될 때까지 그 일은 집사의 안건으로 남아 있어야 한다. 만약 필요하다면 재정 관리, 구직, 또는 청구서 정리 등에 관한 지침을 제공해주라. 순간적인 호소로 될 대로 되라는 식의 적당한 일 처리는, 결국에 가서는 안 하느니만도 못한 더욱 해로운 결과를 초래할 수도 있다.

이런 종류의 일들은 집사들의 능력과 인내를 시험하는 것이긴 하지만, 일단 해결된다면 그 궁핍한 멤버와 교회 모두에게 영구적인 만족의 원천이 될 것이다.

19장
세 번째 동심원 : 회중의 확대

우리는 앞장에서 두 번째 동심원에 해당하는 집사의 봉사는 회중 속에서 명백하게 드러나는 필요에 대응하는 것임을 관찰했다.

이제 봉사의 세 번째 동심원은 주로 집사적 봉사의 비전의 범위에 의하여 결정된다. 어떻게 그리스도의 몸의 손이 당신의 손을 통해 뻗쳐서, 그 손을 의지하는 사람들 가운데서 회중의 생명을 뻗칠 수 있겠는가?

여기서 우리는 몸 안에 있는 세 그룹에게로 특별히 확대되는 봉사를 생각하고 있다.

지금부터 우리가 제안하고자 하는 내용은 앞장에서 언급한 내용과 상당히 관련 깊다. 그러나 새로운 관점에서 그것들을 바라봄으로써 동일한 아이디어를 참신한 시각에서 살펴볼 수 있을 것이다.

Ⅰ. 어린이를 위한 봉사

기독교 교육

우리는 여기서 기독교 교육을 옹호하기 위하여 노력할 필요는 없다. 그 필요성이 미국과 여타의 지역으로 급속하게 확대되고 있다. 요컨대 이 요구는 가정과 학교가 추구하는 목표와 가치 사이에 근본적인 조화가 있어야 한다는 건전한 전제를 그 근거로 하고 있다. 성경은 가정뿐 아니라 학교에서도 그만큼 존중받는 구속력을 가져야 한다.

수많은 부모들이 공립과 사립 기독교 학교를 위하여 기꺼이 "이중 과세"를 부담하고자 한다. 어떤 가정들은 많은 경제적 희생을 감수하면서 이 일을 간신히 수행해 나간다. 그러나 어떤 가정은 비용을 도저히 감당하지 못한다. 바로 여기에 집사의 봉사의 기회가 분명히 존재한다.

다시 한 번 말하지만, 이 모든 일이 가능하기 위한 전제조건은 설교에 의하여 이 일의 중요성을 회중이 깊이 이해하게 되는 것이다. 이 일은 공립학교에 대해 비난을 퍼부음으로써 될 일이 아니다. 공립학교들은 그 나름의 중요하고 필수불가결한 목적을 위하여 봉사를 수행한다. 이 일은 앞서 진술한 전제에 근거한다. 즉 그리스도인은 교회에서 가르치는 하나님과 인간과 세계에 대한 기본적인 신앙과 같은 신앙을 공유하는 교육을 자녀들이 받기를 원하는 것이다. 이것을 더 잘 이해할수록 이 영역에까지 집사의 봉사가 확대되어야 한다는 생각을 더 강하게 갖게 될 것이다.

집사들은 다음과 같은 몇 가지 방법으로 기독교 교육을 돕기 위한 접근을 시도할 수 있다.

① 교회의 정기 예산 중의 일부분을 할당해서 기독교 학교나 기독교 학교에 다니는 어린이를 지원한다.

② 어떤 교회는 기독교 교육에 쓰일 기금을 할당제를 기초로 해서 정기적으로 모금한다.

③ 어떤 교회는 기독교 교육을 직접 교회에 연결시켜서 교회 내에 학급들을 만들기도 하며, 교사들의 급여를 여러 회중들이 참여해서 지불하기도 한다.

④ 집사들은 자녀들을 기독교 학교에 보내는 가정에 개인적으로 관심을 갖고 필요시에 도움의 손길을 뻗칠 수 있게 한다.

⑤ 학교를 이미 졸업한 아이들을 둔 부유한 부모들에게 학교에 다니는 아이들을 둔 가정의 짐을 나눠질 것을 촉구할 수도 있다. 집사는 이 일의 촉진제 역할을 감당할 수 있다.

집사의 활동을 통하여, 온 회중이 자녀들의 기독교 교육을 위한 상호 의무를 받아들이는 것이다.

특수 교육

하나님께서는 그분의 뜻 가운데 몇몇 가정들에게 출생에 의해서 혹은 양자 입양에 의해서 특별한 아이들을 얻도록 하신다.

"특수"라는 말에서 우리가 의미하는 것은 특별한 보살핌이나 교육을 필요로 한다는 의미이다.

각 지역 교육청은 특수 아동을 위한 일들을 점점 많이 실행하고 있다. 그러나 보통의 아이들을 위하여 기독교 교육을 추구하는 근거는 특수 아동들에게도 적용되며 어쩌면 그 이상의 근거를 갖는다. 그러나 그런 교육은 대개 집사의 활동에 의해서 비용이 분담되지 않으면 거의 감당할 수 없을 만큼 많은 돈이 든다. 집사는 회중의 기금을 이런 일에만 쓸 수는 없지만, 여러 교회들의 협력적 노력을 촉진할 수 있으며 또한 어떤 때에는 공공 기금을 받아낼 수 있다.

집사는 여러 다른 형태의 특수 교육을 지칭하는 다음과 같은 최근의 전문 용어들을 알고 있어야 한다.

- 정신 장애 : 지능 발달이 늦거나, 지능이 일반적인 지능보다 낮거나, 정신에 이상이 있는 경우
- 신체 장애 : 가끔 정상보다 낮은 정신적 발달을 초래하기도 하는 신체적 결함이 있는 경우
- 정형외과적 장애 : 신체적인 면에서는 어떠한 결핍이 있지만 정신적으로는 정상 발달을 한 경우
- 신체 혹은 건강 장애 : 신경과민이나 천식이 있는 아이들처럼 정상적인 기능을 위해서는 특수한 환경을 필요로 하는 경우
- 행동 장애 : 어떤 신체적, 정신적 결함을 나타내지는 않지만 가정이나 학교에서 정상적인 기능을 발휘하지 못하는 경우

부모들은 이러한 문제에 있어서 자녀들을 도와줄 수 있는 교육 기관이라면 그것이 무엇이든지 기꺼이 찾으려 한다. 깨어 있는 집사

는 최소한 이런 아이들을 위한 기독교 교육을 마련할 가능성을 타진하는 데 주의를 기울일 것이다. 기금을 모으는 방법은 위에서 언급한 것과 같이 사적인 재단이나 공공 기관에 호소하는 것이다.

II. 성인을 위한 봉사

특수 아동은 자라서 특수한 성인이 되는 경우가 많다. 정상적인 성인들도 가끔 정신적, 정서적 스트레스 때문에 고통을 받으며, 그로 인해 일시적으로 혹은 영구적으로 자선 기관에 맡겨져야 할 때가 있다. 그런 기관에 있는 특수한 성인이나 "좌절감에 빠진" 성인은 잊혀지는 경우가 많다. 그런 무관심은 집사들을 통하여 극복되어야 한다.
　다음의 요소들을 기억하라.

도움과 보살핌
　기독교 교육을 위한 처방으로 앞에서 제시한 방법들은 이 경우에도 사용될 수 있다. 그중에서 한 가지 방법을 채택하여 경제적인 부담을 분담하도록 하라. 혼자서 찾아가는 방문과, 다른 사람에게 즐거움을 선사하며 경청하는 은사를 가진 사람(특히 은퇴한 사람들 중에서)과 함께 찾아가는 정기적인 방문을 계획하라. 교단의 서적, 적당한 읽을거리 등을 지원하라. 생일이나 기념일 등에 카드를 보내는 것을 잊지 말라. 교회의 멤버들에게 "카드 체인" 같은 것을 분담시킴으로써 카드를 보내는 이 일에 다른 사람들도 참여시키라.

리더십

회중의 멤버 혹은 집사를 권면해서 지역의 자선 기관의 경영에 참여시켜서, 그들이 기관의 어떤 부서에서 봉사하거나, 모금 운동에 참여하거나, 자발적인 "광고" 등을 행하도록 하라. 몇몇 제안들을 가지고 위원회 앞에 모습을 보이고, 구성원의 모임에 출석하라. 사회에 대한 그 기관의 봉사를 개선시키며, 기관에 대한 후원을 확대시키려는 생각을 염두에 두고 그 모든 일들을 하라.

정보 제공

회중의 멤버들에게 도움을 주고 있는 여러 기관들이 어떤 봉사를 하고 있고 그 기관들의 필요는 무엇인지에 대한 정보를 회중에게 항상 알리라.

봉사 기관의 유형

- 회중과 지역사회를 위한 입양 알선 기관
- 개인, 가족, 알코올 중독자, 미혼모, 출소자, 학교에서 어려움을 겪고 있는 학생 등을 위한 상담 기관
- 알코올 중독자, 마약 중독자를 위한 사회 복지 기관, 보호 시스템을 갖춘 워크샵 프로그램(신체 장애인을 위하여 집과 일터를 함께 마련한 곳—편집주), 신체 장애인을 위한 훈련 센터
- 여러 가지 종류의 의료 서비스 기관
- 연합 기금 혹은 다른 산하단체들과 연결된 기관

교회 밖에서 하는 봉사의 필요들을 충당하기 위하여 현대 사회가 노력하는 여러 가지 방법들 속에서 배울 것이 많이 있다. 집사들은 그런 봉사에 관한 것들을 찾아냄으로써 그들의 시야를 넓힐 뿐만 아니라, 공공의 자금 혹은 사회사업단의 자금에 의해서 제공되는 봉사에다가 기독교적인 봉사를 특별히 통합시킬 수 있을 것이다.

III. 노인을 위한 봉사

예루살렘에는 자신의 말년을 거룩한 도시에서 보내고자 하는 많은 연로한 유대인들이 몰려들었기 때문에 특별한 결핍들이 있었다. 교회가 외부로 뻗어 나감에 따라 다른 도시들에 있는 기독교 회중들이 그들의 재물을 예루살렘의 궁핍한 사람들과 나누었다. 바울은 로마에 이렇게 편지한다.

"그러나 이제는 내가 성도를 섬기는 일로 예루살렘에 가노니 이는 마게도냐와 아가야 사람들이 예루살렘 성도 중 가난한 자들을 위하여 기쁘게 얼마를 연보하였음이라 저희가 기뻐서 하였거니와 또한 저희는 그들에게 빚진 자니 만일 이방인들이 그들의 영적인 것을 나눠 가졌으면 육적인 것으로 그들을 섬기는 것이 마땅하니라"(롬 15:25-27).

지금까지는 회중을 도와주던 사람이 이제는 수입이 끊기고 퇴직하면서 물가 상승에 의하여 위협받음에 따라서 회중의 도움을 필요로 하는 경우가 있다.

집사는 집에서 쉬고 있거나 은퇴한 모든 멤버들에 대하여 알고 있어야 한다. 또한 집사들은 노인들 중의 누가 은퇴를 고려하고 있는지(그중에서도 특히 생활비 문제로 은퇴를 망설이고 있는 사람에 대하여)를 알고 있어야 한다. 또한 병원에 입원해 있지만 병원비를 감당하지 못할 것 같은 사람들과 계속 접촉해야 한다. 이러한 모든 일은 주님의 이름으로 봉사를 행하기 위한 것이다.

노인에 대한 봉사의 내용은 장애인을 돌보는 일과 같은 것이다(비용을 나누어 부담함, 교회가 그것을 알고 있도록 조치함, 카드 보내기, 심방 위원회 및 집사 모임에서 이 문제를 논의함).

또한 집사들은 노인들이 회중을 위하여 할 수 있는 봉사(특히 물건이나 운송 수단이 제공될 때 할 수 있는 봉사)에 대해서도 항상 주의 깊게 생각하고 있어야 한다. 은퇴한 사람들은 봉사 활동에 사용할 수 있는 재능의 집합소다. 그들이 할 수 있는 일들은 방문, 편지와 카드 쓰기, 연속 기도, 전화하기, 뜨개질, 재봉, 심지어 가정 돌봄과 요리에 대한 가르침 등이 있다. 또한 교회의 잔디깎기, 건물 관리, 꽃이나 구근 식물 가꾸기, 가지치기 등의 일이 있을 수 있다. 집안에 있을 수밖에 없는 사람들과 환자 그리고 시력을 잃은 사람들에게 책을 읽어주는 일은 항상 환영받는 일이며 가치 있는 일이다.

노인에 대한 봉사와 노인이 할 수 있는 봉사의 교환을 통하여, 긴 세월 동안 다른 사람들을 위한 대들보 역할을 해 온 교회 안의 멤버들을 교회에 긴밀하게 연합시킬 수 있다. 창조적인 집사는 이러한 사역의 확장을 자신의 소명에 있어서 감격스러운 부분이라고 생각할 것이다.

20장
네 번째 동심원 : 이웃에 대한 봉사

"그러므로 우리는 기회 있는 대로 모든 이에게 착한 일을 하되"(갈 6:10).

"이같이 너희 빛이 사람 앞에 비치게 하여 그들로 너희 착한 행실을 보고 하늘에 계신 너희 아버지께 영광을 돌리게 하라"(마 5:16).

주님께서는 교회가 자기 "지역사회", 즉 이웃의 필요를 책임질 것을 요구하신다. 이에 대한 응답 속에서 집사들은 봉사의 네 번째 분야로 나아간다.

이웃이란 곧 이웃 사람들이 살고 있는 곳이다. 십계명의 두 번째 판을 요약한 진술은 짧으면서도 정곡을 찌르는 말이다. "네 이웃을 네 자신과 같이 사랑하라"(막 12:31; 레 19:18). 그러므로 교회는 자기 스스로에게 행하는 봉사를 이웃에게도 행해야 한다. 회중의 이웃이 실제로 어디까지 확대되어야 하는지의 문제는 교회의 재원이 얼마나 풍부한지, 즉 교회가 주님의 명령에 얼마나 순종하는지에 의하여 결정된다.

Ⅰ. 문제

이웃의 필요를 해결하는 일은 다음과 같은 문제에 둘러싸이게 된다.

도대체 회중이 정말로 그 일을 하고자 하겠는가

회중의 경제력과 재능은 오직 그 몸 안의 봉사를 위해서만 사용되어야 한다고 믿는 사람들도 있다. 그들은 하나님께서 자기 백성을 위하여 허락하신 자원의 축복은 그 백성 중의 어려운 자들만을 위하여 사용되어야 한다고 믿는다.

마태복음 25장의 최후의 심판에 대한 생생한 묘사를 해석할 때, 주님은 "내 형제 중에 지극히 작은 자"(40절) 속에서만 섬김을 받으신다는 의미로 해석할 수도 있을 것이다. 이것은 "내 형제"의 범위를 교회의 구성원으로 제한하는 해석이다.

그러나 이 장의 첫머리에 인용된 본문에 비추어볼 때(갈 6:10 및 마 5:16을 의미함—편집주), "내 형제"에 대한 그런 해석은 잘못된 것이 분명하다. 주님께서 가르치신 율법의 요약에 있어서의 "이웃"이 교회의 동료 신자만을 지칭한다는 증거는 없다. 이 말은 분명히 우리가 만나는 사람들, 우리 주변에 있는 사람들을 지칭한다. 더욱이 그리스도께서는 선한 사마리아인의 비유 속에서 누가 우리의 "이웃"인가를 규정하시며, 우리로 하여금 어려운 자의 이웃이 되게 하는 것은 그와의 가까움이 아닌 그의 궁핍이라는 것을 밝혀주신다(24장 I, III 참조). 실제로 이 박진감 넘치는 이야기 속에서 주님은 당시 서로 사이가 좋지 않던 두 민족의 일원을 등장인물로 선택하신다. 유대인과 (당시 예루살렘에서는 사마리아인이 살고 있지 않았기 때문에 "어떤 사람이 예루살렘에서 여리고로 내려가다가"라는 구절은 유대인을 의미한다) 사마리아인이 그 두 인물이다. 게다가 주님은 여기서 이웃이 "된다"는 문제를 강조하고 계신다.

"네 생각에는 이 세 사람 중에 누가 강도 만난 자의 이웃이 되겠느냐."

또한 주님은 이런 이웃 됨의 의무를 모든 사람에게 부과하신다.

"가서 너도 이와 같이 하라 하시니라"(눅 10:36-37).

그러므로 "모든 사람에게 선을 행하라"는 요구는 무엇보다도 살아 있는 그리스도의 몸인 교회에게 주어진 것이다.

주님은 이웃에게 봉사해야 할 교회의 의무에 관해서 한 걸음 더 나아가신다.

"그러나 너희 듣는 자에게 내가 이르노니 너희 원수를 사랑하며 너희를 미워하는 자를 선대하며 너희를 저주하는 자를 위하여 축복하며 너희를 모욕하는 자를 위하여 기도하라"(눅 6:27-28).

또한 성령께서는 바울을 감동시켜서 이렇게 기록하게 하셨다.

"네 원수가 주리거든 먹이고 목마르거든 마시게 하라 그리함으로 네가 숯불을 그 머리에 쌓아 놓으리라"(롬 12:20).

교회는 주님의 명령에 구속된다. 이웃에 대한 봉사는 임의로 선택할 수 있는 것이 아니라 반드시 행해야 하는 의무이다.

이 의무는 이스라엘의 실례에 의해서 더욱 강화된다. 유대인들은 선택받은 민족이었다. 바울은 이 사실의 의미를 이렇게 요약한다.

"그들은 이스라엘 사람이라 그들에게는 양자 됨과 영광과 언약들과 율법을 세우신 것과 예배와 약속들이 있고 조상들도 그들의 것이요 육신으로 하면 그리스도가 그들에게서 나셨으니…"(롬 9:4-5).

유대인들은 다른 민족 사람들이 팔레스타인 땅에서 같이 거주할 때에도 자기 자신들을 그들과 조심스럽게 구별하였다. 그 다른 민족들을 "나그네" 혹은 "외국인"으로 불렀다. 그러나 하나님은 유대인으로 하여금 그 몸에 속하지 않은 사람에 대해서도 의무를 느끼도록 주장하신다.

"거류민이 너희의 땅에 거류하여 함께 있거든 너희는 그를 학대하지 말고 너희와 함께 있는 거류민을 너희 중에서 낳은 자 같이 여기며 자기 같이 사랑하라 너희도 애굽 땅에서 거류민이 되었었느니라 나는 너희의 하나님 여호와이니라"(레 19:33-34).

오늘날에 적용시켜볼 때, 이 명령은 교회에게 이웃에 사는 어려운 자들을 돌볼 것을 요구함이 분명하다.

모세는 동일한 의무를 다음과 같이 다양한 표현을 동원하여 강조하고 있다.

"네가 밭에서 곡식을 벨 때에 그 한 뭇을 밭에 잊어버렸거든 다시 가서 가져오지 말고 나그네와 고아와 과부를 위하여 남겨두라 그리하면 네 하나님 여호와께서 네 손으로 하는 모든 일에 복을 내리시리라"(신 24:19).

여기서도 또한 "이웃"을 "가족" 안의 어려운 자와 동등한 위치에 두고 있으며, 따라서 오늘날의 교회에서도 역시 그리하여야 한다.

반복해서 말하건대, 이웃에 대한 봉사는 선택사항이 아니라 우리의 의무이다.

그의 이웃 즉, 지역사회를 위하여 봉사할 여력이 있는가

신실한 회중이 지역사회에 대한 봉사의 직무를 실제로 행해야 한다는 사실이 인정될 수는 있다. 그런데 이에 대한 또 다른 반론이 존재한다. 즉 회중이 실제로 그런 봉사에 필요한 자원을 마련할 수 없다는 것이다. 이 문제는 두 가지 측면으로 나누어진다.

① 회중 밖에 대해서까지 손을 쓸 경제적 자원이 없을 수 있다. 만약 그들이 실제로 가난하기 때문에 자기들이 낼 수 있는 최선으로 기부한 것이 사실이라면 하나님은 그 이상의 것을 요구하지 않으신다. 결국 사람이 낼 수 있는 것은 오직 하나님이 그에게 주신 것뿐이다. 예를 들면 레위기 5장에서 하나님은 가난한 자에게 특별한 예외를 정하신다. 그러나 이럴 때에라도 집사들은 할 수 있는 대로 이웃을 도우라는 의무를 회중의 의식 속에 생생하게 심어주기 위해 노력해야 한다.

② 그러나 더욱 흔한 일은 회중의 기부 형태가 집사에게 외부를 도울 수 있을 정도의 자금을 제공하지 않는다는 것이다. 그렇다면

집사는 이중의 도전과 기회에 직면하게 된다.

첫째, 말이나 통신문, 공적인 모임을 통하여 그리고 목사로 하여금 이 일을 솔직하게 말하도록 자극함으로써, 회중에게 그들의 집사적 봉사 의무의 전체 범위를 교육시킨다.

둘째, 지역사회 내의 필요를 충당하기 위한 "여러 가지 종류의" 재능과 특별한 자원을 회중으로부터 끌어낸다(18장 참조). 기부할 경제적 여유가 없어 보이는 사람은 그 대신 기술과 시간을 투자하여 직접 봉사할 수 있도록 "교육시킬" 수 있을 것이다. 그런 기부 속에서 내는 사람과 받는 사람이 모두 축복을 받으며 주님에 대한 섬김이 이루어진다. 창조적인 집사들은 만약 그들이 마음속에 다음과 같은 주님의 명령을 명심하고 있다면 그런 기부를 격려할 수 있다.

"이같이 너희 빛이 사람 앞에 비치게 하여 그들로 너희 착한 행실을 보고 하늘에 계신 너희 아버지께 영광을 돌리게 하라"(마 5:16).

재능과 선한 의지라는 에너지를 가지고 그런 빛의 연료를 공급하는 것이 바로 이웃을 위한 사랑이며 집사는 이 일을 자극하고 조직하도록 독특하게 부름을 받은 것이다. 이런 빛을 비추는 일이 부진한 회중은 대개의 경우 그 집사가 주님의 명령을 제대로 이해하지 못할 때 나타난다.

교회는 이웃에 대한 봉사를 집사를 통해 행해야 하는가

이 질문은 물론 집사라는 직분이 있을 때에만 성립되는 것이다. 만약 회중은 자기 자신의 필요만을 돌보아야 한다는 인색한 생각만이 인정되고 있다면, 지역사회에 대해서도 도움의 손을 뻗어야 한다는 제안이 제출될 때 강한 반대가 일어날 것이다.

교회가 이 세상 앞에서 빛을 비추는 것은 하나의 동네로서, 즉 성도의 교통 가운데 조직된 살아 있는 몸으로서 그리하는 것이다. 교회는 공동의 봉사의 행동 속에서 그 일을 수행한다(이 속에서 집사는 손, 발, 조언하는 마음으로 봉사한다). 집사들이 하는 일은 곧 전체 조직체로서 하는 일이다. 그리하여 교회는 지역사회를 위하여 빛을 비추며 그것을 통해서 "하늘에 계신 너희 아버지께 영광을 돌리는" 것이다.

그러나 그런 도중에 사기꾼에게 말려드는 일은 없겠는가

물론 사기꾼들이 있다. 실제로 "교회를 이용하는 것"을 직업으로 삼는 사람들이 있다. 이들은 가끔 그들이 제시하는 신임장의 진위 여부를 조사하기 어려운 밤이나 주말에 일을 꾸민다. 따라서 집사는 대개 그들은 "전문가들"이며 자신은 아마추어라는 사실을 결코 잊어서는 안 된다.

그렇다면 교회는 어떻게 이런 사기꾼들에게 이용당하지 않으면서 이웃의 참된 필요를 도울 수 있을까?

도움을 얻으라!

첫째로 당신의 지역사회에는 사기꾼들이 어떻게 활동하며, 그들의 사기 행위를 밝혀내기 위하여 던질 수 있는 질문이 어떤 것인가를 잘 아는 복지 전문가(사기 행각에 관한 부분을 담당하는 전문가, 어떤 사람들이 수상한 징조를 신속하게 밝혀낼 줄 아는 집사들)가 있을 것이다. 그들에게서 배우라. 그리고 나서 사기꾼들을 밝혀내고 그들을 물리치라. 주님께서는 어떤 종류의 사람에 대해서는 가혹하게 말씀하신다.

"거룩한 것을 개에게 주지 말며 너희 진주를 돼지 앞에 던지지 말라 그들이 그것을 발로 밟고 돌이켜 너희를 찢어 상하게 할까 염려하라"(마 7:6).

이 어려운 말씀은 집사적 봉사에 국한된 말씀은 아니지만 또한 집사적 봉사의 한 기준을 제시한다. 즉, 사기꾼을 봉사의 대상에서 제외해야 한다는 것이다.

이것은 매우 중요하다. 왜냐하면 이런 사기 행위는 정말로 도움을 필요로 하는 이웃에 대한 참된 원조를 매우 어렵게 하기 때문이다. 따라서 집사는 복지 전문가를 초청해서 사기꾼들을 "폭로시키는" 일을 하게 해야 한다.

당신의 집사회에서 지역사회 안의 어려운 사람들을 도와주고자 한다는 말이 널리 유포될수록 그린 대상 속에 포함되고자 하는 노력도 더욱 많아질 것이다. 이런 일은 당신이 정직과 기만을 구별할 수 있다는 사실을 그들이 분명히 알게 될 때까지 계속될 것이다.

만약 의심스러운 점이 있으면 처음에 원조할 때에 조심스럽게 조금씩 도움을 베풀어라. 그리하여 만약 당신이 실수를 했더라도 하나님의 재물을 크게 잘못 사용하는 일이 없도록 하라.

사기꾼은 집사가 교회의 자원을 가지고 관대하고 책임감 있게 청지기직을 담당하는 것을 갑절로 어렵게 만든다. 그러나 한편으로는 구제 기관들 안에는 유능한 복지 전문가가 있고, 다른 한편으로는 "다니시며 선한 일을 행하시고 마귀에게 눌린 모든 사람을 고치[신]"(행 10:38) 본보기가 되신 주님이 있다. 이에 대하여 마태가 다음과 같이 말하고 있다. "많은 사람이 따르는지라 예수께서 그들의 병을 다 고치시고"(마 12:15). 더욱이 주님께서는 열 명의 문둥병자 중에 한 명만이 돌아와서 감사를 드릴 것을 충분히 아시면서도 그 구역질나는 질병으로부터 열 명 모두를 고쳐주셨다(눅 17:11-19). 창조 자체와 똑같이 성경 속에는 모든 것이 풍부하고 생명이 흘러넘치는 하나님의 베푸심의 예가 많이 있다. 따라서 사람들 속에서 하나님을 대표하고자 하는 사람들도 그만큼 관대하여야 한다.

요컨대 사기꾼은 위협이라기보다는 하나의 도전이다. 속이려고 오는 사람들은 그들이 잘못을 고백하고 더 이상 속이지 않기로 결심할 때까지 잡혀서 폭로되며 거절되어야 한다.

"도둑질하는 자는 다시 도둑질하지 말고 돌이켜 가난한 자에게 구제할 수 있도록 자기 손으로 수고하여 선한 일을 하라"(엡 4:28).

사기꾼이 베푸는 자가 되다니! 정당한 주의와 노련한 지도를 통하여 얼마나 놀라운 변화가 일어날 수 있는가. 성령님께서 당신을 통하여 그 일을 이루실 수 있다. 사기꾼에게는 사기꾼대로 봉사의 손이 뻗쳐져야 하는데 그것은 편 손이 아니다. 그러나 가던 길에서 돌이킬 수 있는 사기꾼에게는 처음 오 리보다도 더 멀리까지 집사의 손이 뻗쳐져야 할 것이다(마 5:41-42). 결국 당신의 손은 "잃어버린 자를 찾아 구원"하기 위하여 오신 예수님의 손인 것이다(눅 19:10).

사기꾼을 밝혀내는 데 유용한 질문들은 다음과 같다.

① 성명 :   성별 :   연령 :

② 주소 :

③ 전화번호 :

④ 배우자의 성명 :   연령 :

⑤ 가장의 주민등록번호 :

⑥ 자녀들의 성명 :   성별 :   연령 :

-
-
-

⑦ 최근에 어떤 기관이나 단체의 도움이나 보호를 받았는가? 만약 그렇다면 어떤 단체에서 어떤 도움을 받았는가?

⑧ 가족 수입

수입원 :   금액(총액, 순이익) :

-
-
-

⑨ 무엇이 문제인가?(구체적으로)

⑩ 필요한 것이 무엇인가?(구체적으로)

⑪ 그 문제가 어떻게 왜 발생했는가?(구체적으로)

⑫ 그 문제를 해결하기 위하여 어떤 노력을 기울였는가?(구체적으로)

⑬ 다른 교회나 기관이나 단체나 사람 등에게 이 문제를 위한 도움
을 구한 일이 있는가?

- 만약 있다면 어떤 곳에 부탁했는가? 만약 있다면 어떤 도움을
받았는가?(구체적으로)

- 만약 아무런 도움도 받지 못했다면 그 이유는 무엇인가?

II. 해답

지금까지 우리는 봉사의 네 번째 동심원에 내재되어 있는 문제를
토론하면서, 문제의 해결을 위한 몇 가지 방향도 제시하였다. 또한
두 번째 동심원에서 제공된 제안 곧 회중 안에 있는 빈궁한 자를 섬
기는 것도 여기에 적용될 수 있다. 두 번째 동심원에서 회중이 자체
의 필요를 보완하기 위하여 자기의 모든 은사, 재능, 기능, 재물을
쏟아붓는 것과 같이 여기 네 번째 동심원에서 집사는 회중이 이웃에
대한 봉사의 증거를 행하도록 회중을 참여시키기 위하여 노력한다.

이 일이 문제나 반대가 없이 쉽게 진행될 수 있을 것이라고 생각
하는 사람은 아무도 없다. 당연히 그럴 수는 없을 것이다. 당신의 회
중은 이웃에게 도움의 손을 뻗을 "여력이 없거나" 또는 "그렇게 해

서는 안 된다"는 여러 가지 주장이 제기될 것이다. 그러나 만약 그러한 주장이 많다면 그에 대한 집사들의 반론도 정교해야 한다. 왜냐하면 주님의 몸이 그 행위를 통하여 그분의 사랑의 빛을 발산하면서, 언덕 위의 동네와 같이 되는 것이 하나님의 뜻이기 때문이다.

Ⅲ. 구체적인 제안

지역사회에 대한 봉사는 그곳에 존재하는 빈곤한 자들에 대한 원조의 형태로 수행될 것이다. 이 일은 종종 회중 속에서 나타나는 여러 가지 필요와 같은 종류의 필요를 다루게 될 것이다. 그러나 여기에는 다음과 같은 다른 종류의 기회도 있다.

① 이웃을 위하여 일반적인 흥미를 끌 수 있는 정보를 마련함.

- 알코올과 마약의 오용에 관한 프로그램
- 가족 문제에 관한 강의, 세미나 그리고 상담 봉사
- 물가 상승과 에너지 절약에 대처하는 방법에 대한 정보
- 도로 안전, 청소년을 위한 활동 등과 같이 이웃의 관심사를 건설적으로 다루는 프로그램
- 성경 공부, 카페 전도, 자녀를 돌보기 위한 기회 등에 관심을 가짐
- 은퇴를 준비하는 방법, 위기에 대처하는 방법, 법적인 조언이나 의료상의 조언을 저렴한 비용으로 얻는 법 등에 관한 정보

② 교제를 마련하기 위한 계획.

- 노인을 위하여
- 독신자나 부부 단 둘이서만 사는 가정을 위하여
- 아이들과 청소년들을 위하여
- 신체적, 정신적, 사회적으로 특별한 문제를 가지고 있는 사람을 위하여

21장
다섯 번째 동심원 : 이웃의 필요를 찾아냄

"또 자기를 청한 자에게 이르시되 네가 점심이나 저녁이나 베풀거든 벗이나 형제나 친척이나 부한 이웃을 청하지 말라 두렵건대 그 사람들이 너를 도로 청하여 네게 갚음이 될까 하노라 잔치를 베풀거든 차라리 가난한 자들과 몸 불편한 자들과 저는 자들과 맹인들을 청하라 그리하면 그들이 갚을 것이 없으므로 네게 복이 되리니 이는 의인들의 부활시에 네가 갚음을 받겠음이라 하시더라"(눅 14:12-14).

봉사의 책임은 고통의 부르짖음을 단지 앉아서 기다리는 데에 그치지 않고 거기서 더 나아간다. 그 책임 속에는 정말로 어려움을 당하고 있는데도 그것이 알려지지 않은 이웃의 필요를 찾아내는 일이 포함된다. 이미 우리가 살펴보았듯이 이 일은 회중 속에서도 마찬가지이고, 이웃에 대해서도 그러하다. 이것이 봉사의 다섯 번째 동심원이다.

우리의 논의는 다섯 번째 동심원의 봉사 속에서 발생하는 여러 가지 문제들과 그에 대한 반응에 초점을 맞추고 있다.

Ⅰ. 문제 및 해답

이웃의 필요를 찾아내는 일에는 상당한 어려움이 따른다. 가난한 자들은 사회 속에 깊이 감추어져 있거나, 주변의 판잣집 속에 옹기종기 모여 있다. 실제로 그들은 도울 수 있는 사람들의 눈에 발견되지 않고 있다. 우리의 완고한 마음을 따뜻한 마음으로 바꾸어서 이웃의 필요에 대하여 눈과 귀를 열게 하고, 봉사의 손을 뻗치도록 지도하시는 분은 하나님이시다.

"또 새 영을 너희 속에 두고 새 마음을 너희에게 주되 너희 육신에서 굳은 마음을 제거하고 부드러운 마음을 줄 것이며 또 내 영을 너희 속에 두어 너희로 내 율례를 행하게 하리니 너희가 내 규례를 지켜 행할지라"(겔 36:26-27).

여기서 다시 한 번 전파된 말씀의 우선성이 봉사의 손을 뻗치는 일의 열쇠가 된다(이것을 통하여 하나님은 우리의 완고한 마음을 온정 있는 마음으로 바꾸신다). 또한 여기서 다시 한 번 강조하건대, 집사들은 자신의 "성공"이 설교와 더불어 시작되며, 따라서 당신의 목사를 격려하며 단속하는 모든 노력이 당신 자신의 봉사를 위한 기초를 확고하게 해준다는 사실을 명심해야 한다.

다음의 사실들을 고려하라.

① 당신은 집사로서 교회의 주변 이웃들 안에 어떤 형태의 필요가 존재하는지를 참으로 알고자 하는가? 당신이 지나치는 집들 안에 배고픔, 고통, 압제, 고독, 좌절, 불의가 있다면(물론 주님께서는 이것들을 알고 계시지만 그의 몸인 당신은 모르고 있다) 당신은 그것들을 알아보고자 하는 노력을 기울이지도 않으면서 매번 예배에 참석할 수 있겠는가? 실제로 그러한 무관심은 있음직하다. 그러나 당신도 알고 있듯이 그러한 무관심이 계속되어서는 안 될 것이다. 따뜻한 마음을 갖기 위하여 기도하라!

② 당신의 회중도 이웃의 각종 필요에 대해 참으로 알게 되기를 원하는가? 그들이 알고자 하지 않는 것이 도리어 자연스럽다. 그러나 교회의 기초는 자연적인 것이 아니라 초자연적인 것이다. 주님께서 알고 계시며 또한 그분의 몸이 충족시켜주기를 원하고 계시는 그 필요들을 식별하길 원하나, 어디서 찾아보아야 할지를 모르는 사람들을 일깨우는 것이 집사인 당신에게 얼마나 큰 도전인가. 게다가 이웃의 필요를 인정하려고 하지 않는 사람들의 눈과 귀를 열어주어서 그들이 자신의 앞에 있는 것들을 점점 분명하게 "볼 수 있게" 해주는 일이 얼마나 큰 도전인가. 그렇다. 강단에서 선포되는 말씀이 완악한 마음을 깨뜨리듯, 당신도 자유하게 된 자의 눈앞에 렌즈를 대어줌으로써 그로 하여금 지금까지 소외되어 있던 "이웃"을 볼 수 있게 도울 수 있다.

③ 보아야 할 것을 보며, 응답해야 할 문제를 들을 수 있게 되는 것은 자기 이익을 버리고 자기희생을 선택하는 마음에서부터 시작

된다. 그러한 돌아섬이 바로 말씀의 전파와 가르침을 통하여 일하시는 성령님의 역사를 통해 교회가 우선적으로 성취해야 할 일인 것이다. 설교자가 하나님의 말씀을 담대하게 전파하며 집사들이 그렇게 뿌려진 말씀의 열매를 수취하여 분배한다. 이 모든 것은 장로회의 감독 책임 아래 있다. 이렇게 해서 교회의 세 가지 직분이 주님의 몸 안에서 하나를 이루어서 세상에서 그분의 일을 이루어 나가는 것이다.

④ 앞에서 살펴보았듯이 이웃에 대하여 도움의 손길을 뻗침에 있어서 집사들은 모든 공공 원조의 자원들이 지역사회 내의 합당한 필요를 위하여 사용되고 있는지를 늘 확인해야 한다. 당신은 또한 어떤 공공 기금이나 봉사가 사용가능하며 그것들을 어떻게 얻는지를 알고 있어야 한다. 그러고 나서 당신은 그러한 자원들을 여러 가지 이유로 어려움을 겪는 사람들에게로 보내야 한다. 복지 관련 법령의 변화를 항상 잘 알고 있으라. 어떤 종류의 사적인 기금, 대부, 기부, 원조가 당신의 지역사회에서 제공되고 있는지를 알고 있으라. 만약에 집사들 중에 법률가가 없다면 회중 내에서(혹은 필요하다면 외부에서라도) 법률적 도움을 얻을 수 있는 길을 준비함으로써 가난한 자들의 법적인 권리 보호를 위해 노력하라. 성경은 가난한 자의 권리도 간과되지 않고 동일하게 보호받는 것을 정의라고 반복해서 말씀한다.

⑤ 집사들은 여집사들을 독려해서(여성 성도를 포함함) 이웃의 필요를 돕기 위한 옷과 양식의 저장소를 설치하게 할 수 있다. 이런 자원들

은 도움을 받아야 할 사람을 선발하는 자선단체와 연결될 수 있다. 집사들은 그런 노력들을 장려하고 경제적 도움을 제공하는 한편 그 것을 장려하기 위해서 장로들과 목사의 협력을 구해야 할 것이다. 한 번 사용된 의류들이 이곳으로 와서 가난한 자들을 부요하게 하고 기부자에게 축복이 되게 하는 것은 그 의류들이 "중고품 판매 시장" 으로 가서 그 소유자를 부요하게 해주는 것보다 훨씬 좋은 일이다.

⑥ 자선단체들과의 "관계"를 조심스럽게 발전시킴으로써 집사들 이 이런 단체들의 사업에 적극적으로 참여하는 결과를 가져올 수 있다. 어떤 지역에서는 자선단체와 정부가 최소한 그들의 돈과 상 품의 얼마씩을 책임 있는 집사회들을 통하여 기꺼이 나누어주고자 한다. 집사들은 이런 배려에 의해서 얻을 수 있는 다음과 같은 두 가지 유익을 강조할 수 있다.

첫 번째로, 이런 자선단체들의 원조가 무엇을 위하여, 어느 곳을 향하는 것이 적당한지를 확인할 수 있게 된다. 두 번째로, 집사회는 자기 교구 내의 멤버의 필요가 채워지고 있음을 알며, 또한 그런 자 선에 대한 "답례의 인사"를 첨부할 수 있다. 여기서 교회와 국가의 분리에 대한 고려는, 하나님은 이 양자의 주권자이시며 또한 필요 가 충족되는 것이 그분의 뜻이라는 사실 앞에 굴복한다. 왜냐하면 국가는 "하나님의 사역자가 되어 네게 선을 베푸는 자"이기 때문이 다(롬 13:4).

⑦ 메노파 교도, 퀘이커 교도 등의 종교 집단들은 자연적인 재해 가 발생한 곳에 조용히 나타나서 그곳을 정리하고 회복시켜주는 봉

사를 통하여 우리가 부러워할 만한 칭찬을 받아 왔다. 창의적인 생각을 가진 집사들도 사람들 앞에 빛을 드러낼 수 있는 유사한 방법들을 계획함으로써, 그들의 순종을 통하여 하나님께 영광을 돌릴수 있을 것이다. 여러 가지 기술들을 가지고 있는 작업반과 구제반들이 이웃 회중들로부터 조직될 수 있다. 이들은 이미 은퇴했기 때문에 긴급한 필요가 발생한 곳에서 며칠 혹은 몇 주간의 봉사를 위한 시간을 낼 수 있는 사람들이다.

⑧ 교구 안의 필요들을 발견하여 함께 구제하는 일을 추진할 눈과 귀가 될 풀타임 봉사 고문을 고용하기 위하여 이웃 교회들의 집사회가 서로 연합할 가능성도 고려해볼 수 있다.

우리는 본서의 22장 I에서, 지역 집사연합 속에서 일반적인 전임집사제에 대하여 논의할 것이다.

II. 요약

다섯 번째 동심원에서 집사는 하나님께서 그 회중에게 그렇게도 관대하게 허락하신 시간, 돈, 재능의 자원들을 가지고, 자신의 어려움을 외부로 드러내지 않는 이웃의 필요를 돕기 위하여 노력한다. 이일은 결코 쉬운 일이 아니며, 또한 언제나 미완성의 상태로 남아 있는 일이다. 그러나 의심할 바 없이 이 일은 빛을 비추라는 주님의 명령을 듣는 모든 회중에게 부과된 임무이다.

Ⅲ. 사례 연구

다음의 이야기는 실제로 있었던 일이다. 앞을 못 보는 한 노파가 있는데, 그 노파는 자신의 아파트에서 가끔씩 받는 적은 원조를 가지고 혼자 살아가고 있다.

이번 겨울은 추위가 매우 혹독했다. 그 노파의 집주인에게 경제적인 어려움이 있었다. 그래서 노파는 자기의 집세 속에 가스 난방비를 포함해서 지불했음에도 불구하고 주인이 가스 사용료 청구서를 지불하지 못했다. 그러자 가스 회사에서는 사람을 보내어 앞을 못 보는 노파 집의 가스 공급을 중단해 버렸다. 그래서 그녀는 자기 앞으로 온 청구서를 집세 속에 포함시켜서 지불했다고 항의했지만 그 직원은 결정을 이행해 버렸다.

그 할머니는 교회를 기억해 내고 여러 가지로 노력해서 궁지에 몰린 자신의 처지를 집사에게 알렸다. 집사는 필요한 조치를 취하며 그 집주인에 대하여 소송을 제기할 것을 그에게 권고한다. 그리고 만약 노파에게 온 청구서를 지불해서 그녀의 집의 가스가 즉시 들어오게 해주지 않으면 그에게 벌금이 부과되리라는 판사의 통고를 전한다. 그러자 그 집주인이 가스 요금을 지불한다.

이렇게 해서 심각한 필요가 주님의 이름으로 발견되고 채워진 것이다.

22장
여섯 번째 동심원 : 봉사를 위한 협동

"그리스도께서 이방인들을 순종하게 하기 위하여 나를 통하여 역사하신 것 외에는 내가 감히 말하지 아니하노라"(롬 15:18).

보편 교회(The church universal)는 하나이다.

보편적 집사 직분(The diaconate universal)도 하나이다.

봉사의 여섯 번째 동심원 안에서 회중의 집사는 집사직의 보편성에 눈을 돌려서 바로 가까이에 있는 집사들과 협력하는 것에서부터 시작하여 보다 넓은 지역의 집사들까지로 그 협력 범위를 넓히며, 또한 예수 그리스도를 증거하기 위한 국제적인 기회에 초점을 맞추게 된다.

집사들이 보편 교회에 속한 다른 회중들과 다른 단체들의 집사직들과 협동하기 위하여 노력할 여러 이유들이 있다. 그런 이유들은 다음과 같다.

① 재능, 은사, 자원을 광범위하게 끌어들일 수 있다.

② 광범위하거나 심각한 긴급 상황에 대하여 계획된 노력을 집중시킬 수 있다.

③ 서로 배우는 경험을 가져다줄 수 있다. 집사회들이 서로 가르치며 배울 수 있다.

④ 그리스도의 몸의 기본적이며 보편적인 일체성을 반영한다.

"몸이 하나요 성령도 한 분이시니 이와 같이 너희가 부르심의 한 소망 안에서 부르심을 받았느니라 주도 한 분이시요 믿음도 하나요 세례도 하나요 하나님도 한 분이시니 곧 만유의 아버지시라 만유 위에 계시고 만유를 통일하시고 만유 가운데 계시도다"(엡 4:4-6).

⑤ 바울은 예루살렘의 궁핍한 자들을 위해 여러 지방으로부터 기금을 모음으로써 공동 봉사를 위한 본보기를 보여준다.

"그러나 이제는 내가 성도를 섬기는 일로 예루살렘에 가노니 이는 마게도냐와 아가야 사람들이 예루살렘 성도 중 가난한 자들을 위하여 기쁘게 얼마를 연보하였음이라"(롬 15:25-26).

바울은 고린도후서 8장과 9장에서 그의 사역의 봉사의 측면을 매우 자세하게 이야기하고 있다. 그러므로 한 몸인 교회는 처음부터 자기에게 속한 가난한 자들을 그들이 어느 곳에 있든지 돌보았다. 바로 이 본보기로부터 지역적, 국내적, 국제적 집사회가 발전되어 나간다.

우리는 지역적, 국내적, 국제적 공동 봉사를 위하여 다음의 것들을 제안하는 바이다.

Ⅰ. 지역 집사연합

집사연합이란 지역 기관으로서 함께 모인 몇 개의 집사회를 가리키는 말이다. 집사연합의 활동 속에는 물론 정기적인 지역 모임과 특별한 지역 모임이 포함된다.

이 집사연합은 노회에 속한 사람들로 구성될 수도 있고, 또한 인접한 그런 단체 몇 개를 합쳐서 구성될 수도 있다. 지역의 교회 연합체에 속하지 않은 교회들은 시, 군, 도 등 지역별로 집사회를 구성할 수 있다. 지역 집사연합의 일차적인 목적은 위에서 제시한 것과 같은 유익들을 촉진하기 위한 것이며, 또한 그 지역에만 특수한 목적들을 포함할 수 있다.

① **조직**(구조)

㉠ 이 집사연합을 만들기 위한 계획은 인근 지역의 다른 집사회의 대표자들이 참석한 모임에서 누구든지 제기할 수 있다.

㉡ 이 집사연합의 상설 조직은 여기에 참석하고자 하는 각 집사회로부터 두 명 가량의 대표자를 참석시키도록 해야 할 것이다.

㉢ 여기에 참석하는 교회들 중에서 한 명 혹은 그 이상의 목사가 이 집사연합의 구성에 참여해야 할 것이다.

㉣ 헌장의 초안 작성이 이루어져야 한다. 이 작업은 분과회의에서 수행할 수 있으며, 또한 이 위원들의 임명과 집행 위원회의 구성이 이루어져야 한다(부록 1에 규약의 예가 소개되어 있다).

② **설립 목적**

㉠ 공동의 조력, 교육 모임, 방법의 상호 교환, 사적 혹은 공적 원조를 위한 자원들에 대한 상호 접근을 통하여 회중의 집사회의 효율적 운영을 진작시킨다.

㉡ 필요를 보살피는 방법(각 지역에서의 필요를 채워주는 방법)을 제공한다.

㉢ 다음과 같은 활동을 통하여 그 지역 내의 필요를 식별해 내는 일을 촉진한다.

- 이미 활동 중인 다른 사회적 기관들과의 접촉을 통하여
- 위원회에 속한 회중들을 조사함으로써
- 긴급 상황을 위한 상설 위원회의 지정을 통하여

㉣ 어떤 필요가 발견되었을 때에 그것을 도와주는 일을 가장 가까운 집사회 혹은 가장 적임의 집사회에게 맡긴다(만약 필요하면 집사연합이 도와줄 수도 있다. 그러나 이 집사연합의 의도나 하는 일이 지역의 집사회들을 대신하는 것이 되어서는 안 된다).

㉤ 그러면서도 그 자체의 분과회를 통하여 전체 지역을 아우르는 문제 혹은 지역 집사회가 감당하지 못하는 문제를 처리한다.

㉥ 회원을 교육시키며 그 지역 안에서 일어난 도전과 봉사의 기회에 관심을 불러일으킬 수 있도록 고안된 통신문을 배부한다. 이 집사연합의 정신은 통신문의 특성에 의해 좌우되기 쉬우므로 편집자를 조심스럽게 선정하고 그에게 충분한 대가를 지불한다.

㉦ 집사연합은 다음에 열거한 것들과 같은 계속적인 계획들을 신

중하게 수행할 수 있다. 이 계획들은 그 지역에 대한 봉사를 수행할 것이며 이렇게 해서 이루어지는 활동들은 전체를 하나로 만드는 효과를 낼 것이다.

◎ 지역 집사연합의 에이전시를 통하여 때로는 공공의 기금들이 분배될 수 있다. 이렇게 함으로써 그 돈이 가장 효과적으로 목표를 성취할 수 있다는 사실이 증명될 수 있다면 그 기금이 이 집사연합을 통하여 더욱 분배될 것이다. 집사연합의 집행 위원들은 사적인 기관들, 회사들, 상인들 등이 제공하는 돈과 물품의 원조에 대해서뿐 아니라 이런 공공 기금의 가능성에 대해서도 항상 관심을 가지고 있어야 한다.

㉧ 위원회는 시간제 혹은 전임의 집사 위원을 고용해서, 그에게 지역 내의 결핍을 찾아내고 그것을 경감시키는 일을 감독하는 책임을 맡길 수 있다(이 직책의 직무설명서의 견본을 보기 원하면 부록 1을 보라).

㉨ 집사연합은 다음과 같은 계획들에 관여할 수 있다.

- 각 지역의 집사회에 알코올 중독자, 마약 중독자, 범죄자, 출소자들을 위한 원조 작업을 분담시키는 일
- 실직자에게 일자리를 찾아주는 일, 직업 훈련을 받지 않으면 직업을 구할 수 없는 사람을 위하여 재교육을 도와주는 일, 청년과 장애인을 위한 직업 소개
- 학대받는 자녀들이나 부인을 위한 거처를 마련하는 일
- 가정 상담소 설치
- 미혼모들(특히 임신 중인 임산부들)에게 거처를 마련해주는 일, 또

한 아기가 출생한 후의 양육을 위한 도움 제공

- 가출한 십 대나 외상에 의한 충격 때문에 고통당하는 사람들을 위한 위기 대처 시설 혹은 24시간 전화 봉사
- 선원이나 군인을 위한 자선 기구
- 생필품, 식량, 긴급한 재정적 원조 등을 수반한 비상시의 가정에 대한 원조
- 가정 관리와 가정 경제에 대한 교육 과정의 준비

교회가 이러한 필요들을 찾아서 충족시켜주는 일을 태만하게 여기기 때문에 국가가 자체적인 봉사의 형태를 취하지 않을 수 없게 된다. 능동적인 집사연합은 이러한 경향을 바꾸어서 사랑의 봉사를 가장 잘 수행할 수 있는 단체(예수 그리스도의 교회)에 의한 봉사가 주를 이루도록 해야 할 것이다.

③ 재난의 대비

㉠ 어떤 지역도 일반적인 형태나 특수한 형태의 재난의 가능성에서 면제되지는 못한다. 각 지역 집사연합은 재난이 발생했을 때의 긴급 사태에 대비하기 위한 계획 수립의 중심이 되어야 한다. 이 계획은 적십자나 다른 긴급 구호소와의 협의하에 수립된다.

㉡ 재난에 대비한 사전 계획에는 다음과 같은 요소들이 포함되어야 한다.

- 비상 대피소로 적당한 건물의 선정
- 간이침대, 모포, 난방 기구 등의 품목의 공급을 보장받기 위

하여 여러 기관들과의 접촉

- 병원으로의 긴급 수송을 위한 방법 등의 준비
- 임상 치료와 정신 치료에 경험이 있는 사람들의 명단
- 긴급 사태에 봉사의 책임을 맡기 위한 지도자들의 지정
- 식량, 야전 주방, 위생 시설 등의 제공을 위한 자원의 확보

ⓒ 집사연합은 결코 자기 혼자서 계획을 세우거나 일을 처리해서는 안 된다. 그리고 집사연합은 폭설, 홍수, 화재, 지진, 생태학적인 참변 등의 사고가 발생했을 때 엄청난 임무를 수행해야 할 것이다.

④ **요약**

이제 지역 집사연합의 구성원이 된 집사회들은 항상 깨어서 이 집사연합을 더욱 활성화시킬 수 있는 길을 모색해야 한다. 이런 지역적 집단을 가지고 있지 못한 집사회들은 이것을 창립할 것을 고려해보아야 한다. 이 일을 하는 동기는 항상 두 가지이다. 첫째, 가난의 희생자들 속에서 발견되고자 하시는 주님께 사랑으로 봉사하기 위하여. 둘째, 순종의 봉사에 의하여 그리스도의 몸을 언덕 위에 세우고 이를 통해 복음을 증거하기 위하여.

집사연합의 모범적인 규약을 참고하고자 하는 사람은 부록 1을 보라.

II. 전국 집사회

모든 교파를 망라하는 전국 집사회를 설립해야 하는 이유는 주로 지역 집사연합의 활동을 고무하기 위한 것이다. 즉 봉사에 의한 증거를 더 효과적으로 만들기 위한 것이다.

우리는 다음의 사항들을 제안한다.

① **조직**(구조)

㉠ 지역 집사연합의 활동을 통합할 수 있도록 고안된 전국적 규모의 봉사 기구를 설립한다.

㉡ 각 지역 집사연합이 이런 전국적 조직에 두 명의 대표를 파견하도록 한다.

㉢ 둘 혹은 그 이상의 지역 집사연합으로 구성된 계획 위원회를 구성하여 규약을 준비하게 한다.

㉣ 이 규약에 의하여 집행 위원회가 형성되고 다시 전국적 모임이 계획될 수 있다.

② **설립 목적**

㉠ 지역 집사연합들이 가장 효과적으로 기능할 수 있도록 전국적 규모의 활동을 통합한다.

㉡ 각 지역 집사연합이 각 교회의 노력을 집중시키는 것과 마찬가지로 각 지역의 힘을 하나로 집중시킨다.

ⓒ 전국적 집사 통신문을 통하여 자극을 주고 정보를 공급한다.

ⓡ 지침서를 개발하고 훈련 집사연합을 계획한다.

ⓜ 전국의 집사들로 하여금 각 시, 도 그리고 국가의 복지 기관, 프로그램, 법적인 결정 등을 쉽게 접할 수 있게 하며, 또한 그러한 것에 영향력을 행사할 수 있게 한다.

ⓗ 각 지방이나 지역 집사회의 손이 미치지 않는 곳에 기술 전문가를 공급한다.

ⓢ 지역의 경계 너머에까지 미치는 재해 구제 활동을 조정한다.

ⓞ 각 교회와 지역 집사회로 하여금 국제적 필요에 눈을 돌리게 하며, 국제적인 구제 기관(공적인 혹은 사적인)과의 협력을 위한 지침을 제공한다.

ⓩ 전국적 구호 계획을 위한 조직과 임원을 공급하며, 국제적 프로그램에 대해서도 같은 일을 한다.

③ **이점**

㉠ 각 교회의 집사회와 지역 집사회에 정보를 제공한다.

㉡ 지역에서 봉사할 때 발생하는 문제를 해결하기 위한 해결 센터가 된다.

㉢ 국내적, 국제적 봉사를 위한 경제적 원조와 인력을 구하는 단체에 대해 평가한다.

㉣ 국내적, 국제적 결핍을 알리며 이것들을 대처하기 위한 최선의 방법을 소개하는 영화나 다른 자료들을 만들어서 공급한다.

ⓜ 각 교회의 회중들을 위한 교육자료를 개발한다.

ⓑ 지역 집사회의 훈련을 위한 지도자와 지침서들의 공급한다.

ⓢ 집사직에 대한 연구를 포함하도록 신학교 교육에 영향력을 행사한다.

ⓞ 어떤 하나의 지역 집사연합으로서는 힘에 벅찬 계획에 대하여 그 지역 집사회를 돕는다.

ⓩ 각급 의회에서 활동하는 의원들을 도와서 그들로 하여금 복지 법령에 영향력을 행사하며 여러 계획을 위한 자금을 확보할 수 있게 한다.

ⓒ 여러 가지 형태로 전국에 퍼져 있는 의료상, 교육상의 결핍, 그 밖의 다른 손실들에 대처하기 위한 계획들을 개발한다.

ⓚ 난민에 대한 국가적 봉사를 제공한다. 수용할 지역 물색, 원조, 거처의 마련, 일자리 찾기, 적응 등을 위한 국가적 봉사를 제공한다.

ⓣ 불법 체류자, 이민 노동자, 대도시 지역의 주요 필요들에 대해 관심을 가진다.

ⓟ 지역 집사연합의 재난 구호 계획의 조정 그리고 필요시에 분배될 수 있는 재난 구호 기금을 비축한다.

④ **요약**

전국 집사회의 설립은 여전히 하나의 비전으로 남아 있다. 각 지역에서 활동적인 집사연합의 개발에 성공한 지역 교회의 집사회들이 이제 보다 더 광범위한 목표를 향하여 눈을 돌릴 수 있을 것이다.

III. 국제적 봉사

지역 교회의 회중들, 전국적인 교파들 그리고 지역 집사연합들이 모두 국제적 봉사를 열망할 수 있으며 현실적으로 도전과 필요가 존재한다. 그러나 어떤 활동이 제안되기에 앞서서 그 필요들이 주의 깊게 분석되고 연구되어야 한다. 문제들이 과소평가되어서는 안되며 이미 그 방면에서 활동하고 있는 사람들과의 접촉 없이 섣불리 어떤 프로그램이 제안되어서는 안 된다. 이 활동에는 다음과 같은 계기들이 있다.

- 지역사회와 국가에 더욱 풍족한 양식을 제공하기 위한 농업 기술의 개발
- 위생 시설의 개선
- 건강관리와 건전한 위생법의 개발
- 지역사회 지도자 훈련
- 교육의 개선, 기술 훈련, 현대 기술과 새로운 기술 사용에 관한 훈련
- 이러한 모든 일을 그 국가의 고유 문화에 대한 합당한 존경심을 가지고 행한다.

IV. 지상명령

선교에 있어서의 "말씀" 사역과 "행위" 사역을 옹호하는 사람들 사

이에 항상 논쟁이 있어 왔다. 여기서 우리는 한쪽의 우선성을 주장하는 사람들과 직접 그 논쟁을 벌이겠다는 것은 아니다. 단지 우리는 "말씀" 사역과 "행위" 사역을 조합시키려는 노력이 불편한 연합을 이루는 결과를 초래할 것 같다는 점에 주목하고자 한다. 왜냐하면 "행위"에서 "말씀"을 분리시키는 것 자체가 벌써 인위적인 시도이기 때문이다.

우리는 이미 믿음과 사랑 사이에는 불가분의 일체성이 있다는 사실을 살펴보았다. 믿는다는 것은 곧 사랑한다는 것이다. 사랑한다는 것은 곧 주님의 말씀을 통하여 요구되어진 것을 행한다는 것이다. 따라서 사랑한다는 것은 곧 믿는다는 것이다. "행위"로부터 "말씀"을 분리하는 모든 시도는 인위적인 것이며 따라서 이런 분리는 토론을 위한 목적에만 유용할 뿐이다.

요컨대 "말"만을 하도록 보내진 선교는 순전한 의미의 선교가 될 수 없다. 왜냐하면 보냄을 받은 자가 자기의 "말하는 바"를 참으로 믿는다면 "행함"이 거기에 필연적으로 동반될 것이기 때문이다.

말씀을 "행함"이 없이 단지 "말"만 하는 선교사는 순전한 복음을 증거하는 것이 아니며 그들은 그들의 수고에 대한 주님의 축복을 바라기 어려울 것이다.

이미 주목한 바와 같이, 교회의 주인이며 머리이신 그리스도께서 승천하시기 직전에 그분의 교회에게 주신 지상명령을 자세히 살펴보면 이 사실이 분명해진다.

"하늘과 땅의 모든 권세를 내게 주셨으니 그러므로 너희는 가서 모든 민족을 제자로 삼아 아버지와 아들과 성령의 이름으로 세례를 베풀고 내가 너희에게 분부한 모든 것을 가르쳐 지키게 하라 볼지어다 내가 세상 끝날까지 너희와 항상 함께 있으리라 하시니라"(마 28:18-20).

이 명령에 의하면 선교의 목적은 제자를 만드는 것이다.

그렇다면 누가 제자인가?

제자란 곧 스승에게 복종하는 자, 스승의 말씀을 듣고 행하는 자이다. 그러므로 제자를 만들기 위해서는 "내가 너희에게 분부한 모든 것을 가르쳐 지키게 하[는]" 것이 필요하다. 그렇게 가르침을 받고 그렇게 순종하는 사람만이 제자가 될 수 있으며, 또한 그렇게 하는 사람만이 제자이다. 다시 말하면 믿는 자는 행하며, 행하는 자는 믿는 것이다. 이것이 바로 선교 헌장인 지상명령의 핵심이다.

그러나 이 명령은 중요한 가정 위에 세워져 있다. 이 명령은 주님의 제자들에게 주어진 것이며 이 제자들을 통하여 교회에게 전해졌다. 이 교회는 또한 구약의 골조 위에 터전을 잡고 있다. 말하자면 이 명령 자체는 이미 이 명령을 수행하는 자가 제자들이라는 사실을 전제하고 있다. 즉 그들이 만약 실제로 제자라면 그들은 이미 말씀을 행하는 자들인 것이다.

"너희는 말씀을 행하는 자가 되고 듣기만 하여 자신을 속이는 자가 되지 말라"(약 1:22).

그러므로 선교가 "말"과 "행위" 모두를 수반하는지에 대하여 질문하거나 논란하는 것은 헛된 일이다. 만약 그것이 지상명령에 순종하는 참 제자들에 의하여 수행되는 순전한 선교라면 그것은 "말과 행위"의 선교일 것이다. 그 말은 주님의 말씀일 것이며 행위는 그 말씀에 대한 순종일 것이다. 또한 그 선교를 받는 사람들은 바로 그 선교사에게서 동시에 말씀과 그것의 열매, 곧 설교와 봉사를 듣고 볼 것이다.

지상명령 속에서의 "말과 행위"의 연합에 대한 현저한 확증이 피에로 게도(Piero Gheddo) 신부의 저서, 《제3세계는 왜 가난한가》(Why Is the Third World Poor?), (Orbis Books, 1973)에서 제시되고 있다. 선교사이자 저널리스트인 게도 신부는 이 책에서 제3세계의 빈곤은 제3세계의 가난한 나라들을 지배하고 있는 원시적이며 이교적인 종교에 뿌리를 둔 잘못된 인간관과 세계관 속에 기원하고 있다는 그의 주장을 신중하게 전개시킨다. 원시적인 종교의 관점에서 본 인간은 운명과 악한 영들의 제물이다. 자기 자신의 미래를 계획하며 자신의 사회에 대해 책임을 질 수 있을 만큼 자유롭기 위해서는 그리스도 안에서의 해방이 필요하다. 원시 종교의 관점에서 본 세계는 변화를 저지하는 정령들의 사적인 소굴이다. 따라서 이 세상은 사랑의 하나님께서 인간을 위해 만드신 피조물이라는 인식이 필요하다. 게도는, 빈곤한 세상이 번영으로 나아가게 하기 위해서는 기독교 선교가 불가결하다고 주장한다. 말씀은 실제로 해방을 가져다준다.

그러므로 우리는 다음과 같이 결론을 내린다. "예수 그리스도의 평안"(엡 6:23)이 전파되는 것을 참으로 들은 이방 세계의 사람들은 동시에 그분의 몸이 "두루 다니시며 선한 일을 행하시는"(행 10:38) 것을 볼 것이며, 그리스도 안에서 자유함을 얻은 그들 자신이 그들이 사는 곳에서 "말과 행위"의 증거자가 되어서 그렇게도 오랫동안 그들을 가난과 궁핍이라는 물리적 속박하에 가두었던 미신의 사슬을 끊어버릴 것이다. 이러한 모든 것을 아그립바 왕 앞에서 바울이 선언했다.

"하늘에서 보이신 것을 내가 거스르지 아니하고 먼저 다메섹과 예루살렘에 있는 사람과 유대 온 땅과 이방인에게까지 회개하고 하나님께로 돌아와서 회개에 합당한 일을 하라 전하므로"(행 26:19-20).

성경은 "말"의 사역과 "행위" 사역을 서로 분리하지 않는다. 따라서 교회도 역시 그리해야 한다. 여기에는 단지 설교하는 목사, 봉사하는 집사, 감독하는 장로의 직분상의 분리만이 있을 따름이다. 이것들은 그 자체 속에서 또한 믿음과 사랑의 일치, 신앙과 순종의 일치, 가르침과 봉사의 일치를 드러내는 것이다.

국제적인 선교는 곧 국제적인 봉사이며, 국제적인 봉사는 곧 국제적인 선교이다. 따라서 교회는 단지 토론의 목적을 위해서만 말과 행위를 분리시킬 수 있을 뿐이다.

23장
일곱 번째 동심원 : 적극적인 봉사

"행함으로 믿음이 온전하게 되었느니라"(약 2:22).

"이는 하나님의 사람으로 온전하게 하며 모든 선한 일을 행할 능력을 갖추게 하려 함이라"(딤후 3:17).

"그러므로 하늘에 계신 너희 아버지의 온전하심과 같이 너희도 온전하라"(마 5:48).

봉사의 일곱 번째 동심원은 집사회 앞에 하나의 이상(ideal)을 제시한다.

이 이상은 집사들과 회중이 연합하여 교회 안팎의 필요를 채워주는 것이다. 나아가 이러한 활동이 세상을 품을 수 있게 외부로 확장되는 것이다.

Ⅰ. 온전함으로 향하는 길

이 이상은 인간의 능력 밖에 있다. 집사들은 이 사실을 알고 있다. 회중, 장로 그리고 목사 모두 그것을 알고 있다. 그렇다고 해서 우리의 의무가 경감되지는 않는다. 하나님은 "그러므로…너희도 온전하라"고 명령하신다.

의무와 능력 사이의 괴리는 우리로 하여금 온전함을 향한 열망에 불을 붙이며 그곳을 향한 길을 밝힐 수 있도록 말씀과 성령님께로 향하게 한다. 우리가 이 세상에서 이루지 못할 온전함을 우리에게 요구하시는 하나님은 교회가 그 방법에 무지한 채로 있도록 내버려 두지 않으시며 또한 그것을 찾을 수 있는 모든 능력을 빼앗아 가지도 않으신다. 그래서 그분은 말씀을 조명하시는 성령님을 보내신다.

"보혜사 곧 아버지께서 내 이름으로 보내실 성령 그가 너희에게 모든 것을 가르치고 내가 너희에게 말한 모든 것을 생각나게 하리라"(요 14:26).

주님의 영감된 말씀은 우리를 가르치기 위하여 기록되었다. 말씀은 성령님을 통하여 분명하게 되고 능력 있게 된다.

"그러나 진리의 성령이 오시면 그가 너희를 모든 진리 가운데로 인도하시리니 그가 스스로 말하지 않고 오직 들은 것을 말하며 장래 일을 너희에게 알리시리라 그가 내 영광을 나타내리니 내 것을 가지고 너희에게 알리시겠음이라"(요 16:13-14).

성령님에 대한 주님의 약속은 은사주의적인 계시들과 혼동되어서는 안 된다. 성령님은 특별 계시를 만들어 내시지는 않는다. 그분은 하나님의 말씀을 취해서 그 말씀을 자원하는 심령에 능력으로 적용시키신다. 그러므로 온전함을 위한 열망에 사로잡힌 회중은 말씀을 능력 있게 설교하는 목사를 통해 온전함을 향하여 손을 뻗칠 것이다. 이것이 바로 참으로 적극적인 집사 활동의 열쇠이다. 그 목표를 칼빈은 다음과 같이 요약한다. "우리는 하나님께서 우리에게 베풀어 주신 모든 것(이것을 가지고 우리가 이웃을 도울 수 있다)의 청지기이며 또한 언젠가는 우리의 청지기직에 대한 셈을 요구받을 것이다. 더욱이 청지기직은 사랑의 법칙으로 시험을 받을 것이다. 따라서 우리는 자기 자신의 유익을 돌보면서 다른 사람의 유익을 위한 열심에 동참할 뿐만 아니라, 이웃의 이익에 우리 자신의 이익을 종속시켜야 할 것이다"(기독교강요, III. 7. 5).

II. 온전함을 향한 여정에서의 중간 정거장들

협동

교회의 여러 직분들 간의 협동은 필수불가결한 것이다. 하나의 사슬은 가장 약한 고리의 강도만큼만 강할 뿐이다. 목사가 말씀을 담대하게 전파하지 않고 장로들이 그러한 설교를 뒷받침하고 불순종을 권징하며 집사의 활동을 자극하지 않는다면, 집사들이 온전함을 향하여 손을 뻗칠 것을 바랄 수 없다.

봉사에 대한 열심

위에서 제안된 것과 같은 협동의 열매는 집사회를 통하여 봉사하고자 하는 회중의 자원하는 마음이 점점 증가하는 모양으로 나타날 것이다. 그리스도인은 청년 시절부터 청지기직의 의무와 그 보상에 대하여 교회로부터 가르침을 받아야 한다.

직분에 지명된 멤버들은 기쁨으로 일어서야 하며, 만약 선출된다면 온 힘을 다해서 봉사하여야 한다.

은사의 사용

하버드 대학의 유명한 심리학자이며 철학자인 윌리엄 제임스 (William James)는 우리는 자신의 타고난 재능의 10% 이상을 사용하는 경우가 거의 없다고 말했다. 회중은 교회 안팎에서 이웃에 대한 봉사를 위하여 사용되어지는 것보다도 훨씬 큰 기술과 재능을 가지고 있다. 깨어 있는 집사회는 이 사실을 깨닫고서 항상 바쁘게 기술과 재능을 필요와 연결시킨다. 청년들도 그들 나름대로의 드릴 은사가 있으며 노인들도 그러하다. 또한 이 두 연령층 사이에 속하는 모든 사람들도 그들의 재물, 영향력, 열정, 기능, 재능을 다른 사람들과 나눌 수 있도록 자극되어야 한다.

수습직이라는 생각으로부터의 탈피

집사는 풋내기 장로가 아니다. 집사의 직분은 극히 중요한 것으로서 이 일에는 연령의 고하를 막론하고 모든 능력 있는 자가 필요하다. 집사의 직분을 마치 장로직을 위한 준비 과정 정도로 생각하는 회중은 비극적인 실수를 범하고 있는 것이다. 집사직 혹은 장로직의 지명은 각 직분에 요구되는 적성에 의해서만 결정되어야 한다.

집중된 책임

"잔돈이나 계산하는 일"을 경시하는 경향은 실제로 집사가 하는 일이 오직 그 일에 불과할 때에는 집사직에도 적용이 된다. 그러나 회중의 모든 경제적인 책임의 중심을 집사회에 두는 것은 현명한 일이다. 경제적인 기능을 여러 위원회에 분산시키는 것은 효과적이지 못하며, 집사로부터 유용한 정보와 접촉을 박탈하는 결과를 낸다.

의사소통

우리는 이미 집사와 그들이 섬기는 그리스도의 몸 사이의 개방된 의사소통을 위한 집사 통신문과 기타 다른 방법들에 관하여 의견을 제시했다. 온전함을 향한 길에 개방성은 도움이 되지만 비밀 지향성은 방해가 된다. 물론 비밀에 붙여져야 할 사항은 항상 존중되어야 한다. 이야기는 밖으로 퍼뜨리라! 그리고 반응은 안으로 끌어들이라!

신중함

우리의 열망과 성취 사이에는 항상 간격이 있을 것이다. 우리가 지금까지 그려 왔던 봉사의 분야들 중에서 어떤 것은 지지부진한 상태에 빠져 있는 것도 있을 것이다. 그러나 낙심하지 말라. 또한 한

꺼번에 너무 많은 것을 시도하지 말라. 항상 깨어서 당신이 누구인지, 당신이 하고 있는 일이 무엇인지, 그리고 해야 할 일이 무엇인지 생각하라. 기도하라. 그리고 하나님을 신뢰하라. 하나님은 자원하는 심령과 열심히 일하는 손을 축복하실 것이다.

Part 6

청사진과 계획

24장
청사진 : 집사를 위한 비유

성경의 어떤 비유들은 집사회를 고무시키기 위하여 기록된 것처럼 보인다. 다음과 같은 비유들이 그것이다.

Ⅰ. 선한 사마리아인 비유 : 필요를 알아봄, 돌봄, 나눔

선한 사마리아인의 비유는 우리에게 잘 알려진 비유이다. 한 사람이 예루살렘에서 여리고로 가고 있었다. 그는 강도들을 만났는데 그들은 그를 벗기고 때린 후에 반쯤 죽게 된 상태로 길가에 버려두었다. 한 제사장이 지나가면서 그 피해자를 보았지만 피해서 지나가 버렸다. 한 레위인도 그렇게 하였다. 그러나 그 피해자와는 민족도 다르고 종교도 다른 한 사마리아인은 그를 보고 동정심을 가졌다. 사마리아인은 그의 상처를 싸매주고 그를 자기 짐승에 태워서 주막까지 데리고 가서는 그를 돌보며 간호하는 데 드는 비용까지 미리 지불해주었다.

이에 대하여 예수님은 "이 세 사람 중에 누가 강도 만난 자의 이웃이 되겠느냐"고 질문하신다. 예수님은 "자비를 베푼 자니이다"라는 대답을 들으신 후에, "가서 너도 이와 같이 하라"고 말씀하셨다 (눅 10:25-37).

첫째, 집사가 부딪히는 부단한 문제들이 여기서 조명되고 있다. 사마리아인과 그 희생자 사이에는 아무런 종교나 공동체상의 친분관계가 없다. 그런데도 예수님은 이런 형태의 자비를 분명하게 명령하신다. 교회는 집사들을 통하여 자기 주위의 모든 궁핍한 사람들에 대한 보호와 관심 그리고 실질적인 도움을 위한 손을 뻗칠 의무가 있다.

둘째, 이 비유는 집사들이 스스로 계발하며 회중에게 퍼뜨리기 위하여 노력해야 하는 세 가지 태도들을 강조하고 있다. 그 세 가지 태도는 다음과 같다.

① 필요를 알아차리는가?

매를 맞고 길가에 누워 있는 사람 곁을 세 사람이 지나갔다. 의심할 바 없이 세 사람 모두는 그가 거기에 있는 것을 보았다. 그러나 어찌된 일인지 두 사람은 자기에게 도움을 부르짖는 인간의 필요가 거기 있다는 사실을 깨닫지 못했다. 어쩌면 그들은 자기들의 일로 너무 바빴거나, 하나님에 대한 형식적인 예배 때문에 너무 바빴을지도 모른다. 어떤 이유였든지 그들은 이웃의 필요를 알아차리지 못했다.

이것은 집사들이 개인적으로나 집단적으로 끊임없이 자신에게 던져야 하는 질문이다. 우리는 우리 주위의 필요를 알아차리는가? 우리의 주의를 끌기 위한 부르짖음을 사랑의 눈으로 보고 있는가? 실제로 우리는 궁핍을 보고 압제의 부르짖음을 듣고자 하는가?

또한 회중이 알고자 하는가? 회중은 집단적인 기부나 개인적인 재능을 통하여 제공할 수 있는 것을 필요로 하는 자가 누구인지 알고자 하는가?

그리스도의 몸에 대한 집사직의 봉사의 일부는 필요를 알게 해주기 위한 일련의 가르침을 제공하는 것이다. 이것은 물론 집사회 자체가 그 가르침으로부터 배웠다는 것을 확인한 다음의 일이다.

② 당신은 돌보는가?

길가에 있는 사람을 지나쳐 간 그 두 사람은 그를 알아보았을 수도 있었지만, 돌보지는 않았다. 그들은 그를 도와야겠다는 의무감을 느끼지 않았다. 그들은 양심의 명령을 듣지 않았으며 그의 이웃이 되기를 포기했다.

알아보는 단계로부터 돕기 시작하는 단계로의 진행은 어려운 것일 수도 있다. 그들이 간신히 깨닫게 된 그 필요가 채워질 수 없는 온갖 이유들이 집사들 사이에서 혹은 회중 속에서 제기될 수 있다.

알아보지 못했거나, 알아보고도 돌보지 않은 그 두 사람을 이 비유는 정죄하지 않는다. 이 비유는 단지 알아보고 도와준 사람에 대한 축복을 선언할 뿐이다. 하나님은 봉사를 방해하는 어떤 장애가 있을지라도 그 장애를 극복하는 돌봄을 요구하신다.

③ 당신은 나누어 주겠는가?

이 문제에 대하여 주님은 오직 한 가지의 대답만을 가지고 계신다. "가서 너도 이와 같이 하라."

이것이 바로 집사직의 책임이며, 회중도 같은 책임을 가지고 있다. 하나님께 속한 사람은 하나님께서 다른 사람과 나누라고 주신 바로 그것을 필요로 하는 모든 사람의 이웃이 되어야 한다.

이와 같이 선한 사마리아인의 비유는 집사들을 위하여 베풀어진 것이다.

II. 포도원 비유 : 돌보지 않는 사람들에 대하여

선지자 이사야는 매우 비옥한 언덕에 있는 포도원에 대하여 말한다. 포도원의 주인은 그곳에서 아주 좋은 포도를 내게 하기 위하여 사람이 할 수 있는 모든 일을 했다. 그러나 그 포도원은 겨우 들포도를 맺었을 따름이다. 이에 실망한 그 주인은 자기가 그 포도원을 파괴하여 오직 찔레와 가시만이 자라는 황무지가 되게 할 것이라고 말한다(사 5:1-6).

이와 동일한 주제가 우리 주님에 의하여 선택되었으며 그것이 세 복음서 속에 기록되었다(마 21:33-46; 막 12:1-12; 눅 20:9-19).

각 경우에 있어서 포도원이 의미하는 것은 교회임이 분명하다. 하나님은 순종과 봉사의 열매를 보증하기 위하여 할 수 있는 모든 일을 교회를 위하여 행하셨다. 하나님은 심으셨고 보존하셨으며 선지자들과 교사들을 보내서 그분의 길을 가르쳐주셨다. 하나님은 교회의 죄가 씻어지도록 자기 아들을 주셨다. 그러면 이제 하나님이 우리에게 요구하시는 것은 무엇인가? 그것은 바로 하나님과 이웃에 대한 사랑으로 요약되는 순종이다.

집사들의 역할은 그 포도원의 열매를 궁핍한 사람들에게 나누어 주는 것이다. 포도원의 역할은 그런 분배를 위한 열매를 제공하는 것이다. 그런데 그런 열매가 없다는 것은 결코 작은 일이 아니다. 이사야가 예언한 그 무서운 형벌이, 열매 없는 이스라엘에게 떨어졌으며 또한 역사를 통하여 열매 없는 회중들에게 떨어졌다.

"스스로 속이지 말라 하나님은 업신여김을 받지 아니하시나니 사람이 무엇으로 심든지 그대로 거두리라 자기의 육체를 위하여 심는 자는 육체로부터 썩어질 것을 거두고 성령을 위하여 심는 자는 성령으로부터 영생을 거두리라"(갈 6:7-8).

이제 이 일의 결과 곧 회중에 대한 권면과 집사직에 대한 명령을 들으라.

"우리가 선을 행하되 낙심하지 말지니 포기하지 아니하면 때가 이르매 거두리라 그러므로 우리는 기회 있는 대로 모든 이에게 착한 일을 하되 더욱 믿음의 가정들에게 할지니라"(갈 6:9-10).

"하나님께서 각 사람에게 그 행한 대로 보응하시되 참고 선을 행하여 영광과 존귀와 썩지 아니함을 구하는 자에게는 영생으로 하시고 오직 당을 지어 진리를 따르지 아니하고 불의를 따르는 자에게는 진노와 분노로 하시리라"(롬 2:6-8).

Ⅲ. 선한 사마리아인 비유 : 또 다른 관찰

예루살렘에서 여리고로 가던 사람이 강도들에게 붙잡혔다. 그들은 그의 옷을 벗기고 때렸다. 그리고 반쯤 죽은 그를 길가에 버려두었다.

제사 드릴 시간에 늦었을지도 모를 한 제사장이 급히 지나간다. 그는 길가에 있는 핏자국에 대하여 무관심하다. 다음에 지나가는 한 레위인도 역시 그러하다. 이 두 종교 전문가들은 자기들이 가르치는 이웃 사랑을 등한시한다.

그러나 그 매 맞은 사람에 대하여 외인인 사마리아인이 가던 길을 멈추고 그 사람의 상처를 싸매주고 그를 자기의 당나귀에 태워서 주막에까지 데리고 가서는 그를 돌보는 데 필요한 돈을 미리 지불한다.

이것이 널리 알려진 선한 사마리아인의 비유이다(눅 10:25-37).

그러나 혹시 당신은 이 비유에 너무나 익숙한 나머지, 우리 주님께서 이 비유를 하게 만든 바로 그 질문에 대답하지 않으신 사실을 간과하고 있지는 않은가?

이 토론의 시작은 영생에 관한 것이었다. 모든 축복 중에서 가장 귀한 그 축복을 우리는 어떻게 상속할 수 있겠는가? 한 율법교사가 이것을 알고자 했다.

"어떤 율법교사가 일어나 예수를 시험하여 이르되 선생님 내가 무엇을 하여야 영생을 얻으리이까"(눅 10:25).

예수님은 그에게 율법이 요구하는 것이 무엇인지를 물어보셨고, 그는 무엇보다도 하나님을 사랑하고 이웃을 자신과 같이 사랑하는 것이라고 대답했다.

예수님은 그의 대답을 칭찬하시고는 "이를 행하라 그러면 살리라"고 부언하신다.

"그 사람이 자기를 옳게 보이려고 예수께 여짜오되 그러면 내 이웃이 누구니이까"(눅 10:29).

그런데 이것이 이상한 말이다. 어떻게 "자기를 옳게 보인다"는 말인가? 그는 무엇을 위해서 이렇게 했을까?

우리는 자기 자신의 경험으로부터 알 수 있다. "이웃"의 개념을 복잡하게 만듦으로써 우리가 옳게 보이려고 하는 것은 바로 제사장이나 레위인과 같은 행동인 것이다. 우리는 "이웃"의 개념을 모호한 상태로 남겨둠으로써 매를 맞고 인생의 길가에 누워 있는 많은 사람을 그냥 지나치는 행위를 정당화한다. 그러면서 우리는 순종의 어려움을 말의 즐거움으로 대신하려고 한다. 율법교사는 실제로 자기를 "옳게 보이려고"했다. 그러나 우리도 마찬가지이다.

다음은 오후의 휴식 시간에 "선생"을 이용하기 위하여 날렵하게 제기된 질문이다. "누가 나의 이웃입니까?" 즉 "내가 자기 자신과 같이 사랑해야 할 사람이 누구입니까? 모든 사람이 그런 것은 확실히 아니지 않습니까? 나그네나 이방인은 제외되지 않습니까? 내가 그를 어떻게 식별할 수 있습니까?" 사랑의 실천을 한없이 뒤로 미루기에 충분한 질문이다.

그러나 주님께서는 그런 사고를 걷어치워 버리신다. 주님은 실제적인 행동을 목표로 하는 선생이시다. "이를 행하라 그러면 살리라."

영생에 대한 이야기를 하신 후에 예수님은 조용히 율법교사의 질문을 고쳐서 말씀하신다. 그분은 "자, 이제 너는 누가 너의 이웃인지 알 것이다. 제사장이나 레위인이 아니라 매 맞은 나그네이다"라고 말씀하시지 않는다.

그렇다, 주님은 상대가 그 질문을 더 이상 끝없이 정련시키거나 논란의 대상으로 삼아서 교묘하게 책임을 회피할 수 없도록 고쳐서 말씀하신다. "네 생각에는 이 세 사람 중에 누가 강도 만난 자의 이웃이 되겠느냐?"

긴 오후의 부질없는 이야기가 갑자기 끝나고 만다. 여기 그 율법교사는 예수님의 질문에 "자비를 베푼 자니이다"라고 대답하지 않을 수 없게 되었다.

똑똑한 논쟁자인 체하려던 그는 이제 "가서 너도 이와 같이 하라"는 무뚝뚝한 한마디를 듣고 물러가야 했다. '우리의 이웃이 누구인지를 어떻게 알 수 있는가'라는 문제를 가지고 왜 시간을 허비하는가? 당장 가서 어려움에 빠져 있는 모든 사람, 그 누군가의 "이웃"이 되라. 가난한 자가 당신 속에서 자기의 이웃을 발견하게 하라.

말을 그치고 재잘거림을 그만두라. 하나님의 선물인 시간, 돈, 재물, 재능, 지혜, 듣는 귀, 돕는 손을 취하여 이것들을 누군가 사용할 수 있는 곳에 투입하라.

이웃을 자기 자신과 같이 사랑한다는 것은 언제 어디서나 당신이
할 수 있을 때에 그의 이웃이 되는 것을 의미한다.

누가 이웃인가?

우리 각자가 이웃이다. 아니, 그렇게 되어야 한다.

Ⅳ. 주기와 탕감하기

"오늘 우리에게 일용할 양식을 주시옵고 우리가 우리에게 죄 지은
자를 사하여 준 것 같이 우리 죄를 사하여 주시옵고"(마 6:11-12).

모든 그리스도인이 사용하도록 하기 위하여 주님께서 가르쳐주
신 기도의 일부인, 우리가 잘 알고 있는 이 구절들로부터 하나의 비
유를 이끌어 낼 수 있을 것이다.

"그러므로 너희는 이렇게 기도하라"(마 6:9).

우리는 우리의 생활을 유지시켜주는 모든 것, 우리의 생활을 안
락하게 해주는 모든 것 또한 우리로 하여금 일을 할 수 있게 해주며
놀이를 즐길 수 있게 해주는 모든 것을 하나님께로부터 받아야 한
다. 주님께서는 우리가 "우리 아버지"께 이런 모든 것을 구하라고
권고하신다. 또한 주님은 대부분 우리가 구하는 것보다도 훨씬 많
은 것을 주신다. 그 기도는 바로 이런 이유로 매우 간단하게 만들어
진 것이다. "일용할 양식"은 우리가 알고 있는 필요들과 함께 우리
가 미처 깨닫지 못하고 있는 다른 무수히 많은 것들까지 포함하고
있다.

그러나 우리는 다음의 사실을 알고 있으며, 또한 알아야 한다. 우리는 주님의 모든 선물을 주님께서 요구하신 봉사, 즉 이웃을 자기 자신과 같이 사랑하는 일에는 사용하지 못하고 있다. 그의 선물을 받음으로써 우리가 진 빚이 탕감될 필요가 있다. 그래서 우리는 "주시옵고"와 "사하여 주시옵고"라는 기도를 동시에 하는 것이다. 우리가 구한 것들 중의 너무 많은 것들이 자아의 제단에 바쳐지며 심지어는 사탄의 제단에 바쳐지기도 한다.

"···주시옵고 ···사하여 주시옵고"라는 말은 우리의 입에서 쉽게 흘러나간다. 우리는 그것들을 참으로 많이 읊조린다.

그러나 이 기도를 가르쳐주신 주님은 우리로 하여금 "우리가 우리에게 죄 지은 자를 사하여 준 것 같이"라는 약속을 하게 하셨다.

주님께서는 이 관계를 강조하신다. "용서하라 그리하면 너희가 용서를 받을 것이요"(눅 6:37).

주님께서는 이 엄숙한 진리를 잘 알려진 또 다른 이야기 속에서 강조하신다. 그 이야기는 다음과 같다.

V. 시몬의 놀람

바리새인 시몬이 "선생님"을 식사에 초대했다. 좋은 가르침을 기대한 것이 많이 있었겠지만, 자기 자신에 대하여 어떤 말을 듣게 될지는 예상하지 못했던 것이 분명하다(눅 7:36-50).

주님께서는 그 초대에 응하셨다.

예수님이 식탁에 앉아 계실 때에 "죄를 지은 한 여자"가 사람들 사이로 알아채지 못하게 들어왔다. 그녀는 아무 말도 없이 눈물로 예수님의 발을 적시고 자기 머리털로 닦았다. 그리고 그 발에 입을 맞추고 가지고 온 향유를 부었다.

그 바리새인은 실망하였다. 그는 "선지자"를 자기의 손님으로 초대했는데, 이 "선생님"은 자기 몸에 손을 댄 그 여인이 얼마나 큰 죄인인지를 전혀 알아차리지 못하고 있음이 분명했다. 결국 그 저녁을 낭비했다고 여긴 시몬은 이렇게 생각했을 것이다.

"이 사람이 만일 선지자라면 자기를 만지는 이 여자가 누구며 어떠한 자 곧 죄인인 줄을 알았으리라"(눅 7:39).

사람들은 '만약 하나님이 우리처럼 지혜롭기만 하다면!'이라고 하면서 하나님이 행하실 것을 정하고자 한다.

그러나 그 선생님은 시몬이 추측한 것 이상의 선지자였으며, 마침내 그분은 "시몬아 내가 네게 이를 말이 있다"라는 말로써 시몬의 생각을 중단시키시고 혹독한 꾸짖음을 시작하신다.

앞으로 일어날 일이 무엇인지도 알지 못한 채 시몬은 "선생님 말씀하소서"라고 대답한다.

주님께서는 여기서 우리가 주기도문 속에서 방금 생각했던 주제인 빚 주는 사람과 빚진 사람의 이야기를 시작하신다.

"빚 주는 사람에게 빚진 자가 둘이 있어 하나는 오백 데나리온을 졌고 하나는 오십 데나리온을 졌는데 갚을 것이 없으므로 둘 다 탕감하여 주었으니 둘 중에 누가 그를 더 사랑하겠느냐"(눅 7:41-42).

"내 이웃이 누구입니까?"라고 물은 율법교사처럼 시몬도 빠져나 갈 길이 없는 올무 속으로 걸어 들어가고 있다. 그는 "내 생각에는 많이 탕감함을 받은 자니이다"라고 말한다.

그러자 예수님은 무감각하게도 공손한 관례를 소홀히 한 시몬의 무신경과 여인의 행동을 대조하신다. 시몬은 식사 전에 발을 씻을 물을 예수님께 내놓는 관례를 행하지 않았다. 그러나 그 여인은 이 필요를 자기의 눈물로 채웠다. 시몬은 공손한 예의의 표시인 입맞춤으로 예수님을 맞이하지 않았으나 그녀는 그분의 발에 입을 맞추었다. 시몬은 예수님이 머리카락과 수염을 손질하실 수 있도록 기름을 드리지 않았으나 그 여인은 향유로 그분의 발을 적셨다.

요컨대 그녀는 예수님께 많은 사랑을 표시하였지만, 시몬은 그렇지 않았다.

"이러므로 내가 네게 말하노니 그의 많은 죄가 사하여졌도다 이는 그의 사랑함이 많음이라 사함을 받은 일이 적은 자는 적게 사랑하느니라"(눅 7:47).

사랑하지 않는 사람은 실제로 우리가 하나님 아버지께 지고 있는 막대한 빚을 거의 탕감받지 못하는 사람이다.

집사는 그가 노력을 기울이고 있는 모든 일에 있어서 다음과 같은 두 가지 면에서 신자를 납득시킬 수 있도록 관심을 기울여야 한다.

① 하나님께서 명령하신 대로, 하나님께서 봉사의 목적을 위하여 사람들의 청지기직에 맡겨주신 선물에 의하여 궁핍한 자들이 도움을 입어야 한다는 것.

② 너그러운 마음은 그가 용서받은 죄인임을 증거하지만 인색한 마음은 그 자신의 강퍅함을 은연중에 드러낸다는 것.

25장
계획들

비전이 있어야 발전이 뒤따른다.

교회를 위한 주님의 계획에 참여하기를 열망하는 집사들은 어느 정도 꿈을 꾸어야 하며, 더 넓은 곳으로 손을 뻗쳐야 한다. 위를 보라! 주위를 둘러보라! 앞을 바라보라! 당신의 직분은 역사에 있어서 가장 진보적인 힘인 부활하신 주님의 힘과 동맹을 맺고 있는 그리스도의 몸의 능동적인 기능이다.

"너희 마음의 눈을 밝히사…그의 힘의 위력으로 역사하심을 따라 믿는 우리에게 베푸신 능력의 지극히 크심이 어떠한 것을 너희로 알게 하시기를 구하노라"(엡 1:18-19).

그 비전이 하나님께서 죽은 자 가운데서 살리신 교회의 머리에 대한 순종을 추구하는 비전일 때, 이 비전은 능력의 통로를 열게 된다.

"하늘에서 자기의 오른편에 앉히사 모든 통치와 권세와 능력과 주권과 이 세상뿐 아니라 오는 세상에 일컫는 모든 이름 위에 뛰어나게 하시고 또 만물을 그의 발 아래에 복종하게 하시고 그를 만물 위에 교회의 머리로 삼으셨느니라 교회는 그의 몸이니 만물 안에서 만물을 충만하게 하시는 이의 충만함이니라"(엡 1:20-23).

당신은 아무리 많은 것을 원해도 지나치지 않으며, 아무리 거대한 것을 마음속에 그려도 지나치지 않다. 또한 아무리 큰 축복을 기대해도 주님의 능력이 미치지 못할 일은 없다. 그러므로 우리는 이 장에서 당신이 집사의 봉사를 크게 생각할 것을 촉구한다. 그렇게 하는 가운데 당신은 그분의 눈, 귀, 손 그리고 발의 확장에 대한 실제적인 꿈을 자꾸 키워서 점점 더 광범위한 봉사의 영역을 생각하게 되는 것이다.

Ⅰ. 교회와 복지 국가

우리는 복지 국가의 시대에 살고 있다.

현대 복지 사회의 도래는 교회에 큰 책임이 있다. 만약 충분한 수의 집사들이 비전을 가졌다면, 교회는 복지의 결점들과 문제들을 없앨 수도 있었다.

교회는 두 가지 방법으로 복지 국가를 도래하게 했다.

① 우리가 이미 살펴보았듯이 교회가 선포하는 말씀은 가난한 자를 위한 자비와 공의를 요구한다. 이 말씀이 적어도 서구 사회 속에 스며들면서 각성한 공공의 양심은 공공복지를 요구하게 되었다. 교회는 복지 사회의 아버지이다.

② 그러나 교회는 그 자체의 이상에는 도달하지 않았으며, 어떤 면에서 그것이 가능하지도 않았다. 굶주린 모든 자를 먹인 것이 아니었으며 집이 없는 모든 자에게 쉼터가 마련된 것도 아니었으며, 압제와 탈취를 당하는 모든 자가 구제된 것도 아니었다. 결국 궁핍한 자의 부르짖음이 하늘로 올라갔고 하나님은 그 부르짖음에 복지 국가라는 형태로 응답하셨다. 정부는 교회가 요구하는 것에 착수하기는 했지만 스스로의 힘으로는 성취하지 못하고 있다.

그러므로 교회는 작위와 부작위 모두에 의해서 복지 국가의 창시자가 되며 집사는 바로 여기서부터 출발한다. 성경의 가르침을 받은 양심이 교회를 통해 요구는 하면서도 달성하지 못하는 그 일에 정부는 착수하였다.

지금에 와서 복지 국가의 옳은 점과 그릇된 점을 길게 논의하는 것은 헛된 일이다. 역사는 결코 뒤집어지지 않을 것이다.

미래를 볼 때 지금 중요한 것은 깨어 있는 집사회들과 공공복지 사이에 어떤 건설적인 관계가 발전될 수 있을지를 발견해 내는 일이다. 또한 일반적으로 복지 체계의 결점이라고 알려진 것들을 수정함에 있어서 집사회만이 자격을 갖추고 있다는 것이 즉시 분명해진다. 다음과 같은 사항들을 생각해보라.

① 집사는 모든 재물이 하나님으로부터 왔다는 사실을 안다. 그런데 복지의 대상이 되는 가난한 자가 이 사실을 안다는 것은 얼마나 기운을 북돋아주는 일인가! 또한 사기꾼에게는 얼마나 오싹한 일이 되겠는가! 하나님께서 하늘에서 억눌린 자를 굽어보시며 그

부르짖음에 응답하신다는 사실을 아는 사람은 자기의 소유를 나누어 주는 것이다. 바로 이것이야말로 복지이다. 하나님께서 주시는 것! 당신은 이 사실을 알고 있다. 그런데 당신은 그것을 말하고 있는가? 당신은 복지 체계를 비판하는 자들에게 재물을 공급하시는 분은 오직 하나님이시라는 사실을 말하고 있는가? 그분은 모든 복지의 기초가 되시며, 천부의 돌보심이 없이는 공중의 새나 인간이나 동물은 아무것도 먹을 수 없다.

"공중의 새를 보라 심지도 않고 거두지도 않고 창고에 모아들이지도 아니하되 너희 하늘 아버지께서 기르시나니 너희는 이것들보다 귀하지 아니하냐"(마 6:26).

오직 하나님만이 복지를 가능하게 하신다. 이 사실은 항상 알려져야 하고 말해져야 한다. 바울은 말한다.

"도둑질하는 자는 다시 도둑질하지 말고…자기 손으로 수고하여 선한 일을 하라"(엡 4:28).

그러나 우리는 여기에서 "돌이켜 가난한 자에게 구제할 수 있도록"이라는 말을 간과하지 말아야 한다(엡 4:28). 주님께서 다른 사람의 일을 통하여 그 쓸 것을 공급하시는 가난한 자는 항상 우리와 함께 있을 것이다(요 12:8). 공공복지는 가난한 자들에게 쓸 것을 공급하기 위한 주님의 도구들 중의 하나로서 이것은 마치 주님이 공중의 새들에게 필요한 것을 주시는 것과 마찬가지이다. 가난한 자들은 이 사실을 알아야 하고, 우리 또한 알아야 한다.

② 그러나 국가는 복지에 있어서 하나의 중립적 중개자로 나타난

다. 복지 사업 종사자는 도움을 받는 자들에게 원래의 수여자(Giver)를 가르쳐줄 수도 있고 그렇지 않을 수도 있다. 그런데 이런 사실은 집사와 교회의 마음에 부담이 되어야 하며 또한 집사로 하여금 복지 체계에 뛰어들고자 하는 마음을 갖게 하는 자극이 되어야 한다. 국가로부터 주어지긴 하지만 천국의 주소가 적혀 있는 수표로 인하여 하나님께 대한 정당한 감사와 경배가 돌려지게 하라. 복지 활동에 스며들고자 하는 당신의 관심의 근거는 바로 이것이다.

③ 정부는 하나님의 자비의 증인인 집사를 자기들의 복지 활동에 관여시킬 아무런 흥미도 느끼지 못한다. 그러나 국가는 효율과 경제성 그리고 모든 복지 기금으로부터 가장 많은 돈을 얻어내는 데에는 흥미를 가지고 있다. 집사회는 바로 이 부분에서 그들의 지렛대를 발견한다. 복지 정책은 일반화된 규정을 적용해야 한다는 생각 때문에 엉망이 되었다. 왜냐하면 모든 사람에게 적용되게끔 만들어졌기 때문에 엄밀하게 말하면 아무에게도 적용되지 않게 되었기 때문이다. 입법을 통하여 추구될 수 있는 정의는 추상적인 정의이기 때문에 실제로는 구체적인 상황 속에서 자주 불의로 나타난다. 어떤 수령인은 그들이 필요한 것보다도 더 많이 받지만, 어떤 수령인은 그들의 필요보다 훨씬 덜 받는다. 그래서 어떤 사람들은 그들이 할 수 있는 모든 방법을 동원해서 이 체계를 "깨부수려는" 계속적인 유혹을 받는다. 과중한 업무에 시달리면서도 대개는 인정을 받지 못하는 사회 복지사들은 관료 정치와 현실 사이에서 씨름을 하며 많은 좌절을 겪게 된다. 많은 사람들이 어떤 때는 강압적인 불

평등에 대항하여 영웅적인 일을 이루기도 한다. 그들은 얼마나 많은 집사직의 꾸준한 손과 굳은 신앙과 건설적인 비전을 사용할 수 있었던가! 그런 조합은 불가능한 것인가? 아니면 그런 조합은 교회와 국가의 분리에 의하여 금지되어 있는가? 그런 모든 것들은 당신이 얼마나 큰 꿈을 꾸고자 하는지, 일을 하고자 하는지, 소망을 갖는지, 기도를 하는지에 달려 있다.

"하늘과 땅의 모든 권세"를 가지신 분은 누구인가(마 28:18)? 당신의 주님인가, 아니면 국가인가? 최근에 당신은 복지에 관하여 그분께 무엇을 구하였으며 무엇을 신뢰하였는가? 어쨌든 그분의 권세 때문에 당신은 용기를 내서 그 체계 속으로 뛰어들 마음을 먹을 수 있다.

④ 복지는 일반적으로 비인격적인 것이다. 하나의 공동체를 형성하기보다는 파괴하는 경향이 있다. 그리스도의 사랑이 집사에게 권고하는 인격적인 접촉을 사회 복지사는 거의 제공하지 못한다. 만약 재물과 도움이 우리 모두의 아버지이신 하나님의 이름으로 주어진다면 복지 체계가 가난한 자와 그 나머지의 사회를 연합시키는데 얼마나 더 많은 기여를 할 수 있겠는가! 만약 복지가 어느 정도 당신의 도움과 함께 관리되었다면 당신은 그 일이 이루어진 것을 보았을 것이다. 설사 당신이 사회 복지사와 함께 일하며 그들이 정부의 중립적인 이름으로 무엇을 하는지를 들여다보기만 했었어도 그런 좋은 결과가 나왔을 것이다. 당신은 지금까지 이런 일을 생각해본 적이 있는가? 어쩌면 그것은 무너져 가는 공공복지 속으로 당

신의 방법을 서서히 스며들게 하는 가장 좋은 기회가 될 것이다.

그렇다. 우리는 지금 신중한 전략을 생각하고 있는 것이다. 당신의 목표는 순전한 봉사를 수행할 능력이 있는 유일한 기관인 교회의 자선 활동을 회복시키는 일이다. 아마 당신은 재물, 돈, 가르침, 이야기 들어주기 등으로 섬기는 것에 더하여, 복지 계획이 어떤 특정한 개인이나 가정에 적용될 때에 그 안에서 결핍되기 쉬운 사랑의 마음을 보태줄 수도 있을 것이다. 만약 당신이 그 일을 잘 수행하면 몇몇 집사들이 이미 전문적인 사회 복지사로 주님을 섬기고 있는 다른 그리스도인들과 힘을 합칠 수도 있다. 또한 주님의 뜻에 알맞은 때에 당신의 교구나 지역사회 속에서 행해진 복지 구호 활동의 많은 것들이 마침내는 주로 당신의 손을 통하여 흘러나가게 될 것이다. 교회와 국가의 분리? 이런 문제는 하나님께 맡겨두라. 만약 당신의 교회 건물에 화재가 발생하면 세금으로 유지되는 소방서에서 불을 끌 것이다. 왜 그런가? 그것은 공익을 위해서 그런 것이다. 이것은 미국 수정헌법 제1조에 대한 오해에서 생겨난 간극을 좁혀준다. 각 필요들에 대한 개인적인 조처만이 복지 기금의 최대의 효과를 낼 수 있다는 사실을 당신이 한번 보여주기만 하면 복지 기금에 대한 집사의 관리의 효율성을 선택하는 것은 바로 이 공익이 될 것이다. 시도해보라. 그리고 나머지는 주님께 맡기라.

다음과 같은 방법으로 시도해보라.

① 당신의 지역사회의 공공복지에 대하여 가능한 모든 것을 알아보라. 만약 교회가 시골에 위치해 있거나 혹은 복지가 생소한 작은

지역사회에 속해 있다면, 복지 사업의 혜택으로 현재까지 생계를 잘 이어가고 있는 가정들이 존재하는 지역의 집사회에 도움을 요청할 준비를 갖추라.

② 사회 복지사들을 알아보라. 교회의 멤버 중에 사회 복지사가 있을 수도 있다. 아니 어쩌면 많은 사회 복지사가 주님의 종들일 수도 있다. 개인적 도움으로 그리고 물자와 기금 측면에서 도움으로 그들의 일을 당신이 어떻게 도울 수 있을지 알아보라.

③ 근본적으로 복지 사업은 문제에 대하여 "돈을 던져 주는 일"로 이루어지는 것이 사실이긴 하지만 집사가 할 수 있는 많은 일들이 남아 있다는 사실을 당신은 분명히 발견할 것이다. 돈을 올바르게 사용하는 법, 더 좋은 난방과 음식을 장만하는 법, 살림 도구들을 더 잘 관리하는 법, 옷을 더 오래 입는 법 등을 교육시킴으로써 사회 복지사들과 협력할 수도 있다. 집사의 부인들과 여집사들도 사려 깊은 조심성을 가지고 가정이나 교회에서 그런 가르침에 참여할 수 있다. 교회의 자원 봉사자들이 낡은 옷과 주식(主食)을 사회 복지사들과 협력하여 모으는 일은 많은 가능성의 문들을 열어준다.

④ 선택된 몇몇 가정들에 대한 일정 기간 동안의 복지 부담을 집사회에서 담당하기로 하는 시범 계획을 제안함으로써 과감하게 일을 추진해보라. 공적인 엄밀성 아래 투명한 회계 장부를 구비하고 사전에 고려된 효용성 기준에 입각하여 일하라. 수치들이 말하게 하라. 수혜 가족들이 그들이 받은 따뜻한 사랑의 손길에 대해 증언하게 하라. 그렇게 함으로써 만약 복지 활동이 그분의 이름으로 그

분의 손(당신의 손)을 통하여 수행되기만 한다면 엉망진창이 되지 않을 수도 있다는 사실을 일반인들의 마음에 확신시켜주라. 아무도 좋아하지 않고 아무도 그 개선 방법을 알지 못하고 있는 공공 자선 제도에 비추어줄 더 나은 희망의 빛을 당신은 알고 있는가?

⑤ "교회와 국가의 분리"라고 쉽게 말해지는 것의 내용을 연구해보라. 수정헌법 제1조는 국교 설립을 거부할 뿐만 아니라 "교회의 자유로운 활동"에 국가가 간섭하는 것도 금지하고 있다. 언젠가는 이 두 번째 구절이 기독교에 대하여 가르치는 공교육의 문을 다시 열어줄 것이다. 그러나 오늘날에는 우리가 이미 살펴본 바와 같이 소위 말하는 "분리벽"(wall of separation)이 공익에 의하여 구멍이 나 있다는 사실을 집사는 주목해야 한다. 화재가 발생했을 때뿐 아니라 교회로 통하는 도시의 거리를 눈이 막아버렸을 때에도 공공의 차량들이 그것을 치워준다.

종교 단체들에 대해서는 세금이 부과되지 않고 있으며, 전쟁이나 폭동 시에 군대가 그것을 막아주듯이 정부는 종교 단체들을 보호해준다. 공익이 교회와 국가를 하나로 묶어준다. 그렇다면 이제 복지 제도를 다시 원기 있는 상태로 돌려놓는 것보다 공익에 더 잘 기여할 수 있는 방법이 무엇이겠는가? 이 일을 위하여 노력하며 조사하라.

⑥ 당신의 지역사회로 들어오는 복지 기금의 일정한 부분이 기꺼이 당신의 손을 거쳐서 유통될 수 있도록 목표를 세우라. 결국에는 이 일이 당신의 회중으로 하여금 다른 사람들이 하는 것과 마찬가

지로 전문적인 집사나 여집사를 고용하게끔 의무감을 느끼게 할 수도 있다는 것은 더욱 가슴뛰는 도전이 아닌가.

집사여, 꿈을 꾸라!

당신의 비전이 하나님의 능력이 미치는 범위를 넘어서 뻗어 나갈 일은 절대로 없다.

II. 사회의 구조와 인간의 결핍 : 마르크스주의와 해방 신학

사회의 어떤 구조가 소수의 이익을 위하여 다수에게 가난을 부과한다고 믿는 사람들이 있다. 그리고 그들은 가난과 싸우기 위해 현존하는 구조들에 혁명적 변화를 가져와야 한다고 결론짓는다. 이것이 바로 마르크스주의의 접근 방법이다. 또한 이것은 "혁명 신학자"로도 불리었던 "해방 신학자"들이 옹호한 접근 방법이다. 이 신학자들 중의 많은 사람들은 남아메리카의 배경에서 말하고 있다. 그들은 사회악에 대한 마르크스주의적 분석을 기꺼이 수락하며, 인간의 궁핍을 없애는 방법으로서 폭력 혁명을 제안한다.

본서에서 우리가 발전시킨 개요(우리는 이것이 성경으로부터 도출된 것이라고 믿는다)는 혁명을 통한 사회 구조 변화에 반대한다는 것이다. 실제로 우리는 보편적인 봉사를 폭력 혁명의 해독제라고 생각한다.

우리는 사회 구조에 있어서의 한 가지의 중요한 변화가 삶의 모든 차원에 있어서의 인간의 복지에 기여했다고 믿는다. 즉, 그것은 독재와 폭정으로부터 민주 국가로의 변화이다. 그러나 마르크스주의자들이 지향하는 폭력적인 혁명은 예외 없이 극단적인 전체주의를 낳았다. 마르크스주의가 고무하는 혁명에 의하여 생겨난 공산주의 국가는 현대 독재 체제의 궁극적인 형태이다. 그런 구조적 변화는 결코 기독교의 지지를 받을 수 없다.

예배의 자유를 위한 그리스도인의 갈망에 의하여 고무된 혁명들이 네덜란드, 프랑스, 영국 그리고 식민지였던 아메리카에 민주적인 제도들을 출현시켰다. 그러한 구조적인 변화라면 그리스도인도 받아들일 수 있다. 그러한 변화는 교회가 숨쉬고, 설교하며, 봉사를 통해 자유로운 증거를 할 수 있는 정치적 분위기를 제공한다.

그렇다면 봉사가 어떻게 마르크스주의 혁명의 해독제가 되는가?

먼저 당신의 역사를 상기해보라. 우리가 이미 9장에서 제시했듯이 집사 직분은 예루살렘 교회에서 생겨났다. 그 교회는 애초에 "모든 물건을 서로 통용하"였다(행 2:44; 4:32). 그런데 얼마 되지 않아서 구성원들 중의 어떤 계층 전체가 무시되었다.

"헬라파 유대인들이 자기의 과부들이 매일의 구제에 빠지므로 히브리파 사람을 원망하니"(행 6:1).

그 일은 심각했고 궁핍은 광범위했음이 틀림없다. 왜냐하면 이것을 해결하기 위하여 사도들은 한두 사람도 아닌 일곱 사람을 임명할 것을 권했기 때문이다(행 6:3).

이것은 단지 우리에게 역사적인 흥밋거리에 불과한 사건인가?

우리는 그렇게 생각하지 않는다.

매우 근본적인 원칙이 쟁점으로 등장한다. 그것은 재물의 공동 사용은 모든 사람을 집행부의 구제를 받는 위치에 둔다는 것이다.

이것이 바로 공산주의의 근본적인 약점이다. 이론적으로 모든 사람이 모든 것을 "소유하는" 곳에서는, 실제로는 모든 사람이 아무것도 보장받지 못하는 것이다. 그런데 그리스도의 부활 이후 한창 가득 찬 교회 속에서도 그런 일이 일어났다면 세속의 전체주의 국가 내에서는 얼마나 더 심하겠는가. 실제로 소련의 굴라크(Gulag, 강제수용소)나 마르크스주의 국가로부터의 피난민들이 증거하듯이 공산주의 국가에서 그것이 얼마나 심각한가. 공산주의는 봉사하는 교회가 자유로운 사회 속에서 수행하는 봉사에 대한 그럴듯한 대안이 아니다.

하나님이 모세의 입을 통해 이스라엘 백성에게 하신 말씀을 오늘날 교회는 세계를 향하여 선포한다.

"네가 만일 네 하나님 여호와의 말씀만 듣고 내가 오늘 네게 내리는 그 명령을 다 지켜 행하면…너희 중에 가난한 자가 없으리라"(신 15:4-5).

주님의 명령에 대한 완전한 순종을 허락하는 정치적 자유를 얻기 위한 혁명은 어떠한가? 물론 그것은 허용된다.

마르크스주의나 다른 어떤 독재 체제의 성립을 통하여 가난한 자가 하나도 없게 만들려는 혁명은 어떠한가? 절대 허용되지 않는다! 이것은 역사적 교훈이다. 집사와 젊은이와 해방 신학자는 이 사실을 주목해야 한다.

양보해서 해방 신학의 목적이 인도적인 것이라고 인정해보자. 또한 그런 신학의 자극제는 부자와 권력가에 의해 약하고 가난한 자들이 받는 큰 압제라는 사실도 인정해보자. 그러나 말씀은 확실하게 선언한다. "너희 중에 가난한 자가 없으리라." 그때가 언제인가? 그때는 바로 주님의 음성이 (신앙인들로부터) 남아메리카의 강단에서 용기 있게 퍼져 나갈 때이다. 또한 그때는 주님의 명령이 청종될 때이다. 집사들의 활동 속에서 순종이 행해질 때이다.

요컨대 집사는 자유롭게 봉사의 증거(witness)를 수행할 수 있는 자유 사회와 폭력 혁명을 통해 사회 구조를 전복시켜 마르크스주의 전체주의 사회를 만드는 것 사이에서 계속적인 투쟁의 최전선에 서 있는 것이다.

해방 신학자들은 민주적인 정치적 목표보다는 마르크스주의자들을 추종함으로써 근본적인 성경 진리를 무시하고 있다. 모든 정치적 투쟁에 있어서의 쟁점은 상품의 생산과 분배에 대한 지배가 아니라 말씀을 선언하고 순종할 수 있는 자유이다. 말씀은 구제를 강조한다. 어떤 의미에서는 본서 전체가 바로 그것에 대한 것이다. 그러나 말씀을 위한 자유보다 재물을 앞에 두는 것은 이 두 가지를 모두 잃는 것이다. 그래서 주님께서는 사탄에게 이렇게 말씀하신다.

"사람이 떡으로만 살 것이 아니요 하나님의 입으로부터 나오는 모든 말씀으로 살 것이라"(마 4:4; 신 8:3 인용).

공산주의 국가가 설혹 더 많은 양식, 더 좋은 집, 더 따뜻한 옷 그리고 더 나은 건강보험을 제공한다 가정하더라도 이 모든 것들이 자유에 대한 인간의 갈망, 즉 하나님의 법에 따라 살 수 있는 기회에의 갈망을 채워주지 못한다는 사실을 발견하는 것은 바로 이런 이유 때문이다.

"프롤레타리아 독재"를 목적으로 하는 폭력 혁명을 통한 마르크스주의적 구조 변화에 대한 대답이, 예수님의 질문에 답하는 베드로에 의하여 제시된다. 그때 베드로는 이렇게 대답했다.

"주여 영생의 말씀이 주께 있사오니 우리가 누구에게로 가오리이까"(요 6:68).

말씀의 자유로운 설교를 보장하는 데에 이르는 혁명은 축복된 혁명이다. 그분의 말씀의 창조적인 힘 대신에 다른 세력을 대치시키는 데에 이르는 혁명은 오직 사람들 위에 폭군의 흑암만을 드리울 따름이다.

집사는 이것들을 기억해야 한다. 마르크스주의는 교회가 순종보다는 입으로만 떠들기를 더 잘하는 틈을 타서 세상을 유혹하면서 자기를 따를 것을 호소하였다. 그리고 교회가 대변해주지도 않고 섬겨주지도 않은 많은 사람들이 좌절 속에서 "마르크스의 복음"을 따라갔다. 또한 그들은 그리스도인의 희생을 바탕으로 서구 사회가 이렇게 획득한 자유를 위협하는 강력한 국가를 형성하였다.

정치적 자유가 보장되면서 인간의 필요는 채워질 수 있을까?

봉사가 마르크스주의에 대한 결정적인 대안이라는 사실이 인식되는 모든 곳에서는 그렇다.

하나님이 집사로서의 당신을 어디로 인도하시든 당신의 의무를 다하라.

영생의 말씀에 대한 순종 속에서 당신이 행하는 일이 해방 신학과 마르크스주의 혁명에 대한 대안을 제시해준다.

공산주의의 실패에 대한 실행 가능한 대안을 교회가 가지고 있다. 바로 그 이유 때문에 레위 족속의 전통 속에서 당신의 직분이 회복되었다는 사실을 기억하라. 당신 자신과 당신의 소명을 바로 그런 가시적이며 증거의 효력을 나타내는 대안이 되게 하라.

Ⅲ. 교회와 국제 사회

예수 그리스도의 교회는 하나이다.

머리가 하나인 것은 몸이 하나라는 것을 의미한다.

"몸이 하나요 성령도 한 분이시니 이와 같이 너희가 부르심의 한 소망 안에서 부르심을 받았느니라 주도 한 분이시요 믿음도 하나요 세례도 하나요 하나님도 한 분이시니 곧 만유의 아버지시라 만유 위에 계시고 만유를 통일하시고 만유 가운데 계시도다"(엡 4:4-6).

수세기 동안 교회는 일체성을 고백해 왔다. 사도신경은 "거룩한 공회와…믿사오며"라고 말한다.

여기서 보편 교회는 시각의 대상이 아니라 믿음의 대상이라는 사실을 주목하라. "믿음은 바라는 것들의 실상이요 보이지 않는 것들의 증거니"(히 11:1). "거룩한 공회와…믿사오며"라고 수백 년 동안 수많은 그리스도인들이 고백해 왔다. 그리고 오늘날 우리 또한 마찬가지이다.

그러나 우리는 그 보편의 교회가 지역 회중 속에서 눈에 보이게 된다는 사실을 알고 있다. 그러나 모든 교회의 가시적인 연합은 결코 성취된 적이 없으며, 또한 종교 개혁 이후로 이 성취는 다른 어느 때보다도 더 요원해진 것 같다. 여러 가지의 국내 혹은 국제 교회 회의에 의해서도 교파 사이의 분열의 벽이 붕괴되지 않고 있다. 또한 개신교와 가톨릭 사이의 불화도 여전하다.

교회의 가시적인 기관 통합은 결코 성취되지 않을지도 모른다. 분명히 이 영역에서 그것은 하나의 믿음의 대상으로 남는다. 그러나 비록 교회의 기관적 통합이 우리의 신앙고백에 훨씬 뒤떨어질지라도, 연합된 집사의 증거는 가시적인 연합에 이르는 열매 있는 길을 열어준다. 교회는 단 하나의 구원자, 머리, 주인, 주님을 모시고 있다. 그러므로 그분의 거룩한 눈으로 교회를 보라. 교회는 하나의 몸이다. 또한 집사의 손은 항상 그분의 손이기 때문에 어떤 회중에 속해 있든지 집사는 자비의 손을 뻗는다. 집사의 눈은 항상 그분의 눈이기 때문에 어느 곳에서든지 필요에 대하여 눈을 뜨고 있다. 집사의 귀는 항상 그분의 귀이기 때문에 어디선가 들려오는 어떤 부르짖음도 귀 기울인다. 주님의 일에 마음을 쏟고 있는 집사의 발은 그분의 발이기 때문에 어느 곳이든지 달려간다.

집사들이여, 이것을 기억하라. 당신의 직분은 그리스도의 몸의 일체성에 대한 확실하고 가시적인 증거이다. 당신의 일이 다른 집사회들의 일과 연합될 때에 당신은 교회의 연합을 더욱 잘 보이게 드러내는 것이다. 지역적, 국가적 나아가서 국제적 봉사를 향하여 눈을 들어올리는 집사들은 하나의 거룩한 보편의 교회에 대한 가시적인 증거를 점점 더 열망하는 것이다. 협동 속에서 추구되는 봉사는 보편의 교회를 객관적 통일체로 묶는 가시적인 힘줄이 된다.

모든 기관들 중에서 교회는 가장 영구적이며 가장 포괄적인 기관이라는 사실을 묵상함으로써 영감을 얻으라. 교회보다도 더 오래 존재하면서, 더 많은 언어, 문화, 지리상의 장벽을 허물어뜨린 기관은 어디에도 없다. 그렇다면 연합된 봉사보다 명백하게 이 보편적이고 영구적인 몸을 더 잘 드러낼 수 있는 방법이 무엇이겠는가?

참된 일치(ecumenicity)로서의 예수 그리스도의 교회 내에서 당신의 역할을 생각해보라. 전체 몸을 사람들 앞에 드러낸다는 생각을 가지고 당신의 책임의 각 분야(5부 참조)에서 봉사하라. 교회의 일체성에 대한 당신의 증거의 범위를 확대하기 위하여 좁은 분야부터 넓은 분야로 점점 나아가도록 하라.

한편으로는, 주님께서 그분을 기꺼이 섬기고자 하는 당신의 눈과 귀와 손과 발과 마음을 가지신 것처럼, 참된 집사로서 각각 책임을 다하고 도전을 받아서 충족시키며 기회를 찾으라. 다른 한편으로는, 가난하고 절망적인 세상에 대하여 이생과 영원의 행복을 위한 세상의 유일의 소망이 있는 보편의 교회를 보여주기 위하여 무수히 많은 다른 집사들과 함께 당신이 일하고 있다는 사실을 알고 행동하라.

에필로그

"나는 내가 사랑하는 자를 위하여 노래하되 내가 사랑하는 자의 포도원을 노래하리라 내가 사랑하는 자에게 포도원이 있음이여 심히 기름진 산에로다 땅을 파서 돌을 제하고 극상품 포도나무를 심었도다 그 중에 망대를 세웠고 또 그 안에 술틀을 팠도다 좋은 포도 맺기를 바랐더니…"(사 5:1-2).

하나님은 여전히 좋은 포도 맺기를 바라신다.

교회와

당신에게.

부록 1

집사연합을 위한 규약

1항 : 명칭

이 조직의 명칭은 …이라 한다.

2항 : 근거

이 집사연합의 근거는 성경과 …의 직분 담당자의 기명 서류이다.

3항 : 구성원

…에 있는 …교회들의 전현직 집사들은 자동적으로 이 집사연합의 구성원이 된다. …의 …교회들의 다른 모든 멤버들은 이 집사연합의 활동에 대한 자신들의 관심을 알리며, 또한 그 활동들에 참여함으로써 구성원 자격을 얻을 수 있다.

4항 : 목적

1. …집사연합은 자선과 종교적인 목적을 위하여 존재한다. 즉, 집사들

의 기본적인 임무인 기독교적인 자비의 실행을 고무하며 집사들이 그리스도의 사랑을 실행할 것을 도전받도록 집사들의 책임과 기회를 제시하고 논의하기 위하여 존재한다.

2. 집사회들 사이의 밀접한 접촉과 교제를 수립하기 위하여 존재한다.

3. 여러 가지 자선 기관과 조직의 필요에 관한 정보를 집사들에게 제공하기 위하여 존재한다.

4. 예수 그리스도의 이름으로 교회와 사회 속에서의 봉사의 필요를 충족시킴에 있어서 집사들과 다른 교회의 구성원들을 돕기 위하여 존재한다.

5항 : 이사회

1. 이사회는 선출된 임원들, 두 명의 목사 대표, 각 집사회의 한 명의 대표로 구성된다.

2. 이사회는 집사연합의 사업과 실무에 관한 모든 사항을 돌보며 임원을 선출하고, 규약에 의하여 요구되는 집사연합 여러 모임들을 준비한다.

3. 각 집사회는 이사회에 의견을 제시할 권리를 갖는다. 그런 제안들은 그것을 제출하는 집사회의 서기가 문서화하고 서명한 형식으로 이사회 서기에게 제출될 수 있다. 이사회 서기는 이런 제안들을 이사회의 차기 정기 모임에 제출한다.

6항 : 집행부

1. 집행부는 선출된 임원들과 두 명의 목사 대표로 구성된다.

2. 이사회는 이사회가 열리지 않는 기간 동안의 집사연합의 모든 업무의 집행을 집행부에 위임한다.

7항 : 임원

1. 이사회의 임원 구성은 회장, 부회장, 서기, 부서기, 회계, 부회계로 이루어진다.

2. 임원의 임기는 2년이며 임원의 반 수가 매년 퇴임한다. 부회장이 회장을 계승하고, 부서기는 서기를, 부회계는 회계를 계승함으로써 매년 새로운 부회장, 부서기, 부회계가 선출되도록 한다.

3. 임원의 선출은 집행부에 의해서 주관되는 선거에서 매 회기 연도의 마지막 모임에서 이루어진다. 임원의 임기는 선거 다음의 1월달 회의와 더불어 시작되며 2년 동안 계속된다. 임원은 집사연합의 구성원 중에서 선출된다.

4. 회장은 모든 이사회 회의, 집사연합 회의, 기타 특수한 회의들을 주재한다. 그는 그 부에 필요하다고 생각하는 사람들을 뽑아서 분과회에서 봉사하게 할 수 있다.

5. 서기는 각 집행부 회의, 집사연합 모임 그리고 특별 회의의 회의록을 기록한다. 그는 이사회의 구성원들에게 이사회 회의를 고시하며 집사회와 교회에게 집사연합 모임을 고시한다. 그는 부의 구성원들에게 회의록을 보내며 이사회와 집사연합이 보내는 문서를 수발한다.

6. 회계는 집사연합의 이익을 위하여 기금을 접수하고 기록하며 지출한다. 그는 각 이사회 회의와 각 위원회 회의에서 재정 상황을 보고한다. 그

의 장부는 그의 직임 기간의 마지막에 회계 감사를 받는다.

7. 부회장, 부서기, 부회계는 각각 회장, 서기, 회계의 부재 시에 그 일을 대행하며 또 가능한 한 그들을 돕는다.

8. 각 임원들은 무보수로 집사연합에 봉사한다.

8항 : 목사 대표

1. 이사회에서 봉사하기 위하여 두 명의 목사 대표가 …에 의하여 선출된다.

2. 각 목사 후보는 2년 동안 봉사하며 매년 한 명의 대표가 새로 선출된다.

9항 : 봉사 고문

1. 집사연합은 전임제의 봉사 고문을 고용한다.

2. 이사회는 봉사 고문을 고용하고 감독할 책임을 진다.

10항 : 회의

1. 전체 집사연합이 참석하는 정규 회의는 1년에 최소 두 번 열린다. 이사회의 결정에 의하여 그 이상의 모임을 가질 수도 있다.

2. 이사회는 매년 네 번 모이고 회장의 결정에 의하여 그 이상의 모임을 가질 수도 있다.

3. 집행부는 매달 모이고 회장의 결정에 의하여 그 이상의 모임을 가질 수도 있다.

4. 모든 이사회 모임에 있어서의 의결정족수는 6인 혹은 그 이상의 구성원이 참석해야만 만족된다.

11항 : 자금 조달

집사연합에 대표를 파견한 각 교회는 집사연합의 계획 수행을 위한 경제적 원조에 참여해야 할 것을 이사회와 집사회로부터 권유받는다.

12항 : 해산

집사연합이 해산될 때에 모든 부채를 청산하고 남는 재산들은 …에 기증하기로 한다.

13항 : 규약의 개정

규약의 개정은 이사 2/3 이상의 다수의 찬성에 의하여 이루어진다. 그러한 개정의 계획은 적어도 이사회가 모이기 4주 전에 각 집사회에 고시되어야 하며 이렇게 함으로써 회의 이전에 그런 개정에 대하여 토론할 수 있는 기회가 주어져야 한다.

부록 2

국내적, 국제적 봉사기구를 위한 규약의 샘플

다음에 수록된 내용은 크리스챤 리폼드 세계구호협회(CRWRC, The Christian Reformed World Relief Committee)의 헌장이다. 우리는 이것을 이런 아웃리치 기관을 조직하기 위한 전형적인 모델로 제시하는 바이다.

크리스챤 리폼드 세계구호협회 헌장 전문

우리의 구주인 주님께서 "가난한 자들은 항상 너희와 함께 있거니와"라고 말씀하심으로써 이 세상의 가난한 자들을 돌볼 책임을 그분의 백성에게 맡기셨기 때문에,

우리는 심한 비극과 슬픔이 수시로 발생하는 죄로 뒤틀린 세상에 살고 있기 때문에,

그리스도의 희생은 육체와 영혼을 가진 전 인간의 구속을 위한 것이었기 때문에,

그리스도께서는 그분의 교회가 말뿐 아니라 행동에 있어서도 구제 사역에 종사할 것을 명하셨기 때문에,

자연의 횡포, 전쟁의 대량 학살 혹은 다른 인생의 재난 때문에 고통당하는 사람들을 우리 주님의 이름으로 보살펴주며, 세상의 가난한 자들의 고통을 덜어줌으로써 인간이 하나님의 형상을 회복하여서 하나님을 창조주로 찬양하며 그분을 구속자로 신뢰하며 주님으로 모시고 순종할 수 있도록, 기독교 개혁교회(Christian Reformed Church)는 겸손과 하나님께 대한 감사의 정신을 가지고 이제 크리스챤 리폼드 세계구호협회를 창립한다.

이런 목적을 위하여 우리는 다음과 같은 규칙을 정한다.

크리스챤 리폼드 세계구호협회(CRWRC)

1항
멤버십

CRWRC의 이사회는 각 노회에서 파견한 1명의 멤버와 6명의 일반 임원으로 구성된다. 가능한 한, 노회에서 파견하는 대의원은 집사로 한다. 이임원들을 선출하기 위한 후보 등록은 각 노회가 그 지역의 집사연합에게 권유하며 노회에 의한 선거가 끝난 뒤에는 한 사람의 이름과 그를 대신할수 있는 또 한 사람의 이름이 승인을 얻기 위하여 총회에 제출된다. 이 임원들은 3년 동안 봉사하며 다음 임기 동안에도 봉사하기 위해서는 노회의 규칙에 따라서 재선거를 치러야 한다. 이사회 임원의 삼분의 일이 매년 선출된다. 일반 임원 속에는 한 명의 의사, 사회학자, 변호사, 사업가, 회계사 그리고 목사가 포함된다. 이 사람들도 역시 노회의 규칙에 따라서 선출된다. 이 이사회는 그랜드래피즈에 그 사무실을 두며 미시간주의 법에 따라서 법인 조직이 될 것이다.

2항
집행 위원회

가. 임원 : 이 집행 위원회는 이사회에 의하여 선출된 12명의 임원과 일반 임원으로 구성된다.

나. 모임 : 집행 위원회는 1년에 네 번의 정기 모임을 가지며, 필요할 때에는 부가적인 모임을 소집할 수 있다.

다. 권위 : 이사회는 집행 위원회에 다음과 같은 권위를 위임한다.

1. 이사회가 개회 중에 있지 않은 기간 동안에 다음과 같은 조건으로 CRWRC의 업무를 처리한다.

① 집행 위원회는 CRWRC의 회장, 지도자 혹은 사무총장에게 수시로 자문을 구한다.

② 만약 그 일이 CRWRC의 정기 모임 때까지 연기될 수 있는 것이라면 집행 위원회는 모든 중요한 일은 스스로 처리하지 않는다.

2. 어떤 행동의 착수가 필요함에도 불구하고 이사회가 연례 모임에서 간과했을 수도 있는 모든 일을 돌본다.

3항
모임

가. 이사회는 집행 위원회에 의하여 지정된 때와 장소에서 매년 모인다.

나. 의결정족수가 되기 위해서는 이사회의 과반수가 모여야 한다.

4항

활동

가. 구호 사업과 세계의 궁핍한 자의 재활을 위한 헌금과 기부금을 교회로부터 받아서 관리한다.

나. 긴급 구호에 필요한 품목들, 즉 식량, 의복, 의약품 등을 모아서 저장해둔다.

다. 그 지역의 교회가 결핍을 충당할 수 없는 곳에서 발생한 모든 긴급 사태를 위한 구호를 감독하고 지휘한다.

라. 장로회에 의하여 계획된 것과 같은 영구적인 자선 사업을 감독하고 지휘한다.

마. 특별한 자선 계획의 운용을 위하여 지역 집사연합을 지정한다.

5항

구호 활동의 관리

가. CRWRC는 CRC 교단(Christian Reformed Church)에 소속된 교회에 의해 대표되는 국내외 지역에 있어서

1. 긴급 구호 활동을 관장하는 것은 CRWRC의 책임이다.

① 각각의 경우에 어떤 구호 활동이나 봉사 활동이 수행되어야 할지를 구체화시킨다.

② 재난이 일어난 어떤 지역에 얼마만큼의 구호품이 분배되어야 할지를 결정한다.

③ 국내에서 참화를 입은 지역에 대한 구호 활동을 수행하기 위하여 지

역사회 내에 집사회나 집사연합 혹은 선교사들의 봉사를 찾아본다.

④ 외국에서 참화를 입은 모든 지역에 대한 구호 활동을 수행하기 위하여 일반적인 선교사들의 협회의 봉사를 찾아본다.

⑤ 참화가 발생한 지역에서 구호 활동을 수행할 책임을 위임받은 사람은 그 활동의 승인을 위한 자세한 보고서를 CRWRC에 제출한다.

⑥ 그 지역의 집사들, 선교사들 혹은 위원회에 의하여 사용되지 않은 모든 기금은 CRWRC의 일반 기금으로 환원되어야 한다.

⑦ 어떤 긴급 구호 계획도 총회의 승인이 없이는 일 년 이상 지속되지 못한다.

2. 선교부가 요청하고 총회가 승인한 영구적인 자선 활동(예를 들면 의료 계획, 교육 계획, 사회적 계획 등)과 같은 업무에 관해서 CRWRC는 선교부와 협동한다.

① 각각의 영구적인 자선 활동을 구체화시키고 규정하며 또한 총회로부터 그런 일에 관한 승인을 얻는다.

② 각각의 영구적인 자선 활동을 위한 연중 지출을 결정한다.

③ 필요하다면 언제든지 지역 집사회들이나 집사연합들 그리고 선교사들과 선교사 협회들에게 이런 영구적인 자선 활동을 수행할 것을 지시한다.

④ 이런 영구적인 자선 활동을 감독할 책임을 맡은 사람들은 CRWRC에 월례 보고서를 제출해야 한다.

나. CRC 교단에 소속된 교회에 의해 대표되지 않는 지역에 있어서

1. CRWRC는 CRC 교단 교회가 공식적으로 대표하지 않는 지역에 대하

여 긴급 구호 활동을 제공할 것인지의 여부를 결정한다. 다음과 같은 조건이 만족되는 지역에 우선권이 주어진다.

① CRWRC가 그 지역에 자체의 인물을 파견할 수 있는 곳

② 차후의 선교 활동이 기대될 수 있는 곳

③ 이 사역에 의하여 기독교 복음 증거가 성취될 수 있는 곳

2. 긴급 구호 활동의 수행은 다음과 같은 과정을 따라서 이루어질 것이다.

① 다른 구호 기관과의 협동이 CRWRC의 정체성에 위협이 되지만 않는다면 이런 협동이 추구될 것이다.

② 소위원회는 항상 기금과 재산의 정당한 사용을 보증할 것을 추구한다.

6항
다른 구호 기관과의 관계

가. 형제 교회들의 구호 기관들과의 관계

형제 교회들의 구호 기관과의 협동은 어디서나 수립될 것이다.

나. 다른 기독교 구호 기관 혹은 세속 구호 기관과의 관계

5항의 나-2에서 지시된 대로 원조가 제공될 것이다.

다. 정부 구호 기관들과의 관계

CRWRC의 기본 원칙에 있어서의 타협만 없다면 이런 정부 구호 기관들과의 관계는 장려되어야 한다.

7항

총회와의 관계

가. 총회는 규칙에 따라 CRWRC의 구성원을 지명한다.

나. 총회는 CRWRC에 의하여 제안된 지명자들로부터 CRWRC의 사무총장의 직책을 맡을 사람을 선출한다.

다. CRWRC는 승인과 행동을 위하여 연례 보고서를 총회에 제출한다.

8항

사무총장의 책임

가. CRWRC와 그 집행 위원회에 대한 책임을 진다.

나. 그는 CRWRC의 모임들과 그 집행 위원회의 모든 회의록의 완전한 기록을 유지한다.

다. 그는 CRWRC의 활동에 관련된 모든 서신과 주요 서류철을 처리한다.

라. 그는 CRWRC와 그 위원회들의 주목을 요하는 모든 사업과 문서들을 배열하고 제시하며, CRWRC와 그 위원회들의 모든 모임을 위한 비망록을 준비한다.

마. 그는 CRWRC와 그 집행 위원회에게 총회가 요구하는 모든 보고서를 제출하며 CRWRC의 대표자로서 또한 위원회의 업무들에 대한 자문자로서 총회와 자문 위원회의 모임에 참석한다.

바. 그는 집사회, 집사연합, 이사회 그리고 교회의 다른 기관들과 적절한 접촉을 유지한다.

사. 그는 CRWRC나 그 집행 위원회가 지시하거나 필요한 경우가 발생했을 때, 정보, 연락, 자문 그리고 위원회의 활동의 장려를 위한 목적으로 회중들, 총회, 그리고 집사연합을 방문한다.

아. 그는 CRWRC에 관하여 집행 위원회의 각 모임에 보고한다.

자. 그는 CRWRC의 활동을 가능한 한 교회의 중심에 가깝게 가져간다.

차. 그는 CRWRC와 그 집행 위원회의 결정을 자기에게 맡겨진 만큼 이행한다.

집사에게 유용한 성경 본문의 목록

가난한 자를 돌봄

· 출 22:25 – 네가 만일 너와 함께 한 내 백성 중에서 가난한 자에게 돈을
꾸어 주면 너는 그에게 채권자 같이 하지 말며 이자를 받지 말 것이며.

· 신 15:7-8 – 네 하나님 여호와께서 네게 주신 땅 어느 성읍에서든지 가
난한 형제가 너와 함께 거주하거든 그 가난한 형제에게 네 마음을 완악
하게 하지 말며 네 손을 움켜 쥐지 말고 반드시 네 손을 그에게 펴서 그
에게 필요한 대로 쓸 것을 넉넉히 꾸어주라.

· 욥 29:12 – 이는 부르짖는 빈민과 도와 줄 자 없는 고아를 내가 건졌음
이라.

· 시 82:4 – 가난한 자와 궁핍한 자를 구원하여 악인들의 손에서 건질지니
라 하시는도다.

· 잠 22:9 – 선한 눈을 가진 자는 복을 받으리니 이는 양식을 가난한 자에
게 줌이니라.

· 사 58:7-8 – 또 주린 자에게 네 양식을 나누어 주며 유리하는 빈민을 집
에 들이며 헐벗은 자를 보면 입히며 또 네 골육을 피하여 스스로 숨지

아니하는 것이 아니겠느냐 그리하면 네 빛이 새벽 같이 비칠 것이며 네
치유가 급속할 것이며 네 공의가 네 앞에 행하고 여호와의 영광이 네 뒤
에 호위하리니.

· 마 25:35 - 내가 주릴 때에 너희가 먹을 것을 주었고 목마를 때에 마시
게 하였고 나그네 되었을 때에 영접하였고.

· 롬 12:13 - 성도들의 쓸 것을 공급하며 손 대접하기를 힘쓰라.

· 고후 9:6, 9 - 이것이 곧 적게 심는 자는 적게 거두고 많이 심는 자는 많
이 거둔다 하는 말이로다⋯기록된 바 그가 흩어 가난한 자들에게 주었
으니 그의 의가 영원토록 있느니라 함과 같으니라.

공의

· 신 16:20 - 너는 마땅히 공의만을 따르라 그리하면 네가 살겠고 네 하나
님 여호와께서 네게 주시는 땅을 차지하리라.

· 시 82:3-4 - 가난한 자와 고아를 위하여 판단하며 곤란한 자와 빈궁한
자에게 공의를 베풀지며 가난한 자와 궁핍한 자를 구원하여 악인들의
손에서 건질지니라 하시는도다.

· 잠 14:31 - 가난한 사람을 학대하는 자는 그를 지으신 이를 멸시하는 자
요 궁핍한 사람을 불쌍히 여기는 자는 주를 공경하는 자니라.

· 사 1:17 - 선행을 배우며 정의를 구하며 학대 받는 자를 도와 주며 고아
를 위하여 신원하며 과부를 위하여 변호하라 하셨느니라.

· 사 56:1 - 여호와께서 이와 같이 말씀하시기를 너희는 정의를 지키며 의
를 행하라 이는 나의 구원이 가까이 왔고 나의 공의가 나타날 것임이라
하셨도다.

· 암 5:7, 11-12 - 정의를 쓴 쑥으로 바꾸며 공의를 땅에 던지는 자들아⋯
너희가 힘없는 자를 밟고 그에게서 밀의 부당한 세를 거두었은즉⋯못하

리라…너희는 의인을 학대하며 뇌물을 받고 성문에서 가난한 자를 억울하게 하는 자로다.

· 미 6:8 – 사람아 주께서 선한 것이 무엇임을 네게 보이셨나니 여호와께서 네게 구하시는 것은 오직 정의를 행하며 인자를 사랑하며 겸손하게 네 하나님과 함께 행하는 것이 아니냐.

· 요 7:24 – 외모로 판단하지 말고 공의롭게 판단하라 하시니라.

· 고전 13:6 – 불의를 기뻐하지 아니하며 진리와 함께 기뻐하고.

관대함

· 출 35:21 – 마음이 감동된 모든 자와 자원하는 모든 자가 와서 회막을 짓기 위하여 그 속에서 쓸 모든 것을 위하여, 거룩한 옷을 위하여 예물을 가져다가 여호와께 드렸으니.

· 신 16:10, 17 – 네 하나님 여호와 앞에 칠칠절을 지키되 네 하나님 여호와께서 네게 복을 주신 대로 네 힘을 헤아려 자원하는 예물을 드리고… 각 사람이 네 하나님 여호와께서 주신 복을 따라 그 힘대로 드릴지니라.

· 시 41:1 – 가난한 자를 보살피는 자에게 복이 있음이여 재앙의 날에 여호와께서 그를 건지시리로다.

· 시 112:9 – 그가 재물을 흩어 빈궁한 자들에게 주었으니 그의 의가 영구히 있고 그의 뿔이 영광 중에 들리리로다.

· 잠 11:25 – 구제를 좋아하는 자는 풍족하여질 것이요 남을 윤택하게 하는 자는 자기도 윤택하여지리라.

· 잠 22:9 – 선한 눈을 가진 자는 복을 받으리니 이는 양식을 가난한 자에게 줌이니라.

· 전 11:1 – 너는 네 떡을 물 위에 던져라 여러 날 후에 도로 찾으리라.

· 사 58:10 – 주린 자에게 네 심정이 동하며 괴로워하는 자의 심정을 만족

하게 하면 네 빛이 흑암 중에서 떠올라 네 어둠이 낮과 같이 될 것이며.

· 마 5:42 - 네게 구하는 자에게 주며 네게 꾸고자 하는 자에게 거절하지 말라.

· 마 6:3-4 - 너는 구제할 때에 오른손이 하는 것을 왼손이 모르게 하여 네 구제함을 은밀하게 하라 은밀한 중에 보시는 너의 아버지께서 갚으시리라.

· 눅 3:11 - 대답하여 이르되 옷 두 벌 있는 자는 옷 없는 자에게 나눠 줄 것이요 먹을 것이 있는 자도 그렇게 할 것이니라 하고.

· 눅 12:33 - 너희 소유를 팔아 구제하여 낡아지지 아니하는 배낭을 만들라 곧 하늘에 둔 바 다함이 없는 보물이니 거기는 도둑도 가까이 하는 일이 없고 좀도 먹는 일이 없느니라.

· 행 20:35 - 범사에 여러분에게 모본을 보여준 바와 같이 수고하여 약한 사람들을 돕고 또 주 예수께서 친히 말씀하신 바 주는 것이 받는 것보다 복이 있다 하심을 기억하여야 할지니라.

· 고전 16:1 - 성도를 위하는 연보에 관하여는 내가 갈라디아 교회들에게 명한 것 같이 너희도 그렇게 하라.

· 고후 9:11-13 - 너희가 모든 일에 넉넉하여 너그럽게 연보를 함은 그들이 우리로 말미암아 하나님께 감사하게 하는 것이라 이 봉사의 직무가 성도들의 부족한 것을 보충할 뿐 아니라 사람들이 하나님께 드리는 많은 감사로 말미암아 넘쳤느니라 이 직무로 증거를 삼아 너희가 그리스도의 복음을 진실히 믿고 복종하는 것과 그들과 모든 사람을 섬기는 너희의 후한 연보로 말미암아 하나님께 영광을 돌리고.

· 히 13:16 - 오직 선을 행함과 서로 나누어 주기를 잊지 말라 하나님은 이같은 제사를 기뻐하시느니라.

· 요일 3:17-18 - 누가 이 세상의 재물을 가지고 형제의 궁핍함을 보고도 도와 줄 마음을 닫으면 하나님의 사랑이 어찌 그 속에 거하겠느냐 자녀

들아 우리가 말과 혀로만 사랑하지 말고 행함과 진실함으로 하자.

그리스도와 집사직

- 마 23:11 – 너희 중에 큰 자는 너희를 섬기는 자가 되어야 하리라.
- 마 25:40 – 임금이 대답하여 이르시되 내가 진실로 너희에게 이르노니 너희가 여기 내 형제 중에 지극히 작은 자 하나에게 한 것이 곧 내게 한 것이니라 하시고.
- 마 25:41 – 또 왼편에 있는 자들에게 이르시되.
- 막 9:35 – 누구든지 첫째가 되고자 하면 뭇 사람의 끝이 되며 뭇 사람을 섬기는 자가 되어야 하리라 하시고.
- 막 10:43-44; 마 20:26-27 – 너희 중에는 그렇지 않을지니 너희 중에 누구든지 크고자 하는 자는 너희를 섬기는 자가 되고 너희 중에 누구든지 으뜸이 되고자 하는 자는 모든 사람의 종이 되어야 하리라.
- 눅 12:37 – 주인이 와서 깨어 있는 것을 보면 그 종들은 복이 있으리로다 내가 진실로 너희에게 이르노니 주인이 띠를 띠고 그 종들을 자리에 앉히고 나아와 수종들리라.
- 눅 22:26-27 – 너희는 그렇지 않을지니 너희 중에 큰 자는 젊은 자와 같고 다스리는 자는 섬기는 자와 같을지니라 앉아서 먹는 자가 크냐 섬기는 자가 크냐 앉아서 먹는 자가 아니냐 그러나 나는 섬기는 자로 너희 중에 있노라(나는 집사로 너희 중에 있노라).
- 요 13:15-17 – 내가 너희에게 행한 것 같이 너희도 행하게 하려 하여 본을 보였노라 내가 진실로 진실로 너희에게 이르노니 종이 주인보다 크지 못하고 보냄을 받은 자가 보낸 자보다 크지 못하나니 너희가 이것을 알고 행하면 복이 있으리라.
- 요 13:34-35 – 새 계명을 너희에게 주노니 서로 사랑하라 내가 너희를

사랑한 것 같이 너희도 서로 사랑하라 너희가 서로 사랑하면 이로써 모
든 사람이 너희가 내 제자인 줄 알리라.
· 요 15:8 – 너희가 열매를 많이 맺으면 내 아버지께서 영광을 받으실 것
이요 너희는 내 제자가 되리라.

노인

· 시 71:9, 18 – 늙을 때에 나를 버리지 마시며 내 힘이 쇠약할 때에 나를
떠나지 마소서…하나님이여 내가 늙어 백발이 될 때에도 나를 버리지
마시며 내가 주의 힘을 후대에 전하고 주의 능력을 장래의 모든 사람에
게 전하기까지 나를 버리지 마소서.
· 시 90:10 – 우리의 연수가 칠십이요 강건하면 팔십이라도 그 연수의 자
랑은 수고와 슬픔뿐이요 신속히 가니 우리가 날아가나이다.
· 시 92:14 – 그는 늙어도 여전히 결실하며 진액이 풍족하고 빛이 청청하
니.
· 시 148:12-13 – 총각과 처녀와 노인과 아이들아 여호와의 이름을 찬양
할지어다 그의 이름이 홀로 높으시며 그의 영광이 땅과 하늘 위에 뛰어
나심이로다.
· 잠 16:31 – 백발은 영화의 면류관이라 공의로운 길에서 얻으리라.
· 사 46:4 – 너희가 노년에 이르기까지 내가 그리하겠고 백발이 되기까지
내가 너희를 품을 것이라 내가 지었은즉 내가 업을 것이요 내가 품고 구
하여 내리라.
· 눅 2:37 – 과부가 되고 팔십사 세가 되었더라 이 사람이 성전을 떠나지
아니하고 주야로 금식하며 기도함으로 섬기더니.
· 딛 2:2-3 – 늙은 남자로는 절제하며 경건하며 신중하며 믿음과 사랑과
인내함에 온전하게 하고 늙은 여자로는 이와 같이 행실이 거룩하며 모

함하지 말며 많은 술의 종이 되지 아니하며 선한 것을 가르치는 자들이
되고.

동료 신자들을 향한 관대함

· 롬 12:13 - 성도들의 쓸 것을 공급하며 손 대접하기를 힘쓰라.
· 갈 6:9-10 - 우리가 선을 행하되 낙심하지 말지니 포기하지 아니하면
때가 이르매 거두리라 그러므로 우리는 기회 있는 대로 모든 이에게 착
한 일을 하되 더욱 믿음의 가정들에게 할지니라.

믿는다는 것은 봉사한다는 것

· 시 37:3 - 여호와를 의뢰하고 선을 행하라.
· 마 3:8 - 회개에 합당한 열매를 맺고.
· 마 5:16 - 이같이 너희 빛이 사람 앞에 비치게 하여 그들로 너희 착한 행
실을 보고 하늘에 계신 너희 아버지께 영광을 돌리게 하라.
· 마 10:42 - 또 누구든지 제자의 이름으로 이 작은 자 중 하나에게 냉수
한 그릇이라도 주는 자는 내가 진실로 너희에게 이르노니 그 사람이 결
단코 상을 잃지 아니하리라 하시니라.
· 마 25:45 - 이에 임금이 대답하여 이르시되 내가 진실로 너희에게 이르
노니 이 지극히 작은 자 하나에게 하지 아니한 것이 곧 내게 하지 아니
한 것이니라 하시리니.
· 요 3:21 - 진리를 따르는 자는 빛으로 오나니 이는 그 행위가 하나님 안
에서 행한 것임을 나타내려 함이라 하시니라.
· 요 15:2, 14 - 무릇 내게 붙어 있어 열매를 맺지 아니하는 가지는 아버지

께서 그것을 제거해 버리시고 무릇 열매를 맺는 가지는 더 열매를 맺게 하려 하여 그것을 깨끗하게 하시느니라…너희는 내가 명하는 대로 행하면 곧 나의 친구라.

· 고후 9:8 – 하나님이 능히 모든 은혜를 너희에게 넘치게 하시나니 이는 너희로 모든 일에 항상 모든 것이 넉넉하여 모든 착한 일을 넘치게 하게 하려 하심이라.

· 엡 2:10 – 우리는 그가 만드신 바라 그리스도 예수 안에서 선한 일을 위하여 지으심을 받은 자니 이 일은 하나님이 전에 예비하사 우리로 그 가운데서 행하게 하려 하심이니라.

· 빌 1:11 – 예수 그리스도로 말미암아 의의 열매가 가득하여 하나님의 영광과 찬송이 되기를 원하노라.

· 골 1:10 – 주께 합당하게 행하여 범사에 기쁘시게 하고 모든 선한 일에 열매를 맺게 하시며 하나님을 아는 것에 자라게 하시고.

· 딤후 3:17 – 이는 하나님의 사람으로 온전하게 하며 모든 선한 일을 행할 능력을 갖추게 하려 함이라.

봉사에 대한 보상

· 신 4:40 – 오늘 내가 네게 명령하는 여호와의 규례와 명령을 지키라 너와 네 후손이 복을 받아 네 하나님 여호와께서 네게 주시는 땅에서 한 없이 오래 살리라.

· 사 3:10 – 너희는 의인에게 복이 있으리라 말하라 그들은 그들의 행위의 열매를 먹을 것임이요.

· 마 16:27 – 인자가 아버지의 영광으로 그 천사들과 함께 오리니 그 때에 각 사람이 행한 대로 갚으리라.

· 롬 2:10 – 선을 행하는 각 사람에게는 영광과 존귀와 평강이 있으리니

먼저는 유대인에게요 그리고 헬라인에게라.

· 고전 3:8 – 심는 이와 물 주는 이는 한가지이나 각각 자기가 일한 대로 자기의 상을 받으리라.

· 딛 2:7, 14 – 범사에 네 자신이 선한 일의 본을 보이며…그가 우리를 대신 하여 자신을 주심은 모든 불법에서 우리를 속량하시고 우리를 깨끗하게 하사 선한 일을 열심히 하는 자기 백성이 되게 하려 하심이라.

· 딛 3:14 – 또 우리 사람들도 열매 없는 자가 되지 않게 하기 위하여 필요 한 것을 준비하는 좋은 일에 힘 쓰기를 배우게 하라.

· 히 10:23-25 – 또 약속하신 이는 미쁘시니 우리가 믿는 도리의 소망을 움직이지 말며 굳게 잡고 서로 돌아보아 사랑과 선행을 격려하며 모이 기를 폐하는 어떤 사람들의 습관과 같이 하지 말고 오직 권하여 그 날이 가까움을 볼수록 더욱 그리하자.

· 히 10:36 – 너희에게 인내가 필요함은 너희가 하나님의 뜻을 행한 후에 약속하신 것을 받기 위함이라.

· 약 1:22, 27 – 너희는 말씀을 행하는 자가 되고 듣기만 하여 자신을 속이 는 자가 되지 말라…하나님 아버지 앞에서 정결하고 더러움이 없는 경 건은 곧 고아와 과부를 그 환난중에 돌보고 또 자기를 지켜 세속에 물들 지 아니하는 그것이니라.

· 약 2:17, 20 – 이와 같이 행함이 없는 믿음은 그 자체가 죽은 것이라…아 아 허탄한 사람아 행함이 없는 믿음이 헛것인 줄을 알고자 하느냐.

· 약 3:13 – 너희 중에 지혜와 총명이 있는 자가 누구냐 그는 선행으로 말 미암아 지혜의 온유함으로 그 행함을 보일지니라.

· 벧전 2:12 – 너희가 이방인 중에서 행실을 선하게 가져 너희를 악행한다 고 비방하는 자들로 하여금 너희 선한 일을 보고 오시는 날에 하나님께 영광을 돌리게 하려 함이라.

· 벧후 1:10-11 – 그러므로 형제들아 더욱 힘써 너희 부르심과 택하심을

굳게 하라 너희가 이것을 행한즉 언제든지 실족하지 아니하리라 이같이 하면 우리 주 곧 구주 예수 그리스도의 영원한 나라에 들어감을 넉넉히 너희에게 주시리라.

· 계 2:10 – 네가 죽도록 충성하라 그리하면 내가 생명의 관을 네게 주리라.

· 계 14:13 – 또 내가 들으니 하늘에서 음성이 나서 이르되 기록하라 지금 이후로 주 안에서 죽는 자들은 복이 있도다 하시매 성령이 이르시되 그러하다 그들이 수고를 그치고 쉬리니 이는 그들의 행한 일이 따름이라 하시더라.

· 계 22:12 – 보라 내가 속히 오리니 내가 줄 상이 내게 있어 각 사람에게 그가 행한 대로 갚아 주리라.

부유한 자의 축복과 짐

· 창 13:2 – 아브람에게 가축과 은과 금이 풍부하였더라.

· 신 8:18 – 네 하나님 여호와를 기억하라 그가 네게 재물 얻을 능력을 주셨음이라.

· 삼상 2:7 – 여호와는 가난하게도 하시고 부하게도 하시며 낮추기도 하시고 높이기도 하시는도다.

· 욥 31:24-25, 28 – 만일 내가 내 소망을 금에다 두고 순금에게 너는 내 의뢰하는 바라 하였다면 만일 재물의 풍부함과 손으로 얻은 것이 많음으로 기뻐하였다면…그리하였으면 위에 계신 하나님을 속이는 것이리라.

· 시 49:16-17 – 사람이 치부하여 그의 집의 영광이 더할 때에 너는 두려워하지 말지어다 그가 죽으매 가져가는 것이 없고 그의 영광이 그를 따라 내려가지 못함이로다.

· 잠 10:2, 22 – 불의의 재물은 무익하여도 공의는 죽음에서 건지느니라…

여호와께서 주시는 복은 사람을 부하게 하고 근심을 겸하여 주지 아니하시느니라.

· 잠 11:4, 28 – 재물은 진노하시는 날에 무익하나 공의는 죽음에서 건지느니라…자기의 재물을 의지하는 자는 패망하려니와 의인은 푸른 잎사귀 같아서 번성하리라.

· 잠 30:7-9 – 내가 두 가지 일을 주께 구하였사오니 내가 죽기 전에 내게 거절하지 마시옵소서 곧 헛된 것과 거짓말을 내게서 멀리 하옵시며 나를 가난하게도 마옵시고 부하게도 마옵시고 오직 필요한 양식으로 나를 먹이시옵소서 혹 내가 배불러서 하나님을 모른다 여호와가 누구냐 할까 하오며 혹 내가 가난하여 도둑질하고 내 하나님의 이름을 욕되게 할까 두려워함이니이다.

· 전 5:13-14 – 내가 해 아래에서 큰 폐단 되는 일이 있는 것을 보았나니 곧 소유주가 재물을 자기에게 해가 되도록 소유하는 것이라 그 재물이 재난을 당할 때 없어지나니 비록 아들은 낳았으나 그 손에 아무것도 없느니라.

· 전 5:19 – 또한 어떤 사람에게든지 하나님이 재물과 부요를 그에게 주사 능히 누리게 하시며 제 몫을 받아 수고함으로 즐거워하게 하신 것은 하나님의 선물이라.

· 전 6:1-2 – 내가 해 아래에서 한 가지 불행한 일이 있는 것을 보았나니 이는 사람의 마음을 무겁게 하는 것이라 어떤 사람은 그의 영혼이 바라는 모든 소원에 부족함이 없어 재물과 부요와 존귀를 하나님께 받았으나 하나님께서 그가 그것을 누리도록 허락하지 아니하셨으므로 다른 사람이 누리나니 이것도 헛되어 악한 병이로다.

· 렘 9:23-24 – 여호와께서 이와 같이 말씀하시되 지혜로운 자는 그의 지혜를 자랑하지 말라 용사는 그의 용맹을 자랑하지 말라 부자는 그의 부함을 자랑하지 말라 자랑하는 자는 이것으로 자랑할지니 곧 명철하여

나를 아는 것과 나 여호와는 사랑과 정의와 공의를 땅에 행하는 자인 줄 깨닫는 것이라 나는 이 일을 기뻐하노라 여호와의 말씀이니라.

· 마 6:19-21 – 너희를 위하여 보물을 땅에 쌓아 두지 말라 거기는 좀과 동록이 해하며 도둑이 구멍을 뚫고 도둑질하느니라 오직 너희를 위하여 보물을 하늘에 쌓아 두라 거기는 좀이나 동록이 해하지 못하며 도둑이 구멍을 뚫지도 못하고 도둑질도 못하느니라 네 보물 있는 그 곳에는 네 마음도 있느니라.

· 마 6:24 – 한 사람이 두 주인을 섬기지 못할 것이니 혹 이를 미워하고 저를 사랑하거나 혹 이를 중히 여기고 저를 경히 여김이라 너희가 하나님과 재물을 겸하여 섬기지 못하느니라.

· 마 13:22 – 가시떨기에 뿌려졌다는 것은 말씀을 들으나 세상의 염려와 재물의 유혹에 말씀이 막혀 결실하지 못하는 자요.

· 눅 6:24 – 그러나 화 있을진저 너희 부요한 자여 너희는 너희의 위로를 이미 받았도다.

· 눅 12:15 – 그들에게 이르시되 삼가 모든 탐심을 물리치라 사람의 생명이 그 소유의 넉넉한 데 있지 아니하니라 하시고.

· 딤전 6:10 – 돈을 사랑함이 일만 악의 뿌리가 되나니 이것을 탐내는 자들은 미혹을 받아 믿음에서 떠나 많은 근심으로써 자기를 찔렀도다.

· 딤전 6:17-19 – 네가 이 세대에서 부한 자들을 명하여 마음을 높이지 말고 정함이 없는 재물에 소망을 두지 말고 오직 우리에게 모든 것을 후히 주사 누리게 하시는 하나님께 두며 선을 행하고 선한 사업을 많이 하고 나누어 주기를 좋아하며 너그러운 자가 되게 하라 이것이 장래에 자기를 위하여 좋은 터를 쌓아 참된 생명을 취하는 것이니라.

· 약 5:1 – 들으라 부한 자들아 너희에게 임할 고생으로 말미암아 울고 통곡하라.

· 요일 2:15 – 이 세상이나 세상에 있는 것들을 사랑하지 말라 누구든지

세상을 사랑하면 아버지의 사랑이 그 안에 있지 아니하니.
· 요일 3:17-18 - 누가 이 세상의 재물을 가지고 형제의 궁핍함을 보고도 도와 줄 마음을 닫으면 하나님의 사랑이 어찌 그 속에 거하겠느냐 자녀들아 우리가 말과 혀로만 사랑하지 말고 행함과 진실함으로 하자.

· 신 6:17 - 너희의 하나님 여호와께서 너희에게 명하신 명령과 증거와 규례를 삼가 지키며.
· 잠 10:4 - 손을 게으르게 놀리는 자는 가난하게 되고 손이 부지런한 자는 부하게 되느니라.
· 잠 27:23 - 네 양 떼의 형편을 부지런히 살피며 네 소 떼에게 마음을 두라.
· 전 9:10 - 네 손이 일을 얻는 대로 힘을 다하여 할지어다.
· 막 1:35 - 새벽 아직도 밝기 전에 예수께서 일어나 나가 한적한 곳으로 가사 거기서 기도하시더니.
· 롬 12:13 - 성도들의 쓸 것을 공급하며 손 대접하기를 힘쓰라.
· 고전 3:9 - 우리는 하나님의 동역자들이요 너희는 하나님의 밭이요 하나님의 집이니라.
· 고후 8:7 - 이 모든 일에 풍성한 것 같이 이 은혜에도(관대함에도) 풍성하게 할지니라.
· 엡 4:28 - 도둑질하는 자는 다시 도둑질하지 말고 돌이켜 가난한 자에게 구제할 수 있도록 자기 손으로 수고하여 선한 일을 하라.
· 살후 3:10-11 - 우리가 너희와 함께 있을 때에도 너희에게 명하기를 누구든지 일하기 싫어하거든 먹지도 말게 하라 하였더니 우리가 들은즉 너희 가운데 게으르게 행하여 도무지 일하지 아니하고 일을 만들기만

하는 자들이 있다 하니.

· 히 12:12-14-그러므로 피곤한 손과 연약한 무릎을 일으켜 세우고 너희 발을 위하여 곧은 길을 만들어 저는 다리로 하여금 어그러지지 않고 고침을 받게 하라 모든 사람과 더불어 화평함과 거룩함을 따르라 이것이 없이는 아무도 주를 보지 못하리라.

이스라엘에 있어서의 가난의 방지

· 출 21:2 – 네가 히브리 종을 사면 그는 여섯 해 동안 섬길 것이요 일곱째 해에는 몸값을 물지 않고 나가 자유인이 될 것이며.

· 출 22:25 – 네가 만일 너와 함께 한 내 백성 중에서 가난한 자에게 돈을 꾸어 주면 너는 그에게 채권자 같이 하지 말며 이자를 받지 말 것이며.

· 레 25:35-38 – 네 형제가 가난하게 되어 빈 손으로 네 곁에 있거든 너는 그를 도와 거류민이나 동거인처럼 너와 함께 생활하게 하되 너는 그에게 이자를 받지 말고 네 하나님을 경외하여 네 형제로 너와 함께 생활하게 할 것인즉 너는 그에게 이자를 위하여 돈을 꾸어 주지 말고 이익을 위하여 네 양식을 꾸어 주지 말라 나는…너희의 하나님 여호와이니라.

※ 또한 안식년에 관한 법을 찾아보라(출 23:10-11; 신 15:7-11). 또한 희년의 법에 대해서도 찾아보라(레 25:10).

하나님께서 부자를 사용하심

· 창 14:18-20 – 살렘 왕 멜기세덱이 떡과 포도주를 가지고 나왔으니 그는 지극히 높으신 하나님의 제사장이었더라 그가 아브람에게 축복하여 이르되 천지의 주재이시요 지극히 높으신 하나님이여 아브람에게 복을

주옵소서 너희 대적을 네 손에 붙이신 지극히 높으신 하나님을 찬송할 지로다 하매 아브람이 그 얻은 것에서 십분의 일을 멜기세덱에게 주었더라.

· 창 45:11 - 흉년이 아직 다섯 해가 있으니 내가 거기서 아버지를 봉양하리이다 아버지와 아버지의 가족과 아버지께 속한 모든 사람에게 부족함이 없도록 하겠나이다 하더라고 전하소서.

· 룻 2:1, 8-9 - 나오미의 남편 엘리멜렉의 친족으로 유력한 자가 있으니 그의 이름은 보아스더라…보아스가 룻에게 이르되 내 딸아 들으라 이삭을 주우러 다른 밭으로 가지 말며 여기서 떠나지 말고 나의 소녀들과 함께 있으라 그들이 베는 밭을 보고 그들을 따르라 내가 그 소년들에게 명령하여 너를 건드리지 말라 하였느니라 목이 마르거든 그릇에 가서 소년들이 길어 온 것을 마실지니라 하는지라.

· 삼하 19:32 - 바르실래는 매우 늙어 나이가 팔십 세라 그는 큰 부자이므로 왕이 마하나임에 머물 때에 그가 왕을 공궤하였더라.

· 왕하 4:8 - 하루는 엘리사가 수넴에 이르렀더니 거기에 한 귀한 여인이 그를 간권하여 음식을 먹게 하였으므로 엘리사가 그 곳을 지날 때마다 음식을 먹으러 그리로 들어갔더라.

· 대상 29:2 - 내가 이미 내 하나님의 성전을 위하여 힘을 다하여 준비하였나니 곧 기구를 만들 금과 은과 놋과 철과 나무와 또 마노와 가공할 검은 보석과 채석과 다른 모든 보석과 옥돌이 매우 많으며.

· 대하 17:5, 7-9 - 그러므로 여호와께서 나라를 그의 손에서 견고하게 하시매 유다 무리가 여호사밧에게 예물을 드렸으므로 그가 부귀와 영광을 크게 떨쳤더라…그가 왕위에 있은 지 삼 년에 그의 방백들…보내어 유다 여러 성읍에 가서 가르치게 하고 또 그들과 함께 레위 사람…제사장…보내었더니 그들이 여호와의 율법책을 가지고 유다에서 가르치되 그 모든 유다 성읍들로 두루 다니며 백성들을 가르쳤더라.

· 대하 32:27-30 - 히스기야가 부와 영광이 지극한지라…이는 하나님이 그에게 재산을 심히 많이 주셨음이며 이 히스기야가 또 기혼의 윗샘물을 막아 그 아래로부터 다윗 성 서쪽으로 곧게 끌어들였으니 히스기야가 그의 모든 일에 형통하였더라.

· 욥 1:3; 29:12-17 - 이 사람은 동방 사람 중에 가장 훌륭한 자라…이는 부르짖는 빈민과 도와 줄 자 없는 고아를 내가 건졌음이라 망하게 된 자도 나를 위하여 복을 빌었으며 과부의 마음이 나로 말미암아 기뻐 노래하였느니라 내가 의를 옷으로 삼아 입었으며 나의 정의는 겉옷과 모자 같았느니라 나는 맹인의 눈도 되고 다리 저는 사람의 발도 되고 빈궁한 자의 아버지도 되며 내가 모르는 사람의 송사를 돌보아 주었으며 불의한 자의 턱뼈를 부수고 노획한 물건을 그 잇새에서 빼내었느니라.

· 마 27:57-58 - 저물었을 때에 아리마대의 부자 요셉이라 하는 사람이 왔으니 그도 예수의 제자라 빌라도에게 가서 예수의 시체를 달라 하니 이에 빌라도가 내주라 명령하거늘.

· 눅 19:8 - 삭개오가 서서 주께 여짜오되 주여 보시옵소서 내 소유의 절반을 가난한 자들에게 주겠사오며 만일 누구의 것을 속여 빼앗은 일이 있으면 네 갑절이나 갚겠나이다.

· 행 9:36 - 욥바에 다비다라 하는 여제자가 있으니 그 이름을 번역하면 도르가라 선행과 구제하는 일이 심히 많더니.